本书为国家社会科学基金项目"保障农民工工资收入正常增长的社会政策研究"（11BSH011）的最终研究成果，福州大学"高水平大学建设计划"提供出版资助。

福州大学群学论丛
丛书主编 甘满堂 吴兴南

低成本劳动力时代的终结

The End of the Low-cost Labor Era

甘满堂 著

社会科学文献出版社
SOCIAL SCIENCES ACADEMIC PRESS (CHINA)

序

近年来，有关中国劳动力成本上升，导致外资制造企业甚至本土制造企业撤出中国大陆地区的说法，频繁见诸报端。这些制造业资本有的撤回西方发达国家，有的转到东南亚国家。制造业资本撤离，主要是由于中国制造业综合成本在提升，其中劳动力成本增加并不是主导原因，资金、土地、能源、物流等生产要素成本上涨过快则是关键性因素。据有关方面测算，目前中国在资金、土地、能源与物流方面的成本都高于美国，只有劳动力成本仍低于以美国为首的发达国家，中国劳动力价格平均水平大约相当于美国的1/10（在1990年前后，我们的劳动力价格只相当于美国的1/50左右）。当前中国城乡居民收入水平仍远远低于发达国家，这是中国拥有近14亿人口与后发展国家的特殊国情造成的，可以说是事出有因，但资金、土地、能源与物流成本都高于美国，则不是很正常的现象。

中国是拥有近14亿人口的大国，就业压力一直比较大，制造业资本撤出中国，对中国来说显然不是一件好事。当前外资撤离中国，困扰本土制造业的"工荒"问题能否得到缓解？我看并不乐观。企业如果不改进劳动待遇，"工荒"问题将依旧存在，因为企业将面对的是有明确权利意识的农民工群体。对于企业来说，改善农民工劳动待遇，主要是认真落实好劳动法规定的条款，但长期以来，我们在这方面做得并不好。新一代农民工与老一代农民工群体已不一样，老一代农民工多是在城市打工，回农村消费，工作就是生活，生活就是工作，对于超时劳动比较有忍耐性；但新一代农民工更多的希望工作在城市，生活也在城市，越来越难接受低工资与超时加班劳动。

如何看待劳动力成本上升带来的经济社会影响呢？应当说劳动力价格上升是社会发展的正常现象，农民工工资增长趋势在总体上是与城乡居民收入水平同步的，但在一段时间里曾经是相对滞后的，比如2004年以前，直到以招工难为特征的"工荒"出现后才得到缓解。十八大以来，中央提出坚持以人民为中心的发展思想，发展是为了最大限度地满足人民日益增长的物质生活和文化生活的需要，最大限度地改善人民生活，实现共同富裕。农民工群体也需要分享社会经济发展带来的成果。

农民工工资上涨对于中国劳动密集型制造业的冲击较大，但这种冲击也是正常的。中国劳动力密集型制造业的竞争优势不能长期建立在所谓低成本劳动力的基础上，中国制造业需要产业升级，需要从技术创新与管理创新中消化劳动力成本上升带来的压力。日本与德国本土制造业也比较多，劳动力成本较高，但仍具有很强的竞争力，奥妙就在于其制造业科技含量高、自动化程度高，产品附加值也高，当然对于劳动者的综合素质要求也较高，于是形成了劳动力高成本的制造业。中华民族是世界上最勤劳的民族之一，中国制造升级发展，既需要生产技术进步，又需要企业管理制度革新，让劳动者有体面的劳动收入和丰富的暇闲生活。劳动力价格上升，让生产者变成消费者，可以扩大内需，减少中国对于出口的依赖，促进中国经济可持续发展。

甘满堂教授的新著《低成本劳动力时代的终结》是他承担的国家社科基金项目"保障农民工工资收入正常增长的社会政策研究"的结题成果，该书从农民工群体权利意识角度来探讨劳动力成本上升的影响因素，颇有新意。甘满堂教授曾经以企业博士后研究员身份长期在一家大型民营企业兼职从事人力资源管理工作，与制造业一线工人群体接触较多，这也丰富了本书的实证资料内容。他在书中认为企业招工难所形成的"工荒"现象是农民工群体权利意识提高的标志，农民工维权除了进厂前后的"用脚投票"之外，还有进厂前的小规模工资集体协商，即"非制度化工资集体协商"。民营企业为解决"工荒"问题，越来越重视企业员工生活区建设，新型"企业社区"将有助于提升农民工家庭城镇化的生活水平。

李　强
清华大学社会科学学院
2018 年 9 月

目 录

绪论　低成本劳动力时代的终结 …………………………………… 001

第一章　西方国家工人待遇改善的历史过程 …………………… 011
- 一　工会运动是推动工人待遇改善的最主要力量 ………… 012
- 二　政府立法保护推动 ………………………………………… 016
- 三　企业家自觉 ………………………………………………… 020
- 四　走向成熟的西方国家劳资关系 …………………………… 023
- 五　西方国家工人权益改善对我国保护农民工的启示 …… 026

第二章　"工荒"与农民工权利意识 ……………………………… 028
- 一　农民工群体的力量 ………………………………………… 028
- 二　当前农民工群体的生存状况 ……………………………… 030
- 三　当前企业"工荒"背后的员工高离职率问题 …………… 034
- 四　跳槽：农民工群体表达不满的主要方式 ……………… 036
- 五　农民工的权利意识正在觉醒 ……………………………… 038

第三章　影响农民工工资水平的因素分析 ……………………… 040
- 一　研究背景与文献回顾 ……………………………………… 040
- 二　资料来源与研究设计 ……………………………………… 045
- 三　福建沿海地区农民工工资水平概况 …………………… 047
- 四　人力资本、社会资本对农民工工资水平的影响 …… 055
- 五　决定农民工工资收入的模型讨论 ………………………… 064

第四章　当前最低工资标准在执行过程中出现的问题及建议 …… 070
　一　最低工资标准的制定方法与社会意义 …… 070
　二　当前最低工资标准在执行过程中出现的问题 …… 073
　三　让最低工资标准发挥应有作用 …… 077

第五章　从离职跳槽到非制度化工资集体协商 …… 080
　一　问题的提出与文献回顾 …… 080
　二　当前非制度化工资集体协商的几种形式 …… 084
　三　当前非制度化工资集体协商带来的影响 …… 095
　四　结论与讨论 …… 098

第六章　"用脚投票"压力下的企业工资调整机制 …… 102
　一　相关研究背景 …… 102
　二　"用脚投票"与企业劳动力资源市场中的竞争压力 …… 104
　三　职业经理人自觉为员工利益代言 …… 108
　四　总结与讨论 …… 111

第七章　企业班组的"欺生"问题与新员工的保底工资 …… 112
　一　研究背景与文献评论 …… 112
　二　MF公司生产班组工资分配制度 …… 114
　三　班组内的"欺生"极端表现 …… 118
　四　给新员工的"保底工资" …… 122
　五　总结与讨论 …… 124

第八章　新型企业社区及其在农民工城镇化中的作用 …… 129
　一　研究背景与理论 …… 129
　二　关于企业社区与农民工城镇化的文献评论 …… 132
　三　破解"工荒"问题与新型企业社区建设 …… 139
　四　当前企业社区存在的员工生活问题 …… 154
　五　结论与讨论 …… 163

第九章 新生代农民工的不良嗜好及企业社会工作介入策略 …… 168
- 一 研究背景和问题的提出 …… 168
- 二 新生代农民工不良嗜好的表现及危害 …… 170
- 三 新生代农民工不良嗜好的形成原因 …… 173
- 四 企业社会工作介入策略 …… 175

第十章 政府干预企业工资分配的社会政策变迁与展望 …… 179
- 一 计划经济时代的企业工资管理 …… 179
- 二 改革开放后的工资管理规定 …… 182
- 三 起草中的"工资条例"与工资管理制度发展方向 …… 188
- 四 总结与展望 …… 192

附 录

附录1 关注农民工的工资福利问题系列评论 …… 193
- 期盼带薪工休不再是梦 …… 193
- 大学毕业生工资真的比农民工工资低？ …… 195
- 最低工资标准多少才合适 …… 197
- 员工食堂与职工福利 …… 199
- 企业社会工作不能回避劳资关系问题 …… 201
- 流动人口积分制管理值得我省借鉴 …… 204
- 有效应对小城镇"空城化" …… 206

附录2 外来务工人员工作与生活调查问卷 …… 208

参考文献 …… 224

后 记 …… 232

绪论　低成本劳动力时代的终结

改革开放以来，劳动力成本低被认为是"中国制造"崛起的优势。2004年爆发的"工荒"吹响了"中国制造"告别低工资与低成本劳动力时代的号角。中国制造业劳动力成本从此进入每年10%左右的快速增长期，这种快速增长也受到通货膨胀与国民收入平均水平提高的影响①，"工荒"不过是农民工要求工资收入增长能赶上社会工资收入平均水平而已。因此，"工荒"并不完全是劳动力供给出现转折造成的，即所谓实施20多年的计划生育政策导致适龄劳动人口数量在2004年开始出现下降，其根本原因是作为中国产业工人的主体——农民工权利意识已觉醒，他们也要求分享社会经济发展带来的成果，学会了"用脚投票"，从而造成某些企业不仅招工难，而且留工也难，"工荒"现象加剧。为稳定员工队伍，解决招工难与留工难问题，企业不得不普遍提高工资待遇。与此同时，国家也出台相关法律法规保护劳工权益，特别是2008年《中华人民共和国劳动合同法》的实施，标志着低工资的发展模式已难以为继。从当前国内与国际经济发展形势来看，中国需要走出低工资发展模式，"中国制造"也需要积极应对低成本劳动力时代的终结。

最近几年，不时传来外资制造企业撤离中国的新闻。外资企业撤离中国，是中国制造业综合成本上升的结果，与劳动力成本上升也有关系，但关系并不大，与发达国家相比，中国劳动力成本仍是比较低的。

本书以工资收入理论为指导，采用文献与实证调查相结合的方法，分析当前影响农民工工资收入的因素，以及农民工为争取工资收入提高所采取的策略，力求回答，在没有强大的工会组织支持，也无实质性的工资集

---

① 国家统计局发布的中国近20年的年均通货膨胀率都在3%左右，但耶鲁大学经济学系陈志武教授认为，考虑中国的居民消费价格指数（CPI）每年的上涨率，中国官方统计数据过于保守。如果再考虑中国城市房价上涨速度，中国通货膨胀率保守估计应当在10%左右。

体协商或集体行动的背景下,农民工的工资收入水平提高的机制是什么。在此基础上,探讨农民工群体工资增长路径——从生存工资到协议工资的可能性。本书的研究内容涉及西方国家工人权利保障机制、影响农民工工资增长的因素、最低工资制度、非制度化工资集体协商、企业班组"欺生"现象与保底工资、民营企业工资调整机制、新型企业社区在农民工城镇化中的作用、政府对企业工资管理的社会政策展望等。

一 农民工以行动终结低成本劳动力时代

当前中国制造类企业不仅面临着招工难的问题,而且处于企业员工离职率过高,留住工人也困难的境地。由于企业工人离职率过高,企业需要常年招工,加剧招工难,"工荒"现象更为突出。当前制造类企业存在非常高的员工离职率,据笔者 2010 年对泉州多家企业的调查,制造企业员工月离职率〔企业员工月离职率=当月离职员工数/(当月初企业员工总数+当月新招员工数)×100%〕为 7%~8%,年离职率〔企业员工年离职率=当年离职员工数/(当年初企业员工总数+当年新招员工数)×100%〕约为 50%。在离职的员工中,工作不满 3 个月的新员工约占总数的 70%。一般来说,企业员工月离职率在 5% 以下都是合理的,说明员工队伍具有相对稳定性,但超过 10%,则是不合理的,说明员工队伍缺乏稳定性。企业因员工离职率过高,不得不常年招工。当前制造类企业员工高离职率现象在全国具有普遍性。

企业为何留工难呢?其实,招工难与留工难基本上是同步发生的,企业留工难的原因是与招工难一致的。从企业内部来看,导致工人离职率高的主要原因仍是工资低、劳动时间过长、劳动强度大以及福利待遇差等老问题。现在超时加班仍是普遍现象,工人一般每天需要工作 10~12 小时,每月只有一两天的休息时间,但工资水平并不高,月平均工资普遍为 1000~1500 元(2010 年)。由于超时加班现象的普遍存在,仅仅考察农民工月平均工资水平是不够的,需要考察小时工资。通过换算,2010 年泉州地区农民工时薪为 4~6 元。如果实行标准的每周 5 天、每天 8 小时工作制,那么农民工每月平均工资只有 600~1000 元。为了提高月工资水平,许多企业员工"主动要求加班"。考虑通货膨胀等因素,农民工的时薪(小时工资)并没有明显增长。当前超时加班与低工资对农民工的损害也是多方面的,他们没有时间娱乐休闲,青年员工甚至连谈恋爱的时间都没有,已婚有子女的员工则没有时间教育自己的孩子,导致农民工子女学习成绩普遍较差。由于工资低,他们没有经济能力在流入地购房置业,安家落户;由于工资低,他们也没有能力为子女提供比较好的教育机会,这导致农民工子女缺乏通过教育实现向上流动的机会。[1] 因此,在低成本劳动力时代,为"中国制造"做出牺牲的不是一两代农民工,而是多代农民工。

在"工荒"之前,企业员工离职率也较高,但总体不超过5%,通常企业只需要春节后招一次工。那时的工人是以一年作为流动期限,企业在员工离职方面有很大的自主权,即企业解雇工人的比例大于工人自动离职的比例。工荒前,中国劳动力总体上供大于求,制造类企业招工容易,由于工作岗位较少,怕失去工作机会,工人在一个年度内主动离职的少。20世纪90年代,南方某些城市还要劝说农民工不要来本地找工作。另外,许多企业还通过各种手段限制工人在一个工作年度内离职,如经济强制与人身控制等办法,不经厂方同意,工人不能辞职离厂。经济控制办法主要是扣发工资,工厂规定平时只发生活费,到年底工资才一次性结清,如果工人选择非年终时间离职,厂方则认为工人违约在先,不发给剩余部分的工资。人身控制就是限制工人人身自由,不允许工人主动辞工,办法有二,一是扣押身份证、暂住证等证件;二是厂方有严密的保安措施,不经厂方同意,工人不得私自离厂。一般来说,扣押身份证与暂住证是较普遍的做法。没有身份证与暂住证,工人很可能被城市联防队员"收容遣送",因此就不敢离厂。企业采取上述办法,提高了工人离职的成本,不仅可以留住熟练工人,而且可以节省工资成本支出,一举而多得。

由于社会法制的进步(关于此点将在下文第四部分详述),企业已不可能利用扣押身份证等方式强留工人。现在农民工求职信息网非常发达,基本上人手一部手机,他们通过遍布各地的老乡关系网络,能探知周边地区企业的用工信息,一旦发现工作待遇与条件较好的企业,他们马上会选择跳槽离职。移动电话从富人专属的"大哥大"到平民百姓也能用得起的"手机"转变的时间是在2003~2004年,而这也是"工荒"爆发的起始时间。因此,工荒的形成恰恰是农民工求职信息对称的结果。口碑不好的企业自然招不到农民工,即使一时招到工人,也留不住人,工人将在最短的

---

[1] 甘满堂、郑燕娜:《"融合"政策背景下的"隔离"——当前外来工子女义务教育阶段就学模式及影响探讨》,《中国教师》2009年第8期。

时间内离开工厂,"另谋高就"。现在农民工在合同期内离职是有经济损失的,根据企业单方面的规定,辞职员工将得不到当月工资与保证金等。但如果考虑到不离职损失更大,他们仍然会选择离职跳槽。

农民工除用"离职跳槽"等个体化的方式寻求工资待遇提升,还会通过罢工谈判等集体行动来维护自身权益。但由于地方政府并不支持罢工这种激进的维权方式,因此,农民工寻求工资待遇增长,通过罢工谈判是非常少的,真正发挥作用的还是农民工个体化的维权方式——"离职跳槽"。

二 "工荒"表明劳动力无限供给已出现拐点

受计划生育政策的影响,中国劳动力供给不再是无限供给。中国社会科学院人口与劳动经济研究所所长蔡昉教授在《中国劳动力供给状况研究报告》中指出,中国劳动力无限供给的状况已经过去,2004 年就是个重要的转折点——当年,中国农村外出劳动力数量增长率为 5 年来最低,增长率较上年降低 7.4%。中国劳动年龄人口(15 岁到 59 岁)供给增长率也在 2004 年首次出现下降,到 2011 年前后,劳动年龄人口开始不再上升,2021 年开始减少。[①] 这意味着,改革开放以来中国经济的高速增长,实际上是享受了计划生育政策实施前 10 年内人口大幅增长带来的"红利",从 1978 年到 1998 年,在中国持续 20 年的经济高速增长中,资本的贡献率为 28%,技术进步和效率提升的贡献率为 3%,其余全部是劳动力的贡献。大量劳动力带来的另一个好处就是高储蓄率,使企业发展的资本供给得到保障。而这样的"红利"已不太可能在下一个 10 年乃至 20 年继续出现。1990~2002 年,乡村人口减少了 2658 万人,并且这一数字还在持续扩大之中,这意味着农民工的来源已经出现了萎缩。

在劳动力总供给呈下降趋势的同时,企业的用工需求却在持续增长。原劳动和社会保障部对北京、天津、深圳等雇用农民工较多的 26 个城市 2600 多家企业的一项调查显示,2004 年企业雇用的农民工人数比 2003 年增加 13%,而劳动力仅增加 5%。此外,农业税全面取消和服务业的快速

[①] 蔡昉:《中国劳动力供给状况研究报告》,载《中国人口与劳动问题报告》,社会科学文献出版社,2007。

发展，导致更多农村剩余劳动力留在家乡或转入第三产业，更拉大了制造业的劳动力缺口。①

过去的研究认为，因为中国劳动力市场供大于求，所以劳动者在与雇主谈判时没有"讨价还价能力"。他们因怕失业而放弃在劳动冲突中对正当权利的争取，甚至根本不敢对抗资方的种种侵权行为，对资方的侵权行为大多抱忍耐的态度。劳动力的这种供求态势，造成了劳动力市场上的"寻低竞争"，在非公有制企业劳资关系上表现为越来越低的工资、越来越长的劳动时间、较少的劳动保护和低覆盖率的社会保险等，还有克扣和拖欠劳动者工资，劳动合同签约率低、内容不规范且得不到有效落实等现象发生。但自 2004 年东南沿海出现"工荒"以来，农民工在劳动力市场上讨价还价的能力日益增强，他们利用发达的私人信息网络，寻求工资待遇较高的企业，规避或"逃离"那些工资待遇较差的企业。从劳资关系角度来看，工荒是劳动关系紧张的表现，但由于工人选择主动退出，劳资紧张关系得以缓和。在没有工会力量支持的情况下，有关企业员工争取劳动待遇改善的集体行动比较少，但主动离职等"个体行动"比较多②，"用脚投票"就是具有中国特色的工人权益改善之路。

三 到西部招工不具有可持续性

自 2004 年"工荒"以来，东南沿海一带企业在当地政府劳动部门的组织下到中西部地区招工，而不是坐等工人上门求职。中西部地区农村劳动力资源相当富余，地方政府也愿意配合东部企业招工。如泉州企业常年组团到中西部地区招工，现在中部地区已招不到工人，不得不到西部，如四川、重庆、云南、甘肃等地。但招来的新工人往往留不住，在企业一般工作不到半年就要离职，企业为此付出的招工成本越来越高。

到西部农村地区招工，通常要得到西部地区县市农村劳动力转移部门的配合，企业还要给家庭经济条件困难的农民工垫付路费，有些还要向委托招工单位支付招工信息费。因此，招工成本也相当高。2009 年初，某闽南企业从云南招工 80 多人，为激励员工来泉州工作，企业垫付了路费与伙

---

① 劳动和社会保障部课题组：《关于民工短缺的调查报告》，http://www.molss.gov.cn/news/2004/0908a.htm。
② 沈原：《社会转型与工人阶级的再形成》，《社会学研究》2006 年第 2 期。

食费600多元。但由于部分工人对企业工资与劳动时间有意见，结果不到1个月就走掉一半。这部分离职新员工并没有都回家乡，而是大部分到泉州其他待遇较高的企业工作。因此，某些工资待遇不好的企业想到西部招工，实质是为其他工资待遇较好的企业招工，企业为此支付的不仅有招工费，还有培训费。

为何企业热衷于到西部招工？实质上是看重西部地区农民工比较淳朴，能吃苦耐劳，所以一些东部企业视西部招工为救命的稻草。但西部农民工也有很强的"学习"能力，他们到东部企业工作一段时间后，发现其他企业劳动待遇更好时，也学会了离职跳槽。值得注意的是，随着西部地区经济的发展，特别是四川、重庆的快速发展，西部劳动力也会出现短缺。因此，到西部招工解决企业"工荒"问题的做法不具有可持续性。

现在国内众多制造类企业多采取员工推荐方式补充企业员工队伍，即已在企业工作的员工介绍自己的亲朋好友与同乡来企业工作，并给予介绍人一定的物质奖励。这种招工模式的优点是招工成本低，签约率高，且新员工也容易留下。介绍人会将应聘者真实的情况介绍给企业，节省了企业对应聘者进行真实性考察的成本，同时应聘者也可以通过介绍人了解企业各方面的内部情况，从而做出理性选择。国外企业也采用这种招聘方式，如高露洁公司就鼓励员工推荐并设置了激励手段，如果应聘者被录取，介绍人会得到一定的奖金。目前闽南企业多采取这种方法招聘新员工，对于员工介绍人也有奖励措施，一般是介绍一位员工来企业工作半年以上，就可获得200元的奖励。通过老员工介绍而来的新员工也较能留得住，企业工友之间存在的亲情与友情关系有利于强化新员工对公司的信任与归属感。从招工成本来看，员工推荐比其他招聘模式更节约，效率更高。不过，企业实施这项招工策略，需要提高员工对企业的满意度，这样他们才会主动介绍亲朋好友与老乡来企业工作。如果企业工资与福利待遇较差，员工对企业的归属感低，则无法推进员工推荐式的招工策略，只得借助去西部招工等渠道以解决缺工问题。

四　国家法规正在支持低成本劳动力时代的终结

2008年1月1日，旨在保护劳动者权益的《中华人民共和国劳动合同法》(以下简称《劳动合同法》)正式实施,当时有业内人士预言,2008年,中国劳动力的廉价时代将正式终结。不过,这样的言论有点绝对,因为低成本劳动力时代的终结并不是一部法律决定的,受强大的资方利益集团的影响,低成本劳动力时代的终结将有一个劳资博弈的过程。

从理论角度来看,《劳动合同法》的出台和实施,确实堵住了很多用人漏洞,企业不得不依法办事,在劳动者利益得到保护的同时,企业用人成本也将大幅上涨。有关方面测算,如果完全按《劳动合同法》的要求,给员工购买社会保险,加班付双倍工资,辞退员工要有经济补偿(每工作一年补偿1个月工资)等,那么,企业普通员工的工资要在原来的基础上增长60%左右。① 但从实际情况来看,《劳动合同法》在大多数企业中没有得到认真执行,而且受到许多非议,某些企业主与学者认为,珠三角劳动密集型工厂倒闭是《劳动合同法》实施的结果,这明显是站在资方立场说话。2008年底,因为受全球金融危机的影响,地方政府也支持暂缓执行《劳动合同法》,因此,《劳动合同法》实施的效果并不明显。有学者比较SA8000条款与《劳动合同法》,发现《劳动合同法》在某些方面的要求是超过SA8000条款的。② SA8000条款是社会责任国际发布的非官方劳工保护条款,要求跨国公司必须在发展中国家的代工厂予以推行。过去,有学者认为SA8000条款对我国出口加工型企业的要求过高,是非关税类"经济壁垒"。现在看来,这个观点无疑具有资方代言人的色彩。

笔者认为,2003年废除《城市流浪乞讨人员收容遣送办法》意义也很重大,该办法的废除对于促进企业农民工流动具有积极作用,它的废除与2004年东南沿海出现"工荒"有直接关系。1982年,国务院发布的《城市流浪乞讨人员收容遣送办法》规定,对家居农村流入城市乞讨的、城市居民中流浪街头乞讨的、其他露宿街头生活无着的人员予以收容并遣送到户口所在地。因为当时企业管理普遍采取扣押身份证与暂住证的办法,如果没有这两个证件,则很容易被收容遣送。在知识界与新闻界的呼吁下,国务院总理温家宝在2003年6月宣布废除《城市流浪乞讨人员收容遣送办法》,取而代之的是《城市生活无着的流浪乞讨人员救助管理办法》。从这时开始,企业以扣押两证的方式强留农民工已不奏效,企业农民工的离职

---

① 佚名:《劳动合同法实施后企业新增成本调查》,《中国青年报》2008年2月1日。
② 刘阳:《国际贸易蓝、绿条款与中国劳工、环保制度创新》,上海人民出版社,2008年。

率呈快速上升趋势。

五 国际经济形势也需要中国走出低成本劳动力发展模式

2008年的全球金融危机也要求中国改变发展思路,走出低成本劳动力发展模式。发生在美国的金融危机在中国的表现是出口受阻的"产品过剩"危机。走出依赖国际市场的发展模式,需要中国扩大内需。当前发达国家频频对"中国制造"发起的反倾销调查也说明,中国低成本劳动力的经济发展模式已到了需要调整的时期。

清华大学社会学系孙立平教授在多种场合指出,要摆脱国际金融危机对中国的影响,需要改造经济发展模式,重建社会阶层体系,让广大社会成员享受到社会经济发展带来的成果。[①] 1999~2006年,中国的经济总量翻了一番还要多。但在经济增长的同时,全社会工资总额占GDP的比重不断下降,多数非公职就业者的工资没有与经济增长同步,表明很大一部分人没有享受到经济高速发展的成果。2008年的全球金融危机,在美国表现为金融危机,但在中国则表现为经济危机,即"产品过剩的危机"。中国要渡过经济危机,使经济保持持续发展,前提是贫富差距不能过大,工农群众有社会保障,社会有庞大的中等收入阶层。孙立平教授希望中国以美国走出经济大萧条的经验为鉴。20世纪30年代的大萧条之前,美国社会也普遍流行"血汗工厂",工人待遇差,广大工人群体并没有享受到20世纪20年代经济大繁荣带来的好处。30年代经济大萧条表明当时的美国社会经济发展不可能有可持续性。美国总统罗斯福上任后,实施"罗斯福新政",核心是调整劳资关系,支持工会运动,解决了劳动者收入问题与社会保障问题,最后形成了中产阶层,拉动了国内消费,从而使美国经济走出困境。

当前中国需要直面经济增长速度变缓所带来的各种困难。同时,中国也面临巨大的机遇,就是在经济层面的压力之下,下决心进行社会层面的变革,实现发展方式的转变,为未来几十年的发展奠定新的基础。因此,提高农民工的工资待遇,"让生产者变成消费者",这既是缓解企业"工

[①] 孙立平:《重建社会:转型社会的秩序再造》,社会科学文献出版社,2009。

荒"、提升"中国制造"质量与技术水平的重要策略，也是促进中国社会经济可持续发展的重要经济手段。当前提高农民工工资待遇，主要是落实《劳动合同法》所规定的工作时间与社保待遇要求，然后才是提高工资标准。"中国制造"质量与技术水平的提升需要高素质的劳动力队伍，低素质的劳动力是无法提升"中国制造"的质量与技术水平的。长期以来，制造业企业员工流动率非常高，如果劳动者待遇得到改善，员工流动率降低，企业会形成一支相对稳定、素质较高的员工队伍，这样的员工队伍有利于企业生产效益的提升。对于劳动者个人及其家庭而言，他们有时间与金钱进修或培养下一代，这也有利于产业工人队伍整体素质的提高与后备产业工人队伍的培养。

六 "中国制造"需要积极应对低成本劳动力时代的终结

"工荒"与员工高离职率都会给企业带来许多负面影响，工荒导致招工难，使企业难以实现扩大再生产；员工离职率高则导致生产一线员工队伍不稳定，工人多是非熟练工，其后果则是产品质量不稳定、废品率高、产品交货不及时等，由此造成的经济损失难以估算。面对日益严重的"工荒"及员工离职率高等问题，一些企业不得不想办法提高员工待遇以求生存与发展，它们从企业人力资源管理的角度提出：以区域内较有竞争力的薪酬与福利待遇留人；以人性化公平公正的管理制度留人；以丰富的企业文化生活留人，增强企业的吸引力与员工对企业的归属感与忠诚度。地方政府也积极行动起来，优化本地用工环境，加大对企业用工的监查力度，解决欠薪问题，为农民工维权提供援助等；另外，对农民工子女教育采取无差别接受的原则，即外地学生享有本地学生同等待遇，公办学校一律不得再收借读费等。

应当说，"工荒"在一定程度上促进了农民工经济收入与福利待遇的提高。在招工难与在厂员工离职率高的双重压力下，许多企业不得不主动提高农民工的工资与福利待遇。在福建泉州掀起许多大中型企业争抢农民工的风潮，企业除了提高农民工的工资待遇，还在员工吃住方面下功夫，不仅提供免费住房，而且住房生活设施配置也较齐全。员工住房都是公寓式套间，每个套间都配有卫生间与厨房，另有电话、电视，甚至网络宽带。夫妻员工则享有独立套间的"夫妻房"。职工食堂提供低于市场价的饭菜，以降低员工生活成本。企业职工文化生活也较丰富，泉州大中型民营企业都有篮球场、图书室、网吧与卡拉OK厅等，供员工免费使用，企业每月都为员工集中举办生日聚会一次，希望通过丰富多彩的企业文化留住工人。企业采取这些措施必然使用工成本上升，但上升幅度还是较小的，只是量的变化，没有质的提高，如超时加班与无社会保险等问题仍普遍存在。

"中国制造"需要认真研究如何消解劳动力成本上升带来的压力。某些劳动密集型企业往中西部地区劳动力成本相对便宜的地方迁移也是出路，但对于无法外迁的企业来说，要想生存发展，就必须提高生产效率，降低运营成本。在这方面，企业可以通过引进先进设备、加强技术创新、提高企业经营管理水平等来提高效率。除了向科技与管理要效率之外，还向品牌与营销渠道要效率，通过自主品牌推广，占有终端销售市场也可提高经济效益。

中国沿海劳动力成本上升，制造业将面临更为迫切的转型升级压力，某些中小型制造业将无法承担劳动力成本上升带来的压力。针对这种情况，政府也可以采取减税的方式，帮助这些企业渡过难关。目前，企业税负较重，政府可以考虑减税让利来协助企业给员工涨工资。

从全球范围来看，相较于欧美国家和地区，中国制造业仍有较大的劳动力成本优势。目前美国汽车产业工人的时薪近70美元，而中国则不到3美元，纺织服装等产业的工人时薪还不到2美元。即使未来中国制造业劳动力成本进一步上升，但相对于西方国家仍有巨大的差距。现在中国劳动力成本比越南、印度及非洲等国家与地区高，但由于中国拥有庞大的消费市场的优势，以及成熟的配套产业链，与这些国家与地区相比，仍有整体竞争力优势。

第一章　西方国家工人待遇改善的历史过程

当前西方国家社会阶层结构呈纺锤形，工人阶层普遍成为社会的中间群体，且人数众多。西方国家的劳资关系也进入成熟阶段，其主要表现是劳资关系以合作为主流，劳资冲突可以通过政府、工会与资方三方协商的制度化模式解决，而福利国家制度建设使工人阶层大部分立身于社会中间层。但不能忘记的历史是，工业革命兴起时，工人曾经遭受太多的苦难，现在工人阶层地位上升，我们不应只看到经济发展带来的财富增长溢出效应，更应看到这种转变主要是工人阶层通过工会运动以及流血抗争获得的。从19世纪开始，在此起彼伏的工人解放运动的压力下，英、德、美等一批西方发达国家就已经意识到通过立法方式解决劳资冲突、维护工人权益的必要性。但是工人待遇改善，发挥作用的不仅有工会运动、政府立法干预，还有企业主的自觉。

改革开放以来，随着外资涌入与民营经济兴起，全球制造业向中国转移，大批农民以农民工身份投身现代世界制造业，造就了中国"世界工厂"的地位。与此同时，农民工也受到太多的苦难，劳资关系紧张事件时有发生。提高中国农民工的社会地位，我们需要借鉴西方发达国家在工人保护方面的成功经验。

本章在借鉴已有的研究成果基础上，先从以下三个方面来考察西方国家工人待遇改善的因素——工会运动、政府立法与企业主自觉，然后从劳动、资本与政府三方关系角度考察西方劳资关系模式及其对中国农民工保护的启示。

一 工会运动是推动工人待遇改善的最主要力量

西方国家工人待遇提高是工人通过自身斗争争取来的，这种斗争经历了个体自发抗争到群体团结抗争两大阶段；在斗争对象上，从破坏机器到抗议资本剥削制度；在斗争方式上，从暴力抗争到工会运动，力图利用资本主义国家民主制度来解决自身的权益问题。

在世界上第一个工业化国家英国，工人所经历的苦难是前所未有的，恩格斯《英国工人阶级状况》对此有详细的描述。与英国工业化起步几乎同时进行的"圈地运动"导致大量农民离开土地进入城市，在工厂里寻找就业机会，但他们面对的是一个劳动力供大于求的市场，劳动力价值被严重低估，而此时政府的工人政策是自由放任，对劳动力市场不施加任何干预。"工人被看成活的工具，贫穷被看作是个人的事，失业甚至被认为不利于经济的发展，因为可以把工资压在最低水平上，从而降低生产成本。"[①] 普通工人遭受了工业资本家残酷的剥削，也受到了新的工作程序和新兴工业城镇中那些陌生而又苛刻的纪律的约束。面对社会的不公正，工人开始反抗资本的剥削。不同的工厂工人则通过串联聚集起来，进行产业行动，包括罢工、捣毁机器、创建初级的工会组织等。1779年，兰开夏郡的手工工人暴乱，横扫十个工厂，其中损失最大的是比尔科克厂，工厂被愤怒的工人捣毁。[②] 在多数情况下，工厂工人只是停止工作来威胁资本家雇主，争取增加工资，改善工作条件。在斗争的过程中，工人阶级逐渐意识到联合的重要性，18世纪末，英国各大城市都陆续出现工人自发组建的工会组织，工会代表工人阶级发声，与雇主谈判。[③]

"哪里有压迫，哪里就有反抗。"在第二次工业革命前期有三大工人运动——法国的里昂工人起义、德国的西里西亚纺织工人起义和英国的宪章运动，这三大工人运动也标志着工人运动从自发阶段到群体团结抗争的转变，既有暴力革命，也有温和的政治权益抗争。英国工人运动倾向于把斗

[①] 钱乘旦：《工业革命与英国工人阶级》，南京出版社，1992年。
[②] 钱乘旦：《论工业革命造成的英国社会结构变化》，三联书店，1982年。
[③] 鲁运庚：《英国早期工厂立法背景初探》，《山东师范大学学报》（人文社会科学版）2006年第4期。

争焦点放在议会立法层面,通过全国性立法来争取和保障工人的权益。工人们组织起来,积极游说政府通过《反共谋法》,使工会和工人集体行动能够获得刑事共谋条款起诉的豁免权。于是,1869~1891年英国通过了一系列反共谋起诉的立法。在这些立法之外,英美两国的立法机关还为工人的集体行动划定了一个合法范围。经过了工人持续的运动,英国于1875年通过了《共谋和财产保护法案》,明确保障了工人的组织权。① 在美国,最早的一次罢工是1786年的费城印刷工人罢工,要求限定最低周工资额为6美元。② 在日本,情况也是如此。19世纪80年代,日本工人已经组织团体进行反封建斗争,他们建立的工人组织,如东京府内的"泥瓦匠工会"(1881)、印刷工人工会(1884)、铁匠工会(1889)。1896~1899年,日本各地开展了各种以增加工资为诉求的工人罢工。1897年,在北海道的矿工中间和福岛的各个矿山,工人罢工,抗议苛刻的劳动条件和监工的专横,并要求增加工资。东京—青森线的铁路工人和东京电车司机发动了大规模的罢工。③ 这些罢工反映了工人阶级意识的觉醒。"职工义友会"组织工人集会和游行示威,组织了争取实行工厂法、缩短工作日的运动。

  工业革命初期,英国政府对工匠和工人在劳动市场的"联合"是进行严格控制的,但并未达到完全禁止工会活动的地步,工匠和工人仍然可以通过"联合"来保证现行法律的实施。英国工会从产生就主张通过社会改良运动来改变工人处境。工会组织工人阅读激进书刊,让工人懂得政治改革可以帮助他们提高工资收入水平。从伦敦通讯会到宪章运动,都致力于成立工人运动组织,以议会改革为主要目标,通过制度变革来维护工人权益。为了缓和矛盾,英国政府开始对工会做出让步,1824年承认工会组织是工人的合法组织,雇主被迫同意与工会集体谈判。1842年以后,英国政府不再禁止工人联合,工会被允许参与处理工资和劳动时间的问题,并且有权组织罢工。英国工会在现有的制度内通过议会斗争和进步立法来达到改善工人状况的目标。④ 18世纪末,英国最早产生了由劳工团体与工厂雇

---

① 陈峰:《国家、制度与工人阶级的形成——西方文献及其对中国劳工问题研究的意义》,《社会学研究》2009年第5期。
② 张友伦、陆镜生:《美国工人运动史》,天津人民出版社,1993。
③ Д·И. 高德别耳格:《1897~1906年日本的工人运动和社会主义运动》,杨树人译,《外国问题研究》1981年第4期。
④ 陈峰:《国家、制度与工人阶级的形成——西方文献及其对中国劳工问题研究的意义》,《社会学研究》2009年第5期。

主签订的集体协议，1850年，英国的一系列工会团体与企业主之间开始达成一系列协议。①

1869年，美国"劳动骑士团"工人组织组建，主要以煤矿工人和工匠为主体，将工会活动和政治活动相结合，不仅组织罢工，还建立工人政党，参与州和地方选举，建立工厂合作社，主张用政府权力压制资本和公司暴政，废除私营银行，建立工人所有的工业，实现以经济平等为基础的"劳动解决共和自治"，希望通过立法和投票来结束资本暴政，实行8小时工作制，建立合作、市有或国有的工业。到了后期，劳联则把力量和资源转移到行业和工厂层次的斗争上，争取改善工人条件的实际利益。

19世纪中后期，德国工人运动遭到俾斯麦政府镇压，工会被列为非法组织，到1890年，工会组织的合法性才得到政府承认，其行动也转向温和，工会主张通过劳动力市场流动来改善工人的状况。而英国的工会联合会（Trade Union Congress）倾向于采用政党和选举政治的策略，通过与工党的关系和议会路线，把工人相关的议题带进政治辩论领域，推动有利于工人的社会政策出台与改革。美国劳联（American Federation of Labor）采用"商业工会主义"或者"自愿主义"的斗争策略，强调工人的权益主要通过行业或工厂层面的集体谈判和工业行动来保障。

1918~1919年是日本工人运动的高峰期，工人运动遍布各产业部门，是在工会的领导下有组织地进行的。1921年，以"友爱会"支部为中心的日本关西地方工会，为争取团体交涉权，与资方展开抗争，掀起了"团体交涉权争取"运动，以实现由工会规范劳动条件，进而取得企业管理权，建立产业民主化新社会的目标。②尽管企图实现产业民主化的目标不切实际，但工人运动对工人劳动条件的改善仍有帮助。

西方国家的工会组织力量在发展过程中不断增强。1923~1929年，美国市场经济发展迅猛，但是这种繁荣背后潜伏着危机，寡头垄断普遍，贫富差距急剧扩大，工人失业、贫困问题普遍存在。而工人组织软弱无力，资方残酷镇压工会运动，同时通过改善工人处境增强工人对公司的忠诚度

---

① 朱叶萍：《现代英国劳动立法研究及其比较》，硕士学位论文，复旦大学，2000。
② Д·И.高尔德别耳格：《1897~1906年日本的工人运动和社会主义运动》，杨树人译，《外国问题研究》1981年第4期。

来对付工会。① 1937 年，底特律 100 多家工厂工人采取静坐方式争取在工厂建立工人组织的权利，并以工厂为基础进行劳资谈判。这场罢工是从弗林特市通用汽车公司开始的，导致通用汽车公司关闭了 7 家工厂。静坐罢工是一种较新的方式，工人们把工头赶出工厂，完全控制了工厂和设备，以往则是工人离开工厂，破坏机器和车间。不管工人的行为是什么样的，他们都是努力在维护自身的权益，他们是西方国家工人保护政策制定最基本的影响因素。

美国经济大萧条到来后，美国政府开始对资本剥削进行制约，支持工会运动。美国工会合法性得到政府承认始于 1871 年的工会法，该法推翻了法院 1867 年在洪贝诉克勒斯一案中设立的限制营业理论，奠定了工会组织合法化的基础。1935 年，瓦格纳法确定了工人进行集体谈判的权利，1947 年的泰夫特-哈特雷法则确定了雇主要求集体谈判的权利。在日本，1945 年 12 月 22 日，《1945 年工会法》制定，以法律形式承认了包括公务员在内的全体劳动者拥有劳动基本权利，保障团结权和保护促成团结交涉权。禁止雇主解雇加入工会的劳动者和对其进行不当处置，保障团结权和组织工会的权利；承认工会代表及其委任者的团体交涉权，保障争议权和罢工权。工会的介入不仅仅是本国工会的介入，更为重要的是国际工人组织的介入。国际工人组织自建立以来始终将制定和推进国际工人标准作为促进人权和社会公正的基本手段，它制定了核心工人标准——工人有结社自由、集体谈判权利，消除强制工人和童工、消除雇佣歧视。②

关于西方国家工人运动的研究，早期学者关注的是社会意识形态方面，研究的是革命时期的工人阶级争取政治权利的斗争运动。在这方面，马克思、恩格斯与列宁等早期的革命思想家对工人阶级的关注最为热切。③他们强调的是国家对工人阶级意识形态、工人运动模式以及策略的关键影响，关注的是工人的生活状况，倡导工人阶级联合组织起来反对剥削，争取独立。盖瑞·马科思认为，国家压制工人在劳动市场上联合的权利，阻碍他们组织工会，会使工人更深刻地体验到经济制度的不公正，产生强烈

---

① 董晓杰：《从〈全国工业复兴法〉到〈国家劳工关系法〉：浅析罗斯福"新政"时期的劳工立法》，硕士学位论文，浙江大学，2014。
② 朱叶萍：《现代英国劳动立法研究及其比较》，硕士学位论文，复旦大学，2000。
③ 恩格斯：《英国工人阶级状况》，人民出版社，1956。

的被剥夺感，从而转向激进主义。① 陈峰也研究了工人阶级的形成，但他关注的不是阶级斗争，而更多地讨论了工人运动和工会对工人阶级形成的作用。②

研究英美国家工会运动史，一般能发现英美国家企业工人都有结社的偏好，团结合作，通过工会来维护自身的权益。为何他们有结社的偏好？笔者认为，这是中世纪以来行会制度所形成的结社传统，以及基督教所提供的公共空间。中世纪的行会制度在于保护工商业者利益，近代资本主义工厂制度兴起后，不少手工业行会中的作坊主与工匠沦为产业工人，他们自然会将行业时代的结社传统带入近代工厂。汤普森在《英国工人阶级的形成》中提到，英国工人互助会历史非常悠久，早在18世纪初互助会就开始兴起。互助会除了要求加入者在经济困难时相互帮助之外，还要求入会者遵守基本的社会公德。有的互助会还有政治诉求，因此，互助会也是后来工会形成的基础。③ 在全民信教的英美国家，工厂制度兴起后，早期工人虽然每天工作时间长达14小时，但每周仍有一天或半天休息，供企业主、监工与工人去教堂做礼拜。一个教堂往往聚集多个工厂的工人，这为工人跨厂联合提供了空间。汤普森在《英国工人阶级的形成》中就有不少篇章介绍基督教对英国工人阶级形成的影响，并有工人领袖在教堂中进行串联与活动组织等细节的描述。新教思想不仅为工人阶级争取权利的思想解放提供了道德支持，而且在实践层面也提供了网络支持。在美国的公司中，也有企业主出资建立的教堂，老板与工人同在一间教堂做礼拜。工人运动史中也多有描述工人领袖是如何在教堂进行串联的。基督教的宗教信仰与教堂公共空间对工人联合无疑具有重要的促进作用。

二 政府立法保护推动

西方资本主义生产方式刚刚兴起时，政府从自由市场理论出发，不干预劳动力就业市场，劳资关系问题完全交由劳资双方博弈来自发调节。但

---

① Marks Gary, *Unions in Politics: Britain, Germany, and the United States in the Nineteenth and Early Twentieth Genturies*. Princeton, New Jersey: Princeton University Press, 1989.
② 陈峰：《国家、制度与工人阶级的形成——西方文献及其对中国劳工问题研究的意义》，《社会学研究》2009年第5期。
③ 汤普森：《英国工人阶级的形成》（上），钱乘旦等译，译林出版社，2001，第489～502页。

由于工人有组织的工会运动的兴起，劳资对抗严重影响了社会经济的发展，政府不得不放弃自由放任的政策，转而对劳资关系进行干预，其主要手段就是劳动立法，规范劳资双方的权利与义务，政府还作为第三方对劳资争议进行协调，设立和制定专门的审理机构、审理法规和审理办法，从而形成工人保护方面的制度体系。政府对工人的保护主要是制定工人工资、工作时长、工作环境和工作福利待遇等方面的政策并监督企业的行为；同时，政府承认工人有权组建工会，并通过工会发起的工资集体协商谈判、罢工等方式来维护自己的合法权益。政府对工会的态度也有一个演变过程：从绝对禁止到相对禁止，再到完全承认。

1. 英国与欧洲大陆的工人立法

英国圈地运动时期的工人法并没有保护工人，而是强迫工人延长工作日，限制最高工资，却没有最低工资规定；禁止工人罢工、结社，取缔工会组织；等等。在机器大生产时代，英国国会也只代表着封建地主及新兴资产阶级的利益，不会主动立法以保护工人的利益。[①] 但工人处境的恶化引起了一些有良知的企业主与政治家的注意。据记载，18 世纪末的英国工厂就像一个大的"公共监狱"，身在其中的学徒遭受各种各样的折磨和虐待。脏乱的工厂环境导致传染病的爆发；在工厂充当学徒的儿童长大后，却像老人一样羸弱，更严重的则出现畸形和残疾；青少年犯罪率的上升及社会道德的沦丧；等等。工厂学徒问题渐渐演变成社会问题，引起了社会舆论的关注，政府对此却坐视不管而任由其发展。1802 年，英国议会通过了第一部职业安全卫生法规《学徒健康与道德法》，规定 18 岁以下的学徒劳动时间每日不得超过 12 小时，禁止学徒在晚 9 时至次日凌晨 5 时从事夜间工作。该法被认为是资产阶级"工厂立法"的开端，也是最早的一部关于工作时间的法律，从此揭开了国家通过劳动立法干预劳资关系的序幕。

1833 年，英国颁布了《工厂法》（*English Factory Acts*），该法律规定：不得过度使用童工，童工有接受教育的权利；工人工作时间每天不得超过 10 小时；要为工人提供较好的工作环境，以减少工伤事故，保障工人身体健康。《工厂法》还特别提出了检查员制度，检查员负责监督工厂中《工厂法》的实行情况；确立了政府干预原则。但它在雇佣劳动中依然倾向于资方。1842 年英国又颁布了《十小时法》，规定 13~18 岁的未成年工及女

---

① 朱叶萍：《现代英国劳动立法研究及其比较》，硕士学位论文，复旦大学，2000。

工的劳动时间每天不得超过10小时，以后又固定每周礼拜天的劳动时间应为5小时。1864年，英国颁布了适用于一切大工业的工厂法，1878年制定了关于工业的一般法令，1901年制定了工厂及作业场法，对工人的劳动时间、工资给付的时间及地点等做了详细规定，英国的劳动法由此逐步具备了一定的规模，并在世界上产生了巨大影响。在英国劳动立法的影响下，法、德、意大利等国也相继制定了有关工厂的立法，劳动法获得了进一步发展。德国于1839年颁布了《普鲁士工厂矿山条例》。法国于1806年制定了《工厂法》，1841年又颁布了《童工、未成年工保护法》，1912年制定了《劳工法》。在第二次工业革命中快速工业化的德国也出现了激烈的劳资对抗问题，1883~1889年，在宰相俾斯麦的推动下，德国议会先后批准了由国家建立疾病保险、意外事故保险和老年与残疾保险等3项保险法案，使工人福利保障问题得到重视与初步解决，促进了劳资关系和谐。

进入20世纪以后，西方主要国家大多颁布了劳动法规。1918年，德国颁布了《工作时间法》，明确规定对产业工人实行8小时工作制，还颁布了《失业救济法》《工人保护法》《集体合同法》，这些法律都在一定程度上保护了劳动者的利益，对资本家的权益做了适当的限制。

2. 二战前的美国工人立法

美国在南北战争结束后，资本主义经济迅猛发展，但工人所受到的剥削并没有减轻，工人有组织的大罢工运动经常发生。当罢工运动发生时，美国政府通常调动军队进行暴力干预，偏袒资方，无助于工人问题的解决。后来在进步人士的干预下，美国政府采取法院仲裁方式解决劳资冲突问题。1902年5月，美国宾夕法尼亚西部无烟煤矿区15万矿工举行持续近半年的大罢工，要求增加工资和承认工会的合法地位。1903年3月，经过美国高等法院裁决，工人每天的工作时间缩短到9小时，并得到10%的加薪。这是资方第一次接受法院仲裁决定，此前这种由法院仲裁解决劳资争议问题的方式从未有过，这标志着由第三方政府干预的劳资谈判协商机制在美国出现。

1929~1933年，美国爆发了历史上最严重的经济危机，在这期间工人运动不断。1930年2月，美国各地失业工人向政府示威。激进分子路易斯·布登兹率领俄亥俄失业者联盟向州首府哥伦布市议会大楼进军，并提出"夺取政权，建立工农共和国"的口号。1930年3月，共产主义青年团和工会同意与联盟联合，周密部署全国失业工人举行示威，约有125万人参加。当时失业人数激增，到 1932 年 10 月，失业人数达 1158.6 万。胡佛政府为稳定商业要求工人放弃罢工，并拒绝为失业工人提供救济，工人的处境日趋恶化。面对失业和饥饿，美国工人进行了广泛斗争，除了罢工外，还掠夺食物，工会对于工人的吸引力空前增强。美国矿工联合会、国际女装工人工会和混合成衣工人工会等，成员迅速增加。从 1933 年上半年开始，美国各地相继发生罢工事件，1934 年共发生罢工 1856 次，参加罢工人数约 150 万，要求资方承认工会。①

为平息"工潮"，罗斯福于 1933 年 6 月 16 日颁布了《全国工业复兴法》，规定了各企业的生产规模、价格水平、市场分配、工资标准和工作日时数等，要求资方保证最低工资、最高工时，改善劳动条件，资方不得干涉工人组织工会和行使集体谈判权，也不能以加入公司工会作为雇用条件。《全国工业复兴法》保护工人有组织、有力量、有尊严地合法争取权利，为劳动者带来希望。1935 年，罗斯福第二轮新政使国会通过了两部十分重要的法律：《全国劳工关系法（瓦格纳法案）》（又称《国家劳资关系法》）和《社会保障法》。《全国劳工关系法（瓦格纳法案）》要求企业雇主承认工会，政府监督工会选举和解决企业用工不公平问题，支持工人通过工会进行集体谈判。《社会保障法》旨在提供"防范重大生活灾害的保障"，构成了西方福利制度基本体系的重要部分。②

1938 年，美国政府又颁布了《公平劳动标准法》，规定工人最低工资标准和最高工作时间限额，以及超过时间限额的工资支付办法。颁布此法律的目标是消除"对维持工人健康、效率和福利所必需的最低生活水平有害的劳动条件"。该法规定第一年的最高工时为每周 44 小时，第二年为 42 小时，以后为 40 小时。

3. 二战后西方国家的工人立法

二战后，西方国家工人立法因受反共产主义运动的影响，短时间内有后退倾向，直到 20 世纪 60 年代后，才普遍走出反共产主义阴影。西方国家曾产生过一批反工人运动的立法，如 1947 年美国国会通过的《塔夫脱－哈特莱法》，把工会变成一种受政府和法院监督的机构，禁止工会把工会

---

① 董晓杰：《〈从全国工业复兴法〉到〈国家劳工关系法〉：浅析罗斯福"新政"时期的劳工立法》，硕士学位论文，浙江大学，2014。
② 隋永舜：《刍议美国劳工立法的历史演进》，《工会论坛》（山东省工会管理干部学院学报）2002 年第 2 期。

基金用于政治活动；规定要求废除或改变集体合同，必须在60天前通知对方，在此期间，禁止罢工或关厂，而由联邦仲裁与调解局进行调解；规定政府有权命令大罢工延期80天举行，禁止共产党人担任工会的职务；等等。又如1947年法国国民议会通过的《保卫共和国劳动自由法》，同样是镇压工人运动的法律。

西方国家政府为保护工人而制定的政策主要涉及提高薪资、减少工作时长、提高工作待遇、消除就业歧视、消除工人虐待、保护工人生命安全和工会合法性等方面。

劳动法体系进一步完善，对工时、工资与劳动保护等的规定更加细致。各国宪法纷纷对公民的劳动权做出明确规定，如日本1946年宪法、意大利1947年宪法、西班牙1949年宪法等都将劳动权作为公民的基本人权写进宪法，这也使劳动法享有"第二宪法"之称。法国、联邦德国有关劳动标准、社会保障、反对就业歧视方面立法的发展尤为突出，劳动法的适用范围不断扩大。1964年美国制定的《民权法案》反对就业歧视，要求雇主不得有基于种族、性别、宗教、民族血统、年龄及残疾的歧视。

三　企业家自觉

长期以来，企业主与工人之间的关系都被认为是矛盾的、冲突的。实际上，劳资双方的关系并不仅仅是马克思所说的交换关系，更是包含合作与配合的社会关系。[①]因而，在这两种关系之下，企业主与工人之间并不时时刻刻表现为矛盾冲突，企业主也会出于维护企业自身利益而自觉提高工人待遇。西方企业文化深受基督教文化的影响，基督教主张的平等、博爱与奉献等精神也会影响西方企业家。因此，企业主有时面对工人抗争也不得不选择妥协，相对自觉地维护工人权益，这也是工人待遇得到改善的重要原因。

早期的工厂基础设施很差，从而导致工人的居住条件恶劣，传染病流行，工人被束缚于机器，但雇主不肯改善工作环境，工人安全与健康得不到保障。尽管劳资双方签订了合同，且受法律保障，但双方信息不对称，

---

① 房光宇：《工作场所的秩序何以可能——从"制造同意"到员工自觉》，《社科纵横》2011年第6期。

工人签合同前并不知道具体工作情况和危险性,从而导致了大量的工人死亡、受伤的情况发生。此外,工厂还招收大量的流浪儿童作为学徒工,使之成为"最低级的廉价劳动力"。资料显示,1816年,棉纺织业中约20%的工人年龄在13岁以下;1835年,13岁以下的童工占全体纺织工人的13.1%,18岁以下的达到22%。1881年,纺织厂中15岁以下童工死亡率为15%。有研究显示,不管是横向比较还是纵向比较,妇女和童工的实际工资都比成年男工的工资要低很多。[1] 工厂学徒在英国工业革命时期十分盛行,企业主压榨学徒,把工人限制在偏僻的地方,工厂虐待学徒问题十分严重。

工人的罢工运动,给工厂的生产带来了巨大的损失。企业家也开始思考工人管理问题。罗伯特·欧文、马修·博尔顿、乔赛亚·韦奇伍德、戴维·戴尔等企业主出于道德情感和博爱胸怀,改善囚犯状况,呼吁废除黑奴买卖等,还成立了博爱协会,改善工厂环境、提高学徒待遇、减少工作时间等。1784年,戴尔在苏格兰格拉斯附近建立了数家棉纺织厂,向教区济贫院申请获得500多名儿童,负责他们的衣食住,还规定经常对车间通风,清洗车间地板和机器,粉刷天花板和墙壁,男女分住,穿干净衣服,等等。企业主的慈善行为带有宗教色彩,他们表面的善心其实也是为了维护自己公司的利益。[2] 欧洲新教运动对社会的影响是全方位的,汤普森在《英国工人阶级的形成》中有几个章节就直接讨论了基督教对早期工业社会发展产业的影响。书中指出,它不仅影响工人阶级的形成,也影响资本家,如第一部分"自由之树"中的第二章"基督徒与地狱魔王"、第二部分"受诅咒的亚当"中的第十一章"十字架的转换力"等。[3]

有些企业主也在探索解决员工福利待遇问题,以使劳资关系变得融洽。美国杜邦公司在1815年的一次火药爆炸事故之后,决定向死亡工人的家属支付养老金。在美国,杜邦公司是第一批向员工支付加班费和夜班费的公司,也是第一批为员工开设储蓄账户的公司,还是美国第一批为工伤员工聘请外科医生的雇主。1836年,德国企业家艾尔弗雷德·克虏伯就以

---

[1] 赵虹、田志勇:《英国工业革命时期工人阶级的生活水平——从实际工资的角度看》,《北京师范大学学报》(社会科学版)2003年第3期。
[2] 张开发:《评析英国1802年〈学徒健康与道德法〉:兼论英国早期工厂法起源》,硕士学位论文,苏州大学,2014。
[3] 汤普森:《英国工人阶级的形成》,钱乘旦等译,译林出版社,2001。

自己的企业为基础，为员工和家属提供了应对生病和死亡的保险。这项企业制度后来被德国政府所采用，变为国家层面的制度，要求在所有企业推行。德国很多企业主为使劳资关系和谐，设立以救济职工为目的的"共济会"（互助工会），由企业和职工共同出资，对职工提供帮助，确保了职工对企业主的忠诚度。① 英国造船商查尔斯·布思通过个人长期调查出版的《伦敦居民的生活和劳动》（17卷）中，按照收入高低将伦敦400万居民划分为8个社会阶层，指出30%以上的伦敦人生活水平低于贫困线。这样的调查报告让英国人大为震惊。布思极力主张国家给老年劳工发放养老金，以使他们安享晚年。布思的主张得到了英国政府的重视，1908年，英国政府出台了《老年抚恤金法》，并推行重活行业（劳动密集型行业）最低工资制度。

也有些企业家探索新型的企业管理制度。日本在明治维新后，快速从农业国向工业国转型，变成工业化国家，但日本社会总体是稳定的。我们看到在英美国家的工人大罢工，劳资冲突非常激烈。但是，日本企业发明的终身雇用制（由松下公司创立者松下幸之助在1918年首创）、年功序列工资制度（工资等级按工龄长短调整，企业工龄越长，工资也就越高），为日本产业工人提供了非常稳定的就业与生活环境，这也造就了日本社会的稳定，同时促进了日本工业技术创新。经济学家经过研究认为，终身雇用制与年功序列工资制度是一个合理的人力资源管理体系，它有利于特殊技能和人力资源的积蓄，能增加企业技术储备，不断推动企业技术创新。从文化背景来看，日本企业家也深受中国儒家文化的影响，特别推崇"忠"与"孝"，即"忠于职守"与"敬重长者"。企业家对此文化的回应就是"终身雇用制"与"年功序列工资制"。

在近现代企业发展史上，美国汽车大王亨利·福特是提高工人待遇的典型代表。1914年，亨利·福特首创了工人每天工作时间8小时，每小时5美元工资报酬的标准，而当时美国的标准工作时间为每天9小时，每小时2.34美元。亨利·福特让本企业员工工资上涨一倍，且每天劳动时间减少1小时。此举不仅造就了一支稳定的员工队伍，也使企业的生产效率得到提升。亨利·福特的理念是"让造汽车的人也能买得起汽车"。福特汽

---

① Д·И.高尔德别耳格：《1897～1906年日本的工人运动和社会主义运动》，杨树人译，《外国问题研究》1981年第4期。

车厂的员工年工资收入水平足以购买一部汽车,这样就培养了庞大的汽车消费阶层,推动美国早在20世纪30年代就进入汽车社会。福特在企业充分做大后,于1936年创立了美国福特基金会,但一开始它是一个地区性的福利机构,其目的是提高人类福祉。该基金会发展极快,到1950年它已经成为一个国家性和国际性组织。在20世纪美国经济崛起过程中,拥有类似亨利·福特博爱情怀的美国著名企业家还有很多。

企业主与工人经常处于一种不对等的关系之中,企业主始终处于强势地位。但由于西方企业文化深受基督教文化的影响,企业主认识到残酷的剥削无助于企业可持续发展,只有劳资双赢才能确保企业可持续发展。当劳资冲突紧张之时,多数企业主选择了妥协退让。正是因为企业主在与工会对话协商时愿意妥协,愿意提高工人工资待遇,劳资冲突才得以缓解。这种妥协退让也有利于工人待遇的提升与改善。

关于西方企业家自觉提高工人待遇的研究,大多着眼于现代的企业管理与西方的福利制度研究,着重的是如何提高职工的工作效率与职工的忠诚度。不少学者认为企业主自觉提高工人待遇的最终目的是维护企业自身利益,减少劳动成本。关于企业主自觉提高工人待遇的研究十分稀少,所有文献中只有历史书籍对这方面有所记载,而单独研究企业主自觉提高工人待遇的文献很少。之所以出现这种情况,主要是由于很多学者对企业主的印象还停留在残酷剥削的资本家形象上,企业主在工人保护立法过程中的作用也被长期忽略了。一些研究表明企业主自觉提高了工人待遇,但是并没有相关的研究表明企业主自觉参与工人保护立法。因而,企业主在工人保护立法方面的角色就被忽略掉了。

四　走向成熟的西方国家劳资关系

1. 劳资关系的本质与发展模式

从理论角度来看,劳资关系的本质是在管理方与劳动者个人及团体之间产生的,由双方利益博弈引起的,表现为合作、冲突、力量和权力的关系的总和。它会受到一定社会的经济、技术、政策、法律制度和社会文化背景的影响。劳资双方一般以集体协议或劳动合同的形式,甚至心理契约的形式,规定彼此的权利义务、是非曲直。

劳动关系双方选择合作还是冲突,取决于双方的力量对比。力量是影响劳动关系结果的能力,可以分为劳动力市场的力量和双方对比关系的力量。前者反映了工作的相对稀缺程度,由劳动者在劳动力市场供求中的稀缺性决定;后者是指劳动者进入就业组织后所具有的能够影响资方的程度,其中以退出、罢工、岗位三种力量最为重要。退出是指离职或跳槽,虽然离职会给劳动者本人带来一定的损失,但也会给用人单位带来损失,如劳动者辞职后,用人方寻找和培训代替者也会产生成本。罢工就是劳动者停止工作,造成用人单位生产无法正常进行,这种行为造成的损失最为严重。岗位的力量就是指在岗员工不服从、不配合用人方的工作安排而带来的生产与管理成本的增加,如干活不出力、"磨洋工"等。在劳动关系中,管理方享有决策权力,因此,它在劳动关系中处于主导地位,劳方通常处于支配地位。

回顾西方劳资关系发展历程,大体可分为四种模式:一是"斗争模式",该模式以激进派理论为基础;二是"多元放任模式",该模式以新古典学派劳动关系理论为基础;三是"协约自治模式",该模式以正统多元论学派理论为基础;四是"统合模式",该模式以管理主义学派和自由改革主义学派理论为基础。前两种模式已基本退出历史舞台,现在的劳资关系多是后两种模式。[①]

"斗争模式"源于马克思的雇佣劳动和剩余价值理论,该理论认为劳资关系的本质是剥削与被剥削的关系,劳资之间存在不可调和的阶级矛盾,解决矛盾的办法就是工人阶级组建政党,通过暴力斗争推翻资本主义制度,实现工人阶级解放。实践证明,这种以阶级斗争模式解决劳资问题的主张已成为历史。

"多元放任模式"就是强调工会与市场对劳资关系的调节作用,政府对劳动关系的干预较少。工会倾向于以短期利益换取长期利益,斗争性不强,市场是决定就业状况至关重要的因素。这种自由放任模式存在于20世纪初期的英美等国家。

"协约自治模式"是指劳资关系在博弈过程中,政府干预较少,双方通过谈判达成合作契约。"协约自治模式"具体分为两种形式:劳资抗衡模式和劳资制衡模式。劳资抗衡以劳资对立抗衡为主轴,完全排除国家干预,双方签订集体协议,以协约自治原则处理劳资事务。这种模式以法

---

① 程延园:《劳动关系》,中国人民大学出版社,2009。

国、意大利等西欧国家为代表。劳资制衡模式是对劳资抗衡模式的修正与超越，劳动者以工人的身份参与企业经营，其形式从"参与决定"到"共同经营"，即所谓的"产业民主化"。这种工会与企业内利益代表并存的二元架构为德国、奥地利所特有。

"统合模式"是指政府、工会与资方三方之中有一方处于主导地位，可分为国家统合模式、社会统合模式与经营者统合模式三类。国家统合模式是指企业与工人组织在社会结构中所扮演的角色由国家决定；社会统合模式是指工会在工人跨企业团结方面具有很强大的力量；经营者统合模式主要是指在劳资谈判中，资方具有较强的控制力，基本占据主导地位。

2. 走向成熟的西方国家劳资关系

第二次世界大战结束至20世纪八九十年代，随着计算机的发明应用，自动化控制技术突飞猛进。企业资本密集度不断增加，规模不断扩大。现代西方国家的社会保障制度在二战后也进入了成熟阶段。英国、瑞典等西方国家宣布已成为福利国家。社会保障制度的发展对改善劳资关系具有相当重要的意义，工人特别是蓝领工人不再是苦难职业的代名词。由工会演变而来的工党成为英国的执政党，这都表明英国工人阶层地位的提升。在这些产业民主化政策中，最重要的是工人参与企业管理，主要体现在三方原则的推广上，即国家（政府）、企业和员工三方合作，共同制定产业政策和劳动政策。集体谈判制度也在进一步完善，并且被西方国家普遍采用。各国公共部门的工会发展壮大起来。

西方国家成熟的劳资关系的特点主要体现在三个方面。一是政府对劳资关系的调整手段已经相当完备，工人立法体系完善，社会保障制度健全，且保障水平随社会发展水平提高而不断提高，为劳资双方有效沟通所提供的各种服务也比较完备。二是在政府工人立法、服务体系干预下，资方与劳方都更愿通过工资集体协商等较温和的方式解决劳资冲突问题，劳资合作成为主流。三是政府、资方与劳方所形成的"三方格局"体制发展完善，员工参与管理的产业民主制度和集体谈判制度相当完善，解决劳资矛盾、争端的途径趋于制度化、法律化。

高新技术和通信技术的发展，使工作组织和设计发生了根本性变化。①"蓝领"和"白领"的界限变得越来越模糊。②工作组织变为网络化供应、团队工作、多种技术支持，以及像组织扁平化和弹性工作制这类形式多样、富于变化和适应环境的制度。③世界经济进入高度分工时代，劳动密集型的制造业向发展中国家转移，发达国家资本在全球产业分工中获得高额利润。

全球经济一体化带来了国际竞争加剧和雇主策略的变化，各国纷纷寻求降低成本的方法，以及雇佣关系的新模式。跨国公司的兴起和经济全球化的趋势也打破了资方、政府和工会的权力平衡。市场的范围已经从单一国家的国界扩展到多个国家和地区。一国政府控制国际资本流动的能力是有限的。各国工会力量在20世纪80年代后期都有不同程度的削弱，但跨国工会和工会联盟的发展相对滞后。发展中国家面临着一个严峻的选择：是降低劳动条件和福利水平以压低劳动力成本从而在全球竞争中取得优势，还是积极遵守各国统一的劳动标准，以实现对工人的工作和生活水平的保障。发达市场经济国家的工会也面临着知识经济的挑战：工会的范围和力量有不断缩小的趋势。

五 西方国家工人权益改善对我国保护农民工的启示

通过对西方国家工人立法保护政策制定的影响因素的分析，我们可以看到，工人运动与工会运动对工人保护制度的建立具有推动作用，如果没有工人有组织的抗争，就没有国家立法对劳资关系的干预。西方国家的工会是工人在生产实践中建立的，具有很强的战斗精神，但劳资关系冲突被后来确定的劳资协商对话机制所控制，并没有发展为暴力斗争。尽管马克思、恩格斯为欧洲工人阶级指出了建立政党，通过武装斗争推翻资产阶级统治这条道路，但这条暴力革命之路并不是工人解放的唯一道路。欧美国家工人阶级通过工会组建工人阶级政党，利用国家民主体制与议会斗争，同样可以争取工人阶级利益，而且减少了社会动荡与流血牺牲。

进入19世纪后，得益于西方国家的协商式民主政治体制，工人阶级通过工会运动与政党制度，迈上政治舞台；同时，普通大众的选票开始发挥政治作用，政商关系一体化出现瓦解。为了选票，政治就要去监管资本而照顾到社会利益。这样，政治、资本和社会之间维持了一个相对平衡的状态，工人利益得到了保障。

改革开放以来，随着外资涌入与全球制造业向中国转移，中国工业化运动得到再次启动，大批农民以农民工身份投身现代工厂，造就了中国

"世界工厂"的地位。市场驱动的工业化使越来越多的农民卷入城市,形成庞大的农民工群体,而国企的改制使传统的工人阶级丧失了特殊的社会地位,也成为雇佣劳动者。[①] 从我国近年来劳资关系冲突案件增多的现象来看,中国农民工面对资方对他们权益的侵害,自我权利意识提高,勇于捍卫自身权益,向公司施压,要求更高的工资与福利保险、更公平的劳资关系。

学习西方国家的经验,政府在劳资关系中需要承担起维护工人权益的责任,因为在劳资关系中,劳动者与工会始终处于弱势地位。中国政府相关部门以及劳动立法工作者必须重新审视现有的劳动立法状况,学习他国工人保护立法经验,营造良好的劳动环境。

工人努力争取自身权利,需要在国家法制框架下,积极寻求工会的帮助,理性维护自身权利。中国工会组织也需要向西方国家工会学习,建设好自身的管理和运行体系,积极代表工人的利益,为工人的需求发声,争取提高工人待遇。

对于企业管理方而言,在工人权益意识觉醒的时代,再以压迫剥削的方式管理工人的企业注定走不远,因而,企业主也要提高管理员工的水平,提高员工的待遇,增强员工的归属感和企业的凝聚力,提高企业生产效率。

[①] 陈峰:《国家、制度与工人阶级的形成——西方文献及其对中国劳工问题研究的意义》,《社会学研究》2009 年第 5 期。

第二章 "工荒"与农民工权利意识

自2004年春爆发的"工荒"问题，一直到现在都没有得到解决，现在很多企业面临的问题不仅仅是招工难，而且留住工人也难，"工荒"现象愈演愈烈。在"工荒"的大背景下，农民工主要通过自主流动来实现经济待遇的提高。

一 农民工群体的力量

对工人阶级的形成，马克思在《资本论》中认为，当工人作为像鸟一样自由的劳动者被投放到生产过程中时，一方面是资本家通过加强劳动过程管理、引进生产技术、改善工厂组织等方式，日益对工人的"活动劳动"施加严密的控制；另一方面则是工人日渐认识到自己在生产过程中的结构位置和资本主义的剥削本质，逐步有组织地斗争反抗，从自在阶级走向自为阶级。① 埃里克·怀特在《工人阶级的力量》中认为，工人阶级的力量分为"结社的力量"（Associational Power）与"结构的力量"（Structural Power）。所谓结社的力量是工人形成集体组织的各种权力形式，即工人阶级形成自己的组织，通过各种集体行动表达自己诉求的能力。所谓结构的力量是工人简单地由其在经济系统中的位置而形成的力量，即讨价还价能力，一种是"市场讨价还价能力"；另一种是"工作现场讨价还价能力"。前者是指工人在求职时对于工资待遇的议价能力，以及是否接受企业雇用；后者是指工人在劳动过程中，利用自己在劳动环节上的不可或缺性所形成的有可能中断生产的能力，如怠工或停工。② 西方国家工人运动

---

① 马克思：《资本论》（第一卷），人民出版社，1970。
② E. O. Wright, "Working Class Power, Capitalist-Class Interests, and Class Compromise," American Journal Sociology 4 (2000): 957~1002.

主要是通过工人的"结社力量"来实现的。

关于工人阶级的力量,劳动关系理论也有讨论。劳动关系的本质是双方合作、冲突、力量和权力的相互交织。在劳动关系中,双方存在潜在的力量和权力较量、合作与冲突。力量、权力、合作与冲突共同构成了劳动关系的表现形式。对于劳动者而言,关系力量有很多种,尤以退出、岗位、罢工三种力量最为重要。退出与岗位的力量等同于"结构的力量",罢工的力量类似"结社的力量"。对于资方或管理方而言,它们也有这三种能力,而且力量更强大。

农民工群体是转型期中国的特殊群体,受城乡二元分割的户籍制度的影响,其存在具有长期性,构成中国社会结构的第三元。[①] 中国社会科学院社会学所课题组在《当代中国社会流动》一书中认为,农民工作为一个新的社会阶层在我们的社会已经崛起,它被称为"新工人阶层"。该书还指出,农民工的集体意识在增强,维权意识在提高,社会参与意识与社会组织化程度在提高。[②] 2004年,中华全国总工会发文称,农民工是中国产业工人的一部分。国务院研究室农民工课题组在《中国农民工调研报告》中认为,农民工在数量上已占中国产业工人的一半以上,是产业工人的主体。[③] 沈原在《社会转型与工人阶级的再形成》中认为,农民工是转型时期出现的"新工人",与老工人(国企职工)相比,新工人的力量体现在"结构力量"上,而老工人的力量体现在"结社力量"上。[④] 本书进一步引申,认为2004年以来爆发的"工荒"就是农民工权利意识提高的标志。

过去的研究认为,中国劳动力市场供大于求,劳动者在与雇主谈判时没有"讨价还价能力"。他们因怕失业而放弃在劳动冲突中对正当权利的争取,甚至根本不敢对抗资方的种种侵权行为,对资方的侵权行为大多抱忍耐的态度。劳动力的这种供求态势,造成了劳动力市场上的"寻低竞争",在非公有制企业劳资关系上则表现为越来越低的工资、越来越长的劳动时间、较少的劳动保护和低覆盖率的社会保险等。此外,还有克扣和拖欠劳动者工资,劳动合同签约率低、内容不规范,且得不到有效落实等。但自2004年东南沿海出现"工荒"以来,农民工在劳动力市场上讨

[①] 甘满堂:《城市农民工与转型期中国社会三元结构》,《福州大学学报》2001年第4期。
[②] 陆学艺:《当代中国社会流动》,社会科学文献出版社,2002。
[③] 国务院研究室课题组:《中国农民工调研报告》,中国言实出版社,2006。
[④] 沈原:《社会转型与工人阶级的再形成》,《社会学研究》2006年第2期。

价还价能力正在增强。关于"工荒"产生的原因，主要的观点认为是劳动力供给的结构性短缺，受计划生育政策影响，中国劳动力供给开始呈下降趋势，劳动力成本上升，"刘易斯拐点"出现①。也有观点认为是农业增收导致农民工回流，以及农民工权益受到侵犯导致其流动性增强，即"制度短缺导致劳工短缺"②。面对劳动权益受到侵犯，大多数人选择"忍气吞声"，做沉默的大多数；其次是选择向管理阶层反映，向政府部门投诉；再次是选择"离职走人"；很少人选择以集体罢工或谈判方式维护自己的权益。③ 关于"工荒"的影响，有学者认为企业将不得不提高农民工的工资待遇，但同时会造成劳动密集型加工企业向中西部地区转移。解决"工荒"问题，学界普遍认为应该提高农民工的工资水平，改善他们的福利待遇以及工作和生活环境，企业应加强自身的社会责任感，为工人提供更好的权利保障，政府也应该出台法律法规维护农民工的权利，加强工会的作用，等等。

本书借鉴埃里克·怀特有关工人阶级的力量理论，并以此理论为指导来研究当代农民工的权利意识，研究主要是从新时期"工荒"以及农民工频繁跳槽等现象入手，资料主要来自新闻媒体报道的深圳富士康个案以及泉州等地民营企业的实地调查。

二 当前农民工群体的生存状况

农民工群体已为中国工业化、城市化的发展做出突出的贡献，但其社会经济处境20多年来并没有得到显著改变，工资低、劳动时间长、缺乏社会保障等问题仍普遍存在。尽管新的《劳动合同法》于2008年1月1日正式执行，但众多雇用农民工的企业仍存在工资低、劳动时间长、社会保障程度低等问题。2010年上半年，全球最大的代工厂——深圳富士康公司员工的"十三连跳"，让这家企业用工问题得到全世界的关注。尽管富士康公司员工跳楼是多方面原因造成的，但其共同的社会原因是，面对工资低、超时加班等工作状况，青年员工看不到希望，于是选择跳楼这种极端的方式抗议现行的劳工体制。如果我们认为富士康公司员工待遇还是

---

① 蔡昉：《中国人口与劳动问题报告（2007）》，社会科学文献出版社，2007，第3页。
② 刘林平：《制度短缺与劳工短缺》，社会科学文献出版社，2007。
③ 江立华：《中国农民工权益保障研究》，中国社会科学出版社，2008。

中等水平的话，我们就以它为代表剖析一下当前农民工工资待遇的一般情况。

1. 工资待遇与劳动时间

深圳富士康公司以深圳市最低标准工资作为员工的基本工资，这个基本工资是根据国家劳动法规定的月最低工资水平制定的，前提是每天工作8小时，每周都有双休日。但在深圳市依靠最低基本工资显然是无法生活的，员工想要获得较高水平的工资，必须加班。于是，员工的实际工作时间成了每天10~12小时；每周只有一个休息日，甚至没有。这样，每月才有2000元的工资收入。由此，深圳富士康的普通员工的劳动时间每月超过280小时，比法定每月工作168小时超出66.7%。

当前城市生活水平提高较快，城市生活成本随之升高，特别是城市房价增长幅度惊人，但农民工工资的增长非常缓慢，农民工的平均工资与城镇职工工资之间的差距越来越大。由于多数劳动密集型企业用当地最低标准工资作为农民工的基本工资，因此，城市最低标准工资也能反映农民工的工资收入水平，现以深圳市数据来说明问题，参见表2-1。

从表2-1中的广东省城镇居民消费水平、深圳市职工平均工资水平以及最低标准工资的历年分布来看，深圳市的最低标准工资不及员工平均工资的一半，多数年份不到职工平均工资的30%，其中2004年差别最大，不及平均工资的25%，之后虽有所提高，但大多不足平均工资的30%。从深圳市最低工资变动趋势来看，2004年前后发生"工荒"是难免的。与广东省城市居民消费水平相比，最低标准工资也大多低于同期城镇居民平均消费水平，这说明依靠最低标准工资无法达到当地城镇居民的一般生活水平。根据工资理论，工人工资应当包括养活劳动力本人以及家庭所需要的费用，但从目前的最低工资水平来看，劳动者的工资也只能养活自己，无法给自己的家庭提供更多的资金支持。另外，他们劳动时间长，也没有足够的休息时间。从有关报道来看，深圳富士康公司遵守了《劳动合同法》，工人加班有双倍工资，但它将工人基本工资与最低标准工资挂钩，导致小时工资极低，工人不得不通过加班方式提高自己的月工资水平。2010年5月发生"十三连跳"事件后，富士康公司在各方面的压力下，做出将工人基本工资提高30%的决定。不过，提高30%的基本工资，工人的平均工资也只增长到1200元/月，若想工资再提高，还是需要加班。

表 2–1　深圳市最低标准工资与城镇职工平均工资差距

单位：元

年份	城镇年人均收入	城镇年人均消费	城镇月人均消费	深圳职工平均月工资	深圳最低标准工资	最低/平均
1992	3476	2830	235	494	245	0.496
1993	4632	3777	315	679	286	0.421
1994	6367	5181	431	881	338	0.384
1995	7438	6253	521	1023	380	0.371
1996	8157	6736	561	1209	398	0.329
1997	8561	6853	571	1378	420	0.305
1998	8839	7054	587	1532	430	0.281
1999	9125	7517	626	1726	430	0.249
2000	9761	8016	668	1920	547	0.285
2001	10415	8099	675	2162	574	0.265
2002	11137	8988	749	2352	595	0.252
2003	12380	9636	803	2551	600	0.235
2004	13627	10694	891	2661	610	0.229
2005	14769	11809	984	2706	690	0.255
2006	16015	12432	1036	2926	810	0.251
2007	17699	14336	1194	3233	850	0.263
2008	19732	15527	1293	3621	1000	0.276
2010	23892	18480	1540	3894	1100	0.282
2012	30226	22392	1866	4595	1500	0.326
2014	32148	–	–	6054	1808	0.299

注：城镇年人均收入与人均消费数据是广东省数据。2008 年后数据采取简化处理，隔年列出。
资料来源：《广东省统计年鉴》(2015)，深圳市人力资源和社会保障局网站。

在目前的工资水平与二元分割的户籍制度下，作为产业工人的主体——农民工群体是无法实现城市化的，他们的命运是寄住在城市，回农村去养老。他们的下一代也因为无法接受更好的教育，而不得不重复父辈的道路，成为第二代、第三代、第 N 代农民工。

2. 员工管理[①]

富士康公司的生产方式都是流水线式的，工人就是流水线的一部分，

---

① 邓飞：《揭秘富士康自杀潮内幕：13 个人的残酷青春》，《凤凰周刊》2010 年 6 月 13 日。

有媒体记者批评其生产管理方式是"泰勒式非人性化管理"。

多名员工称，在富士康的工作太累：如果选择加班，他们必须从白天早上7点半工作到晚上7点半，或者从晚上7点半到凌晨6时许，中途只有2小时的吃饭时间。他们需要穿防静电服、戴口罩，这会使人感觉到缺氧，连续站立工作11小时，其间不能交谈，不能打电话，不能吃任何东西，在操作过程中损坏了任何产品，都得自己赔偿并无条件走人。

上厕所需要找组长领取一张流动卡，其间由组长顶替工作——这一制度设计逼迫工人不会频繁找组长，避免激怒组长。2009年12月，富士康在厕所安装了一套电子设备，员工如厕需要刷卡，超过10分钟，电子系统将做出反应，稽核员将会大喊"某某某，快出来"。

深圳富士康也招收大学生，但经常把大学生当普通操作工来使用，并不让他们从事管理类工作。大学生通常以"储备干部"名义招进来，要求从普通员工做起，但何时"储备"结束却没有明确规定，这实际上就是将大学生当农民工使用。这种窘境也使一些大学生"储备干部"看不到前程。

卢（大学生"储备干部"）说服自己努力付出，多赚钱。但现实开始令他发怵："储备干部"只是一个雅称，从2001年到2008年，这个群体多达6000人，碰上生产线缺人，就得顶上，只是底薪稍高一些。

富士康向员工提供带浴室和卫生间的8人宿舍，标准为11元的一日三餐，工衣可交给公司免费清洗。与其他民营企业相比，富士康的工资与福利待遇不算差，属于中等水平。因此，有评论称，富士康并不是传统意义上的"血汗工厂"，但在管理方面，富士康则像一家缺乏温情的"铁血兵营"。工厂担心一个班组的人串联罢工，打断整条生产链，便将一个班组的人拆散放到不同的宿舍，并将同宿舍的8个人安排白班与晚班两种工作时间，好让他们没有机会交流，这样便使每一个人变成一块原子化的碎片。

3. 离职率

作为深圳标杆企业，富士康对员工的吸引力如何呢？我们可从人力资源管理经常引用的一个指标——离职率来考察。通过对离职率的考察，我们可以了解企业对员工的吸引力和员工对企业的满意程度。离职率过高，一般表明企业中的员工情绪波动较大、劳资关系存在较严重的矛盾、企业的凝聚力下降，它可能导致人力资源成本（含直接成本和间接成本）增加、组织的效率下降。但并不是说员工的离职率越低越好，在市场竞争中，保持一定的员工流动，可以使企业利用优胜劣汰的人才竞争制度，保持企业的活力和创新意识。较科学的员工离职率的计算公式是：

员工离职率＝当月离职人数／（月初人数＋当月新进人数）×100%

富士康公司总的月离职率是5%左右，其生产线上的员工月离职率在5%以上，如果换算成年离职率则达35%。深圳富士康公司共拥有32万名员工，每月离职近1.5万名；但同时每天又有1000多名农民工排队要求进入富士康。这说明富士康公司的员工待遇还是有吸引力的，它并不是最差的。①

三 当前企业"工荒"背后的员工高离职率问题

当前中国制造类企业不仅面临着招工难的问题，而且处于企业员工离职率过高，留住工人也困难的境地。像深圳富士康公司的高离职率在全国具有普遍性。由于工人离职率过高，企业需要常年招工，加剧招工难，使"工荒"现象更为突出。

当前制造类企业存在非常高的员工离职率，根据笔者对东南某地区多家企业的调查，制造类企业员工月离职率为7%~8%，年离职率在50%左右，见表2-2。一般来说，企业员工年离职率在20%左右是合理的，说明员工队伍具有相对稳定性，但超过40%，则是不合理的，说明员工队伍缺乏稳定性。企业因员工离职率过高，不得不常年招工。东南沿海一带劳动力较紧缺，企业不得不随同当地政府劳动部门走出去招工，而不是坐等工人上门求职。如泉州企业常年组团到中西部地区招工，现在中部地区已招不到工人，企业不得不到西部，如四川、重庆、云南、甘肃等地招工。但招来的新工人往往留不住，在企业工作不到半年就要跳槽，企业为此付出的招工成本越来越高。

---

① 王永强等：《富士康员工死伤惨剧频发调查：13休1工作制》，《中国经营报》2010年4月4日。

表2-2 某地区企业生产线员工离职率统计

流动水平	较低水平	中等水平	较高水平
月离职率	5%	8%	10%
年离职率	37.5%	49.0%	54.5%

注：表格是代表三种流动水平的，按照员工离职率计算公式计算得出。

招工难与"工荒"问题的产生原因前文已述。企业为何留工也难呢？其实，招工难与留工难基本上是同步发生的，企业留工难的原因基本上与招工难的原因是一致的。就企业外部原因而言，主要是中国已出现非农业普通劳动力短缺的现象，且短期内难以解决；内部原因是我们的民营企业中，农民工工资待遇还没有得到根本性的改善，仍然存在工资低、劳动时间过长、劳动强度大以及福利待遇差等问题。就农民工而言，随着自身权利意识的增强，他们要通过频繁的流动来获取较高的工资待遇。民营企业人力资源部门的管理人员都抱怨：现在信息发达，员工经常通过老乡关系打探各企业的员工待遇，一旦发现某企业工资待遇较高，哪怕是每月能多挣1元钱，农民工都愿意跳槽。也有企业人力资源管理人员认为，现在农民工的工资期望值增高，特别是刚出"农门"与"家门"的农民工，以为外面的钱很好赚，对于劳动待遇与劳动环境有过高的要求。某些学者也认为，青年农民工多是直接从学校出来的，没有或较少有农村劳动的经历，怕吃苦，贪图享受。

从离职者人口特征来看，工作时间不满三个月的员工离职率较高，青年员工、未婚的员工、已婚但独自一人在企业工作的员工流动性较高。与此相反，在企业工作时间较长、年龄较大的老员工，夫妻双方都在企业工作的员工流动性较低。这种流动现象与有关移民研究的结论是一样的，即青年、未婚的人流动性较强。从职位上看，普通工人离职率要高于班组长的离职率。另外，企业员工辞职往往会引起连锁反应，带动与其有地缘关系（即老乡）的员工离职。

不过从根本上来说，员工离职率高，还是工资低、劳动时间长、福利待遇差导致的，老问题没有得到根本解决。2008年1月1日实施的《劳动合同法》在大多数企业中没有得到落实，企业经常用计件制工资计算方法，规避超时加班问题。国家最低工资标准没有规定全日制最低小时工资，导致某些企业的最低小时工资低于地方政府规定标准，但月工资水平因超时加班则高于当地最低工资水平。如 2010 年某深圳企业开出的月工资为 1500 元，但要求员工每月工作 28 天，每天工作不少于 12 小时，换算成小时工资只有 4.43 元。比照深圳市地方最低月工资标准 1000 元、最低小时工资 5.95 元，这家企业工资水平则低于地方平均工资水平，可见超时加班是比较严重的。现代企业多以计件为考核工资的标准，工人为了挣得较高的工资，不得不"主动自愿"加班。

在"工荒"之前，企业员工离职率也较高，但总体不超过 5%。通常企业只需要春节后招一次工，那时的工人是以一年作为流动期限，企业在员工离职方面有很大的自主权，即企业解雇工人的比例要大于工人自动离职的比例。"工荒"前，中国劳动力总体上供大于求，制造类企业招工容易，由于工作岗位较少，怕失去工作机会，工人在一个年度内主动离职的少。

2004 年春以来，劳动力供大于求的格局已改变，劳动者已有谈判的优势。这种谈判优势，不是通过集体工会组织的，而是个体在应聘时进行的。农民工在流入地拥有较发达的乡土社会关系网络，可以获得较对称的招工企业信息，能从中选择工资待遇较高、工作环境较好的企业。这也是当前民营企业员工流动性高的主要原因。与"工荒"前的流动性相比，现在是工人炒资方，主动离职，而非被动离职。

四　跳槽：农民工群体表达不满的主要方式

当前农民工寻求工资待遇改善与维权存在的制度与非制度的困境，使其无法通过集体行动的力量来维权，只得通过个体理性行动来改变自己的经济待遇，主要是通过离职来表达对资方的不满。大量个体离职也迫使企业主提高工资待遇，以缓解招工压力。因此，个体理性行动也有助于维护集体利益。

制度困境方面，农民工集体维权，要求提高自己的经济待遇，得不到政府与工会组织的支持，而通过法律维权成本过高。农民工集体维权也存在非制度困境，这主要表现在当前中国新工人出身农民，文化程度低，小农意识仍很浓厚，内部不团结。在企业工作中，员工重视老乡关系胜过同事关系。企业工人通过有组织的方式维权较少，即使有，也只是单个工厂或企业工人的集体行动，缺乏多个企业工人的联合。回顾近现代中国工人运动史，大规模的跨厂联合大罢工行动都是在革命知识分子宣传与组织下发动的，而真正由工人自己组织起来的多个工厂或企业的联合罢工几乎没有，其原因在于当时工人群体中并没有善于组织工人运动的"工人精英"。

中国精英阶层与社会舆论对农民工维权支持不够。中国某些经济学家认为，提高农民工待遇，给农民工涨工资，会提高中国制造业的成本，对中国制造业发展非常不利，制造业资本会迁往越南、孟加拉国、非洲等劳动力更便宜的国家或地区。因此，农民工要求提高工资待遇的呼声得不到社会精英阶层与社会舆论的支持。

面对维权困境，农民工主要是通过个体行动，如离职、跳槽等方式表达对资方的不满，维护自己的权益。跳槽是中国城市农民工维权的独特方式。在"工荒"大背景下，许多民营企业面临招工难问题，为解决此问题，企业不得不提高员工待遇，以吸引农民工，留住农民工，这样，不同企业员工的工资与福利待遇就有了一定的差距。农民工为寻求更高的工资待遇，只能不断地跳槽。对于单个农民工来说，跳槽是一种个体行为，是理性选择的结果，目的是寻求劳动力更高的价格，实现人力资本的增值。从劳资关系角度来看，农民工的高离职率，实际上是对企业工资待遇的不满，是一种无声的抗议。现在农民工在合同期内离职是有经济损失的，根据企业单方面的规定，辞职员工将得不到当月工资与以前扣押的保证金等。但如果考虑到不离职损失更大，工人仍然会选择跳槽。有时工人离厂时与厂方不打一声招呼就走了。如果他住企业宿舍，其全部家当也只有一个旅行包，行动起来非常方便。

现在农民工在求职时，为防范企业主不讲信用，并不相信招聘单位的许诺，而是看已在该企业工作的老乡的"口碑"，即在该单位工作的老乡对企业的评价。如果没有老乡在该单位工作，农民工是不敢贸然在这家企业工作的。已有多项调查证实，农民工在求职时主要依靠老乡关系网络。现在企业招工多利用内部员工社会关系网络招聘，即请已在本企业工作的员工介绍自己的亲朋与同乡来本企业工作，并给予物质奖励。一般规定，由本厂员工介绍来的新员工，如果在企业工作满半年，奖励介绍人100元；满1年再奖励介绍人100元。通过内部员工介绍招聘来的新员工，也容易留得住，通过正规的劳动力市场招聘来的反而留不住。

斯科特在研究东南亚农民抗争时指出，贫困本身不是农民反叛的原因，只有当农民的生存道德和社会公正受到侵犯时，他们才会奋起反抗，甚至铤而走险。对于农民来说,公开的、有组织的政治行动比较少,且这种行动过于危险,往往是自取灭亡。为了回避这些风险,农民更多的是采取日常反抗的形式,通常包括偷懒、装糊涂、开小差、假装顺从、偷盗、装傻卖呆、诽谤、纵火、怠工等。这些被称为"弱者的武器"(Weapons of the Weak),它们的共同特点是,几乎不需要事先的协调或计划,它们利用心照不宣的理解和非正式的网络,通常表现为一种个体的自助形式;避免直接地、象征性地对抗权威也是其重要特点。[①] 中国农民工在面对企业不公平的待遇时,有组织的反抗通常比较少,但并不是无动于衷,听之任之,而是经常使用"弱者的武器",抗议资方的剥削,如在夜间加班时去睡觉、故意损坏机器设备、故意浪费原材料与能源等。这种情况与西方工业化国家早期的工人运动相类似。在某些管理不规范的企业当中,上夜班睡觉是普遍现象,通常是轮流睡觉。当然,管理者对于车间员工上夜班睡觉是知道的,但由于每天上12小时的班,员工没有时间休息,处罚严格又会导致员工不满而流失,所以对于这种行为也只能睁一只眼闭一只眼。由于请假要扣全勤奖或扣工资等,为了能有休息的时间,某些企业车间班组在完成平均任务之后,就不想再加班,故意损坏机器。通常,机器设备发生故障以月底为多,这种故障的发生不排除人为因素。另外,生产线员工还非常希望有停电事故,这样全厂放假休息,工资也不会被扣除。

以上迹象表明,当前中国产业工人面对低工资,不再愿意做沉默的大多数,也不再愿意通过离职走人来短暂逃避低工资待遇,他们开始尝试通过集体谈判方式同企业主协商工资。这方面典型的案例是日资本田在广东省南海的零配件厂,经过艰苦的谈判协商,本田南海工厂终于同意提高工人工资。

五 农民工的权利意识正在觉醒

社会群体权利意识的觉醒,可以从三个维度去分析:一是自身职业与社会地位的认识,二是有关自身劳动力价值的认识,三是维权行动。通过多年的外出流动,以及群体内部的话语积累,农民工都意识到自己外出打工挣钱,受雇于人,靠出卖劳动力谋生,是雇工,且是"外来工",是城市社会

---

① 詹姆斯·斯科特:《农民的道义经济学:东南亚的反抗与生存》,程立显、刘建等译,译林出版社,2001,第31~35页。

中"真正的无产者"。回顾近年来在多家企业的工作经历，他们发现企业在用人方面不再苛刻，管理也在向人性化方向迈进，而这一切都是他们"用脚投票"争取的结果。他们意识到自己存在的价值，这种价值不仅在于替资本创造价值，而且在于实现自身价值。在"工荒"前，农民工是"招之即来，挥之即去"的"会说话的机器"，在资方面前没有任何讨价还价的余地，而现在有。这种讨价还价的能力，使农民工第一次认识到自己劳动力的价值，它也是企业值得珍惜的资源之一。当自己的权利受到侵犯时，他们不再愿意做沉默的大多数，开始尝试通过集体行动来维护自己的权益。

当代西方国家工人阶级主要是通过结社罢工的方式维护自己的权益。中国农民工群体通过什么方式维护自己的权益呢？目前看来，农民工寻求提高工资，更多通过自发的流动实现，"用脚投票"是其主要方式。不过这种抗争方式不能从根本上改善他们的待遇，只能是局部的改善。比较显著的变化是农民工的年均工资水平呈不断上升趋势，但超时加班问题仍没有解决。①

---

① 蔡禾、李超海：《农民工工资增长背后的不平等现象研究》，《武汉大学学报》2015 年第 5 期。

第三章　影响农民工工资水平的因素分析

工资收入是劳动权益最主要的内容，解决好农民工工资问题，有助于确保以农民工为主的流动人口生活安定，维护城市社会稳定，促进社会和谐。农民工的工资水平是人力资本、社会资本、企业环境、地方用工环境共同作用的结果。根据数据分析结果，从个人层面看，农民工的人力资本和社会资本对其工资水平有重要而积极的影响，其中，农民工的性别、受教育程度、职业资格证书、对劳动法规的认知程度、工龄、换工次数、请客送礼费用等因素对农民工的工资水平有正向影响，而农民工的年龄、是否参与工会、是否参与培训这些因素对农民工的工资水平影响有限。从企业和地方环境层面看，企业环境和地方用工环境对农民工的工资水平也有积极的影响，其中，企业规模、行业类别、制度环境等因素对其影响显著，而企业是否缺工、地方最低工资标准、是否签订劳动合同对农民工工资水平影响有限。

一　研究背景与文献回顾

农民工已然成为社会中一个不容忽视的群体，农民工的收入保障及其相关问题关系着整个社会的稳定，他们是我国经济建设的生力军，为我国经济建设做出了巨大贡献，研究分析农民工工资问题，具有重要的现实意义。

农民工工资收入占到其家庭收入的77%，明显高于农业收入所占比重，成为其家庭收入的主要来源。[1] 外出务工农民的收入对农村家庭有十

---

[1] 刘林平、万向东等：《制度短缺与劳工短缺》，社会科学文献出版社，2007。

分重大的影响，提高农民工工资收入水平，有利于农民工家庭生活的改善，是增加农村家庭收入的重要保障，是解决"三农"问题、促进城乡经济协调可持续发展的需要。而分析影响农民工工资的社会政策因素，有利于促进有关工资法律法规的完善，从而缩小工资分配的城乡差距，平衡劳动力供求关系，提高农民工就业积极性，有效缓解劳动密集型企业在发展过程中出现的招工难和"用工荒"问题，促进工业化和城镇化进程。解决好农民工问题，可以确保以农民工为主的流动人口的稳定，维护城市的稳定。

在全国范围内，离乡农民工输入地以珠三角、长三角、闽三角地区为主，已有学者对前两个地区的农民工情况及其工资水平进行了详细的分析。本章研究福建沿海地区农民工的工资水平等情况，为学界充实农民工研究的实地素材。同时，本章希望通过全面分析了解农民工工资的影响因素，提出稳步增加农民工工资的相关建议，以期构建良好的劳资关系，维护社会稳定。

关于影响工资分配的研究角度，主要有三个方面：其一是从市场和社会的角度来探讨工资水平如何决定，主要是探究劳动力市场的供求关系、劳动力生产效益等对工资分配的影响；其二是从国家角度来研究如何通过政策干预工资分配，特别是集体协商、法律法规、制度环境等对工资的影响；其三是从企业内部角度来看员工工资如何进行分配，探究员工的职位、年资、技能以及个人社会关系对工资分配产生的影响。西方有关工资的理论较为丰富和全面，不同学派的工资理论范式从不同层面阐释了工资水平的决定因素和造成工资差别的基本因素。

在理论研究方面，主要有劳动者权利理论与工资理论。劳动者权利理论包括劳动者有自由就业择业权、劳动条件权、合理工资权、享受社会保险权、组织和参与工会权等，国际工人组织在《费城宣言》中有明确认定。劳动者权利理论是工人制度的基础，三方性原则理论要求政府在劳资关系中承担"中间人"职责，通过法律制度来保护工人的权益。西方有关工资收入的理论非常丰富，主要有五种：生存工资论、边际生产力工资论、均衡价格工资论、谈判工资论、分享工资论。

与新古典学派观点不同，制度学派从制度因素的角度来解释工资的决定因素，否定了市场因素对工资起决定作用的说法。他们认为劳动力市场通常呈现二元分割局面，使劳动力处在不完全的竞争状态，此时工资的高低并不是由简单的供求双方决定,还应该包括影响市场供需变化的制度性因素。制度学派认为:"劳动者工资率取决于两方面,一是劳动者所处的产业或部门,另一个是劳动者所拥有的人力资本。"①

在以上诸多理论中,工资集体谈判制度已被实践证明为适应市场经济发展、有效解决劳资矛盾、体现社会公平、促进社会和谐进步的一种工资决定机制。然而,在中国劳动关系中,由于发展滞后,工会在工人工资决定过程中的作用微乎其微,工资集体谈判制度的实施没有现实条件,因此,用集体谈判理论来研究我国农民工工资水平的影响不具有现实意义。

关于工资水平影响因素的探讨,主要聚焦于人力资本和社会资本两大因素层面。

国内关于人力资本对农民工工资的影响的研究成果颇多,高文书通过对五个城市调查数据的分析,得出"进城农民工的受教育程度和进城工作经历的增加能显著地提高进城农民工的小时工资"的结论。② 郭凤鸣等人研究了教育和户籍歧视对农民工工资的影响,认为农民工的人力资本水平较低、就业领域有限等因素都可能导致其工资水平低于移民工和城镇工。从人力资本水平的统计结果可以发现,"城镇工、移民工和农民工之间的工资差异显然与个体人力资本水平密切相关"。③ 影响农民工工资的人力资本因素包括受教育程度、工龄、职业培训经历等。人力资本对农民工工资虽然有着显著影响,但不少学者也指出,在中国的实践中,"绝大多数农民工正是集中在劳动密集型企业的低技术、低工资的岗位上"。④ 这体现在劳动力市场上是企业对一线工人人力资本的虚假需求,"其结果是劳动力无差异供给、劳动力市场上的恶性竞争及低工资"⑤,使一线生产工人大多从事着"无增长、无积累、无发展、不体面"的"纯劳动"⑥。人力资本

---

① 陈文星:《论西方工资决定理论与我国次级劳动力市场工资决定机制的完善》,《改革与战略》2007 年第 3 期。
② 高文书:《进城农民工就业状况及收入影响因素分析——以北京、石家庄、沈阳、无锡和东莞为例》,《中国农村经济》2006 年第 1 期。
③ 郭凤鸣、张世伟:《教育和户籍歧视对城镇工和农民工工资差异的影响》,《农业经济问题》2011 年第 6 期。
④ 万向东、孙中伟:《农民工工资剪刀差及其影响因素的初步探索》,《中山大学学报》(社会科学版)2011 年第 3 期。
⑤ 唐茂华:《工资差异、城市生活能力与劳动力转移——一个基于中国背景的分析框架》,《财经科学》2005 年第 4 期。
⑥ 谢国雄:《纯劳动:台湾劳动体制诸论》,(台北)中研院社会学研究所,1997。

在农民工内部呈现较低的分化程度,因此,探讨农民工工资的影响因素还需要引进其他的参考因素。

"社会资本"这一概念在 19 世纪末被经济学家庞巴维克提出后,其内涵被不断地扩大和补充。在布迪厄将"资本"概念引入社会学领域的研究后,科尔曼对社会资本进行了较为系统的论述,他认为,社会资本就是个人拥有的表现为社会结构资源的资本财产。[1] 继而格兰诺维特关于社会资本"强关系""弱关系"的论述也被广泛地讨论应用。格兰诺维特认为,弱关系提供的信息重复性低,可以帮助求职者流动到一个地位更高、收入更丰的职位。[2] 但边燕杰等人则认为,在计划分配体制地区,"强关系"更可能导致职业的升迁、地位的提高和收入的增加。[3]

此外,还有林南的社会资源理论、伯特的"结构洞"理论,以及普南特的社会资本理论。关于社会资本理论的研究,学者的视角不尽相同,有的注重个人如何在社会关系中投资并获得回报,有的则关注集体资产如何增加社会群体成员的生活机会。[4]

社会资本的实证研究成果亦不在少数。大多数学者的研究表明,社会资本在农民工获得就业方面有很大的作用,利用自身社会资本,农民工可以大大降低找工作的成本。也有学者从组织社会学角度提出,企业性质、企业规模、企业所在行业对农民工是否签订正式的劳动合同有不同程度的影响。边燕杰通过对天津劳动力流动性的研究发现,在再分配体制下,社会网络的作用通过"强关系"影响计划分配的具体方案,使关系使用者获得符合意愿的工作。[5] 而关于社会资本对农民工工资水平的影响,学界研究的结论不尽相同。有学者通过研究得出使用社会资本对农民工获取更高工资有重要作用的结论,也有学者研究论证了社会资本对农民工工资水平没有显著影响。

---

[1] 詹姆斯·S. 科尔曼:《社会学理论的基础》,社会科学文献出版社,1990。
[2] Mark Granovetter, *Getting a Job: A Study of Contacts and Careers*, 2nd Edition (with a new Preface and a new chapter updating research and theory since the 1974 edition), University of Chicago Press, 1995.
[3] 边燕杰等:《经济体制、社会网络与职业流动》,《中国社会科学》2001 年第 2 期。
[4] 刘林平、万向东等:《制度短缺与劳工短缺》,社会科学文献出版社,2007。
[5] 边燕杰:《找回强关系:中国的间接关系、网络桥梁和求职》,《国外社会学》1998 年第 2 期。

除了人力资本和社会资本外，社会环境、企业机构等因素也会影响工资水平。国内学者对此也有所论述，他们认为企业所有权形式、务工行业、就业地点、签订合同等对外出务工农民的收入也有影响。

当然，目前也有不少学者基于对一些地区农民工大量的调查实证数据分析，对农民工工资的影响因素进行了系统的研究。严云龙等人认为，性别和就业时间以及职业培训对农民工收入的影响十分显著，而最低工资标准制度以及受教育年限对农民工收入的影响程度较低。[①] 另外，农民工来源地人均GDP、签订合同情况、参加保险情况等因素与农民工收入之间只存在弱相关关系，对农民工收入影响不显著。从年龄因素方面分析，收入会随着年龄增加而增长，但是当年龄增加到一定程度后，收入会随着年龄的增加而减少。黄春燕主要考察了择业渠道和就业经历对农民工工资的影响，结果表明，择业渠道、就业经历对农民工工资的影响是正向的、显著的，而且是稳健的。[②] 龚斌磊、郭红东等主要从农民工的个体特征来研究影响其工资的因素，指出农民工的收入水平受到性别、婚姻状况、年龄、文化程度、打工年限、户籍、从事行业、岗前培训、月均务工时间等因素的影响。蔡禾、刘林平、万向东等对农民工的工资影响因素进行了较为系统的论证，从人力资本、社会资本、企业制度、社会环境多方面比较论证了影响农民工工资的主要因素，认为人力资本和企业制度是决定农民工工资水平的基本因素。社会资本变量和社会环境变量对农民工工资水平没有显著影响。刘林平等通过数据比较研究发现，珠三角地区的工人权益维护明显不如长三角地区规范。[③]

综上所述，关于农民工工资的影响因素，多数学者关注了人力资本（特别是受教育程度、工龄、职业培训）、社会资本等的影响，并且通过大量的样本统计分析来论证。但是对地方用工环境、企业环境、最低工资标准的影响关注不足，对集体协商、三方协议工资的可行性关注较少，对如何制定保障农民工工资收入正常增长的社会政策的研究则更少。

[①] 严云龙、赵锦辉、沈纳：《影响农民工收入的因素分析及对策》，《中国财政》2007年第3期。

[②] 黄春燕：《择业渠道、就业经历对农民工工资影响分析》，《求索》2010年第4期。

[③] 蔡禾、刘林平、万向东等：《城市化进程中的农民工——来自珠江三角洲的研究》，社会科学文献出版社，2009。

二 资料来源与研究设计

所谓工资，指劳动者被用人单位录用后，完成规定的劳动任务而作为劳动报酬领取的，由该用人单位支付的一定数额的货币。狭义上的工资指货币工资，不包括福利；广义上的工资指各种形式的劳动报酬的总称（如计时工资、计件工资、奖金、津贴、补贴及个人福利），在更广泛的意义上，非雇用劳动者（如个体劳动者、农民）的劳动收入（包括货币收入和非货币形式的收入）也属于工资的范畴。按照我国国家统计局1989年第1号令发布的《关于职工工资总额组成的规定》，工资有以下6个组成部分：计时工资、计件工资、经常性奖金、津贴和补贴、加班加点工资、特殊情况下支付的工资。本书根据农民工的特点与其实际情况，将农民工工资定义为：在一定时间内，农民工从事非农劳动所取得的工资收入，包括基本工资、津贴、加班工资、奖金。本书对工资的测量以农民工月收入为主。

1. 研究资料来源

承接国家社会科学基金项目"保障农民工工资收入正常增长的社会政策研究"，2012年3~5月，在笔者的带领下，福州大学社会学系课题组在泉州、福州等地进行问卷调查和访谈，以结构问卷调查为主，辅以非结构性访谈。

2. 研究假设

参考刘林平、王向东等学者农民工研究的相关成果，从2011年9月开始，本课题组对泉州地区劳动相关部门负责人、部分劳动密集型企业的企业主、职业经理人以及部分农民工进行了深度访谈。对农民工工资收入的影响因素这一议题，本章提出以下几点假设。

假设1：农民工的工资水平受到其自身人力资本因素（性别、年龄、工龄、受教育程度、对劳动法的认知程度、职业技能培训、拥有职业资格证书）的影响，两者之间呈正相关关系。

假设2：农民工的工资水平受到其自身社会资本因素（换工次数、请客送礼花费、参与工会组织、利用社会网络）的影响，两者呈正相关关系。

假设3：农民工的工资水平受到企业环境（企业规模、企业制度环境评分、企业所属行业类别，是否缺工、是否签订劳动合同）影响，两者呈正相关关系。

假设4：农民工的工资水平受到工作地用工环境的影响。工作地用工环境主要是指当地最低工资标准。

3. 主要变量的测量

人力资本。从企业内部角度来看，职工的人力资本情况是单位确定其工资水平的重要依据，员工的职位、年资、技能是主要的考察对象。根据Mincer的观点，职工在进入劳动力市场前所获得的学校教育、工龄和在劳动力市场的职业培训构成了人力资本模型的主要变量。而刘林平等通过对长江三角洲和珠江三角洲农民工的研究发现，男性和女性在人力资本上是不同的，女性的人力资本一般会低于男性，即使没有性别歧视，性别上的差距仍然存在。在国内也有学者将工龄作为影响收入的因素进行实证研究，发现工龄对职工的收入有显著的正面影响。同时，在本研究的个案访谈中，笔者发现在企业中获得较高工资的员工对劳动法规的认知度相对较高，对这些法规的认知是员工个人素质的主要体现，因此笔者也将其纳入人力资本的测量范围。

综合以上分析，我们把以下8个变量作为农民工人力资本的主要测量对象：性别、年龄、受教育程度、总工龄、现工作企业工龄、是否有职业资格证书、是否参与职业培训、对劳动法的认知。年龄、总工龄、现工作企业工龄为定距数据，不做任何转换，直接纳入分析。

受教育程度分为：不识字，小学，初中，高中，中专、中技，大专及以上6个测量层次。

对劳动法的认知包括劳动法、工资支付条例、劳动仲裁条例、社会保险条例、安全生产监督法、工伤保险条例、职业病防治法、消防法、妇女权益保障法这9个维度，每个维度给予评分标准：1分为很熟悉，2分为了解一点，3分为听说过，4分为没听说过。对劳动法的认知得分为这9个维度评分的总和。

社会资本。"社会资本"是个十分宽泛的概念。林南等学者将社会资本归结为社会结构中的资源，体现为成员身份、个人关系和社会网络，社会资本可以实现社会资源的增值。自格兰诺维特"弱关系假设"的理论问世以来，社会网络在资源配置中的作用成为一个新的研究热点。很多学者开始研究社会网络、资源的质量及其对劳动者工资的影响，但是结论并不一致。不少学者就员工求职过程中社会资本因素的影响进行了研究。格兰诺维特通过实证研究发现社会资本和社会网络有助于解决劳动力市场中的"信息不对称"问题，促进信息流动，帮助个人获得就业的信息和机会。由于设计的限制，本次结构性问卷中对农民工社会资本的测量主要涉及：找工途径、换工次数、每个月请客送礼花费、是否参与工会。此外，为了更好地了解社会资本对农民工工资的影响，笔者辅以个案访谈的方式，探讨农民工如何运用自身社会资本和社会网络寻求工资的增长。

企业状态和地方用工环境因素。本章探讨的制度因素包含农民工所处企业状态以及地方制度环境因素。企业状态是指企业性质、企业规模、企业管理制度与文化等，它对工人的权益会产生重要影响，从而影响农民工工资水平，而企业的规模、企业类型，亦被视为农民工工资的重要影响因素。当然在此起彼伏的"用工荒"的声音中，农民工选择"用脚投票"来维护自己的利益，企业是否缺工也能在一定程度上表明该企业的工资待遇。农民工从农村迁移到城市，不少人因为城市条件的不同辗转流动，他们打工所处城市的社会经济发展水平不尽相同，维持生存的费用也不同。因此，城市用工环境不同，农民工工资也会有所差异，本书主要把城市规定的最低工资标准、企业对相关劳动法规的执行情况等作为对地方用工环境的评价指标。

由此，本章纳入制度因素的变量有：企业是否缺工、是否签订劳动合同、企业性质、企业规模、地方最低工资标准、是否缴纳社保医保、生存消费、是否有三方协议工资、农民工对所在地法律制度环境的评分等。

三　福建沿海地区农民工工资水平概况

1. 泉州、福州地区农民工概况

据表 3-1 可知，所调查企业的员工多来自外省，包括四川、贵州、江西、湖北、湖南、重庆、河南、安徽、云南等中部和西南省区市。一是由于上述地区民营经济较少，劳动力富余；二是由于发达地区具有较强的经济吸引力。因为泉州地区是福建省民营经济最发达、用工量最大的区域，所以也有较多福建本省人在泉州地区打工。

表3-1 农民工户籍地分布

单位：人，%

省份	人数	比例
福建	129	24.4
四川	75	14.2
贵州	66	12.5
江西	65	12.3
湖北	42	7.9
湖南	35	6.6
重庆	31	5.9
河南	27	5.1
安徽	22	4.2
云南	18	3.4
其他地区	19	3.5
合计	529	100

在调查中我们发现，该地区用工主要集中在服装和制鞋行业，而企业的规模以中小企业为主。

从表3-2可以看出，在调查的529个样本中，服装、制鞋、机械行业是该地区农民工从事的主要行业，同时，农民工就业的企业规模在3000人以上的仅有23.1%，多数农民工在中小企业就业，这也说明福建地区中小企业分布较为广泛。

表3-2 农民工所在企业情况

单位：家

企业类别 （N=529）	服装136（25.7%），制鞋124（23.4%），电子31（5.9%），机械60（11.3%），陶瓷32（6.0%），五金42（7.9%），工艺品7（1.3%），服务业5（0.9%），其他92（17.4%）
企业规模 （N=529）	100人以下86（16.3%），100~499人148（28.0%），500~999人83（15.7%），1000~2999人89（16.8%），3000人以上122（23.1%）

2. 福建沿海地区农民工人力资本、社会资本及所在企业用工环境情况

从表3-3可以看出，在此次调查的529个有效样本中，男性有340人，女性有189人，男女比例约为1.8:1。按此比例来看，在被调查的劳动密集型企业中，男工要比女工多近1倍。可见，在性别上，男性比女性更倾向于外出打工。在我们所调查的样本企业中，性别在所有行业分布中，皆表现为男性多于女性。但据实地观察，在服装和制鞋业这两个行业中，男女人数差别不大，而在机械制造类企业中，男工则明显占主体。

表 3-3　农民工样本的基本人口学因素

单位：人

性别（N=529）	男性 340（64.3%），女性 189（35.7%）
年龄（N=529）	15~67 岁（均值 29.1 岁，标准差 9.55 岁）
户口性质（N=529）	农业 429（81.1%），非农业 66（12.5%），不清楚 34（6.4%）
文化程度（N=529）	不识字 25（4.7%），小学 67（12.7%），初中 264（49.9%），高中 91（17.2%），中专、中技 60（11.3%），大专及以上 22（4.2%）
婚姻状况（N=523）	未婚 239（45.2%），已婚 274（51.8%），离异 6（1.1%），丧偶 4（0.8%）

在 529 个有效样本中，农民工文化程度普遍不高，初中及以下的文化程度占到了将近 70%，可见劳动密集型企业对员工的文化程度并没有要求。从婚姻状况看，未婚员工的比例为 45.2%，充分体现了农民工群体的年轻化特征，这表明新生代的农民工也正在融入劳动力市场。

在调查的样本中，仅有 35 位受访者表示，外出打工前在家乡接受过技能培训，48.5% 的受访者表示在目前工作所在地接受过职业技能培训。从这组数据可以看出，农民工流入目的地之前对工作的准备几乎是没有的，仅有少数的人接受过职业培训，而即使到了流入地，他们接受培训的比例也不高，他们接受的职业培训通常是几天简单的岗前培训。在样本工人的工作熟练程度自评中，有 62.9% 的员工表示对当前工作非常熟练或很熟练，也有 3.0% 的员工表示对工作比较不熟练，还需要时间适应提升。其中，不熟练的工人多为 20 岁左右的年轻工人，刚出来打工，未经过系统的培训，因而工作上手速度比较慢。衡量外来工的工作技能状况，除了在日常的工作过程中进行，还可以通过其获得职业资格证的状况来把握。据表 3-4 可知，获得职业资格证的员工比例为 17.9%，这个比例是比较低的。

表 3-4　农民工获得国家承认的职业资格证情况

单位：次,%

		频数		百分比	
没有		432		82.1	
有	1 个证书	59	94	11.2	17.9
	2 个证书	20		3.8	
	3 个证书	12		2.3	
	4 个证书	3		0.6	
合计		526		100.0	

在获得职业资格证的群体中,获得钳工证的有32人,获得车床证的有21人,另外还有人获得了焊工证、驾驶证以及计算机二级证等。

从表3-5可知,受访者的平均外出工作年数为7.45年,从事本工作的平均年数为3.031年。可以看出,虽然农民工总体上流动性高,他们从事的职业却在流动中逐渐趋于稳定。

表3-5 农民工工龄

单位:年

	最大值	最小值	平均值
总工龄	37	0	7.45
本工作工龄	22	0	3.031

农民工社会资本情况。李培林曾对农民工社会关系网络进行分析,他指出,农民工在流动过程中主要依靠传统的亲缘、地缘网络,他们所依靠的网络并不因其生活在城市而有所改变,这体现了他们在社会网络选择中的理想而非缺乏时代观念。[①] 而农民工社会关系网络正是他们所拥有社会资本最为直接的表现。在福建沿海地区农民工调查中,我们也发现了同样的情况。有60.1%的农民工通过亲友同乡等的介绍找到工作,只有少数的农民工依靠招聘会、报纸媒体等寻找工作,见表3-6。

表3-6 农民工寻找工作的主要途径

单位:次,%

	频数	百分比
职业介绍所	5	0.9
报纸、电视等媒体	12	2.3
亲友同乡、同事等亲密人的介绍	318	60.1
人才交流中心、招聘会	25	4.7
家乡政府组织的劳务输出	4	0.8
在街头贴的招工启事	8	1.5
自己单干	12	2.3
自己找的	144	27.2
其他	1	0.2
合计	529	100

---

① 李培林:《流动民工的社会网络和社会地位》,《社会学研究》1996年第4期。

调查显示，受访农民工的换工次数平均值为 3.38 次，每个月请客送礼的平均费用为 100 元。这说明农民工在企业工作过程中，对"人情费"的投入不是很高，他们并不擅长通过请客送礼等来发展新的社会资本，而是很保守地依赖于固有的社会网络关系。

工会、同乡会等组织是农民工社会资本的重要体现。在本次调查的 529 个样本中，参与工会的农民工只有 45 人，仅占 8.5%（见表 3-7）。绝大多数的农民工没有参与任何组织，因此也无从谈论这些组织能够带给他们的社会资本。

表 3-7 农民工所在企业中社会组织的情况（N=529）

单位：次

	频数			
	中国共产党	工会	共青团	同乡会
有，我也参加了	11	45	19	21
有，我没有参加	99	108	37	30
没有	260	229	291	312
不清楚	159	147	182	166

企业用工环境情况。根据调查的数据统计，仅有 38.2% 的员工对当前工作持满意态度。有 39.5% 的员工表示无所谓满意或不满意，只是挣钱养家糊口，没有权利谈喜欢或不喜欢。有 22.3% 的员工明确表示不满意现在的工作，有意向换其他工作或换一家企业打工。有 55.4% 的员工考虑过去其他地方工作。同时，若要换新的工作，其中近半数的员工首要考虑的是新的工作是否满足"工资高一些""福利待遇好一些"等条件。

而在对地方用工环境的评价上，绝大多数被访者认为福建沿海地区的总体用工环境一般，也有近 20% 的农民工认为地方的用工环境较好。而在各个项目的评价中，被访者对农民工政策的评价较高，有 25.9% 的农民工认为其工作地对农民工的政策是较好和非常好的（见表 3-8）。

表 3-8 农民工对地方用工环境的评价

单位：次，%

	地方对劳动法规执行情况		地方法制环境		农民工政策	
	频数	百分比	频数	百分比	频数	百分比
非常好	18	3.4	12	2.3	18	3.4

续表

	地方对劳动法规执行情况		地方法制环境		农民工政策	
	频数	百分比	频数	百分比	频数	百分比
较好	97	18.3	95	18.0	119	22.5
一般	339	64.1	365	69.0	304	57.5
不好	62	11.7	46	8.7	75	14.2
非常不好	13	2.5	11	2.1	13	2.5

根据国家统计局的统计，同等条件或者略低条件下，农民工更愿意选择回乡务工，对于农民工而言，他们对城市的归属感并不强。当前，跨省外出的农民工数量减少，农民工以跨省外出务工为主的格局已改变。2011年，在外出务工的农民工中，在省内务工的农民工有8390万人，比上年增加772万人，增加了10.1%，占外出农民工总量的52.9%；在省外务工的农民工有7473万人，比上年减少244万人，减少了3.2%，占外出农民工总量的47.1%。在省内务工的比重比上年上升3.2个百分点。省外务工人数减少，改变了多年来跨省外出农民工比重大于省内务工农民工比重的格局。而福建沿海地区的农民工主要来自省外，这也加剧了东南沿海地区劳动密集型企业缺工的情况。

3. 福建沿海地区农民工工资及福利待遇的基本情况

国家统计局公布的《2011年我国农民工调查监测报告》显示，2011年，我国外出农民工月均收入为2049元，比2010年增加359元，增长了21.2%。分地区看，在东部地区务工的农民工月均收入为2053元，比2010年增加357元，增长了21.0%。

福建沿海地区农民工工资的基本情况。如表3-9所示，在针对福州、泉州地区调查的529个有效样本中，受访者平均月收入为2711.84元，高于2011年全国农民工月平均工资水平。而受访者期望的月工资平均值为3277.48元，二者相差500多元。可见，在该地区，大多数农民工所得到的工资与其期望工资有一定的差距。而在表3-9中我们也发现，福州、泉州地区的农民工日平均工作时长达到10.17小时，最长的工作时长达到16小时，月平均的工作天数达到27.21天。而从《2011年我国农民工调查监测报告》的统计数据中看，2011年全国农民工的平均日工作时长为9.8小时，月均工作25.4天。可见，在福建沿海地区，农民工稍显可观的工资建立在长时间的辛苦劳动上。

表3-9 福州、泉州地区农民工工资基本情况（N=529）

	最小值	最大值	均值	标准差
月收入（元）	900	8000	2711.84	1070.302
家庭年收入（元）	3000	70000	47330.94	60013.068
期望月工资（元）	1000	12000	3277.48	1409.605
日工作时长（小时）	2	16	10.17	1.695
月工作天数（天）	20	30	27.21	1.798
平均小时工资（元）	3.21	44.64	10.1849	4.81969

针对农民工日工作时长和月工作天数，笔者在BDZY企业（服装生产）、QL企业（制鞋厂）、MF企业（钢铁生产）分别挑选了一个个案进行了非结构式访谈。

个案一 小吴表示，虽然企业规定的上班时间是每天9个小时，但是由于服装制造行业普遍采取计件工资制，因此，想获得理想的工资就必须加班加点提高自己的生产效率。在正常上班时间之外，企业每天晚上19：00~22：00都会开放，让员工自由进厂加班。大多数员工会选择晚上继续工作，仅有少数年轻人怕辛苦，晚上不去加班，因此那些年轻人每个月的工资也仅够自己花销。每个月轮休的两天如果没有特殊事情，小吴也会选择在工厂里继续工作。

个案二 小徐告诉笔者，他的工资是计算天数的，QL企业每周上五天班，周六通常会加班一天，算加班工资，每天工作9小时。如果订单量大，晚上也会被要求加班3小时。去年订单情况较为理想，他的工资可以达到每个月3000元，而今年订单量下滑，加班的时间少，上个月工资仅有2000元。与他一起工作的大多数同乡，都希望能够多加班。

个案三 老蔡告诉笔者，在MF企业每个月上满28天可以算作满勤，其余两天可以自由选择上班或者休息。每天上班时间为10小时，多出的时间算作加班，而由于机器开动后不好停下来，因此午饭和晚饭他们都是和工友轮流去工厂食堂吃，吃完后立刻回到岗位上继续工作。工资按日结算，但也跟企业班组的效益挂钩。他一般每个月选择休假一天，其余时间都会上班。

从这三个个案中，我们可以看出，农民工的工资虽然不少，但是他们为此都付出了持续而漫长的劳动，这是"多劳多得"的企业工资给予他们的不得已的选择。企业采取计件工资的计算方式，规避了《劳动法》中关于加班工资的支付要求，以至于每天工作长达10个小时的农民工不认为自己在加班，更不用说加班费的计算了。

在访谈过程中部分农民工告诉笔者，虽然工资没有达到预期的目标，但是，在福州、泉州地区，从事本行业的工资是基本相近的，更换就业单位工资差别也不大，选择在一家企业待下去还有诸多考量因素。笔者在泉州南安和晋江企业调查时也发现，诸多企业的招工广告中除了标明月工资之外，着重强调的是企业的"软工资"环境，有些企业提出十项福利：包吃、包住、提供夫妻住房、提供员工休闲场所、为员工举行生日聚会、帮助员工子女入学等。因此除了工资条上显示出来的工资外，企业的福利条件也成为吸引和留住农民工的关键。

福建沿海地区农民工福利待遇。在调查企业提供的福利待遇情况时，仅有18.9%的被访者回答企业提供病假工资，有27.0%的员工有带薪休假，51.6%的员工有工伤保险，43.3%的员工有医疗保险，28.4%的员工有养老保险，21.7%的员工有产假工资，见表3-10。从各项福利待遇来看，工伤保险和医疗保险的提供比例要稍高一些。

表3-10 企业的福利待遇情况

单位：次,%

企业福利待遇项目	频数	百分比
病假工资	100	18.9
带薪休假	143	27.0
工伤保险	273	51.6
医疗保险	229	43.3
养老保险	150	28.4
产假工资	115	21.7

从表3-11可以看出，在伤病费用报销中，农民工的工伤费用基本可以得到报销，近一半的农民工大病费用没法报销，得自己出钱。而小病费用得到报销的概率更低。这也在一定程度上说明了该地区农民工的医疗并未得到有效的保障。

表 3-11 病伤费用的处理情况

单位：次，%

	工伤费用		小病费用		大病费用	
	频数	百分比	频数	百分比	频数	百分比
全部报销	158	29.9	12	2.3	15	2.8
部分报销	126	23.8	21	4.0	69	13.0
无报销	83	15.7	353	66.7	260	49.2
不知道	162	30.6	143	27.0	185	35.0
合计	529	100	529	100	529	100

四 人力资本、社会资本对农民工工资水平的影响

1. 人力资本因素对农民工工资的影响

性别。农民工工资收入在性别上表现出较大的差异。笔者以性别因素对农民工工资水平进行单因素方差分析，结果显示，男性农民工的月收入平均值为 2961 元，而女性农民工的月收入平均值仅有 2264 元，根据方差分析结果，F 值的显著性概率为 0.00，拒绝不同性别农民工工资没有显著差异的假设，因此假设 1 的第一点成立。而笔者以性别为因素绘制收入差异箱图，可以明显发现，女性农民工的月收入较为集中，主要分布在 1500~3000 元。而男性农民工的收入表现出较大的分化。在高于 6000 元的收入范围内，男性的人数明显多于女性。笔者在实地调查过程中也有同样的感受，在多数企业中，基层的管理岗位或者技术岗位等收入较高的岗位基本是清一色的男性，女性农民工由于自身受教育程度的限制通常也无法上升到适合女性的管理岗位上，因此女性农民工在劳动力市场上基本集中在技术含量比较低的部门。同时由于生理条件的差异，女性也无法从事高强度、高风险的劳动，这些岗位以男性为主，工资也较高。

年龄、工龄。正如前文提到的，年龄虽然在一定程度上体现了员工工作经验的积累，但是，劳动密集型企业大多不会在低端层次的用工上根据资历对员工加薪。随着体力和反应灵敏度的下降，年龄在增长到一定程度后与工资会呈现负相关关系。笔者对农民工年龄与月收入进行了皮尔森相

关性检验，结果年龄因素在 0.01 的显著性水平下不显著。根据这个结果，本章的研究假设 1 的第二点不成立，即农民工的年龄对其工资水平不产生影响。

关于员工的工龄，清华大学刘精明教授认为：在新兴的市场经济部门中，工人的工作经验的收益是不可以累积的，特别是对那些候鸟般不断变换工作单位的农民工来说更是如此。① 依照这个观点，农民工的工龄增长对工资的增长影响不大。笔者对农民工的总工龄、本工作工龄与农民工月工资进行相关性检验，发现农民工的总工龄和本工作工龄通过了相关性检验，在 0.01 的显著性水平下呈正向显著相关，相关系数分别为 0.203 与 0.285（见表 3-12）。文中假设 1 的第三点成立，即农民工工资随着其工龄的增长而有所增加。

表 3-12 工龄、年龄与工资相关情况

	r	Sig. (2-tailed)	N
总工龄	0.203	0.000	529
本工作工龄	0.285	0.000	529
年龄	0.46	0.300	529

这说明，农民工的工作虽然有着高流动性和高替代性，但是他们的工作经验效益还是会累积在工资上。但从不是很高的相关系数来看，这种累积的影响还是有限的。通过个案访谈也发现，虽然农民工在低端部门根据其长时间的经验获得晋升的机会不大，但是进入一个新的单位，有着较多工作经验的农民工还是可以轻易获得比新手更高的工资，主要原因有以下两点：其一，工龄较长的农民工比没有经验的农民工更有竞争优势，相对容易获得薪资稍高的岗位；其二，工龄较长的农民工依靠其熟练的工艺，在以计件工资为主的企业依靠高效的劳动比新员工获得更高的工资报酬。

个人受教育程度、法律知识。受教育程度是在讨论人力资本过程中无法忽视的因素。在本研究中，将受教育程度按照从高到低形成虚拟变量进行分析。根据表 3-13，受教育程度和农民工工资之间存在正相关关系，受教育程度越高，农民工的收入也越高，二者的相关系数是 0.143。假设 1 的第四点成立，即受教育程度越高，农民工的工资水平也就越高。但是对

---

① 刘精明：《劳动力市场结构变迁与人力资本收益》，《社会学研究》2006 年第 6 期。

于农民工群体而言，他们的受教育程度普遍不高，同时低端劳动力市场对教育水平的要求较少，因此，农民工的受教育程度与其工资的相关虽然有显著性，但影响程度不是很大。根据笔者的访谈，受教育程度与工资呈现正相关很大一部分原因是受教育程度高的农民工在企业中往往会胜任比普通员工薪资高的岗位，而且因为自身学习能力强，他们也容易通过学习流动到工资较高的岗位，个案四的老胡就是由于读过一些书，才从一线生产部门慢慢转向工资稍高的后勤管理部门的。

表3–13　个人素质与工资相关情况

	r	Sig. (2 - tailed)	N
受教育程度	0.143	0.000	529
劳动法认知	0.208	0.000	529

本章研究假设1中认为对劳动法认知程度越高，越有助于农民工工资的增长。相关分析的结果也证实了这一假设。农民工对劳动法的认知程度与工资呈显著相关，相关系数为0.208。可见，农民工对劳动法的认知程度会直接影响到其工资水平。在一般情况下，农民工对劳动法的认知水平较低，因此往往不懂得利用相关的法律法规来保护自己的权利，导致个人的劳动报酬权益受到侵害，工作量往往超出企业支付的工资水平。而熟悉法规的农民工能够通过法律的途径保护自我权益，有效地避免遭受企业不必要的克扣，而且他们的维权意识较强，可以通过流动，进入福利水平与工资水平较高的企业工作。

职业技能培训。职业技能培训往往被视为员工进入工作岗位至关重要的人力资源的累积。然而在调查的样本中，仅有35位受访者表示外出打工前在家乡接受过技能培训，48.5%的受访者表示在目前工作所在地接受过职业技能培训。从这组数据可以看出，农民工流入目的地之前对于工作的准备几乎是赤手空拳的，仅有少数的人接受过职业培训，而即使到了流入地，他们接受培训的比例也不高，他们接受的职业培训通常是几天简单的岗前培训。BDZY的人力资源部经理表示，虽然岗前培训很重要，但是员工流动率太高，若对员工进行系统化、专业化的技能培训，往往是"为他人作嫁衣裳"，在很大程度上增加了企业的用工成本。

数据分析时，笔者对在家乡是否接受过职业培训、在打工地是否接受过职业培训与工资关系进行了相关性检验。前者没有通过相关系数的显著性检验。后者通过了检验，相关系数为 0.105。可见，农民工往往处于对专业技术要求不高的劳动岗位，职业培训对农民工工资水平没有显著影响，这也印证了农民工所从事的职业技术含量低的说法，同时说明对农民工的职业培训因技术含量低而对其生产率的提升作用不大。

但是，在个案调查中，笔者也发现，真正有针对性的职业培训对农民工的工资水平和职业流动有着很大的正面影响。

个案五 小宁，在 MF 企业工作的 6 年中接受了三次系统的职业培训。刚入厂时，他是包装部门的包装员工，月薪仅为 1000 元，后来参加了企业内部的培训，成为着色车间的员工，工资涨到 1500 元。2010 年，小宁因为眼疾无法继续参与着色车间工作，在车间负责人的建议与推荐下，他参与了行车工作的培训，由于学习能力还行，他很快掌握了行车操作技巧。现在为行车车间的熟练员工，小宁的月工资将近 3000 元。

同样，职工是否拥有职业资格证书也是其在劳动力市场中个人职业技能的重要证明。笔者以职工是否拥有职业资格证书为变量，对农民工工资水平进行方差分析，结果显示，拥有职业资格证书的农民工月收入平均值高达 3010 元，而没有职业资格证书的农民工平均月工资为 2652 元。同时，其方差分析的显著性概率小于 0.05。从上述分析可以得出结论，接受过职业技能培训的农民工工资比未接受培训的高，有职业资格证书的农民工工资水平也高于没有职业资格证书的。

2. 社会资本对农民工工资的影响

目前很多学者研究社会网络、资源的质量及其对劳动者工资的影响，但是结论并不一致。不少学者就员工求职过程中社会资本因素的影响进行了研究。格兰诺维特通过实证研究发现社会资本和社会网络有助于解决劳动力市场中的"信息不对称"问题，促进信息流动，帮助个人获得就业的信息和机会。[①]

换工次数与请客送礼花费。农民工离开强关系网络密布的家乡到外地

---

① Mark Granovetter, *Getting a Job: A Study of Contacts and Careers*, 2nd Edition (with a new Preface and a new chapter updating research and theory since the 1974 edition), University of Chicago Press, 1995.

打工，远离家乡的他们在一次次职业流动过程中，有更多的机会接触其他的社会成员，随着换工次数的增多，所累积的人脉等社会资源也逐渐丰厚，因此笔者认为农民工的换工次数可以有效地反映农民工社会资本是否增加。而农民工每个月消费中的"请客送礼费用"也是体现其用于维护社会网络的成本，亦可以表明其社会资本的多寡。因此将这两个因素纳入与工资的相关检验中，数据分析结果如表3-14所示，两个因素均通过了皮尔森相关性检验，二者对农民工工资影响呈现正向相关关系。由此，假设2的第一点成立，即农民工换工次数越频繁，其工资水平也就越高。假设2的第二点也成立，即农民工每个月花费请客送礼费用越高，其工资水平也就越高。

表3-14 社会资本与农民工工资相关情况

	r	Sig. (2 - tailed)	N
换工次数	0.143	0.000	529
请客送礼费用	0.167	0.001	529

工会与社会网络作用。在发达的工业社会中，工会是保障劳工权益的重要组织，是传达工人诉求，代表工人与企业、政府协商的主要途径。通常，工会是工人们要求提高工资的主要诉求渠道。而在我国，工会往往是国有企业、政府部门才有的组织。一般民营企业很少存在工会组织。在国内，工会无论是从数量上还是从职能上都很难对工人的工资产生影响。目前，国内的工会虽然具有独立的法人地位，但是大多数工会干部为企业员工（多为企业管理者），他们的个人利益仍在企业控制范围内，这使工会在维护工人利益，为员工争取更高收入时有后顾之忧，工会干部不会为了员工利益与雇主抗争，同时，工会干部多由企业管理阶层兼职担任，其业务水平和维权意识十分有限。工会对员工的维权作用往往只是流于形式，对于农民工群体而言更是如此。数据分析的结果显示，农民工是否参与工会组织，对工资没有显著影响。从数据角度看，假设2的第三点不成立。这可能与农民工参与工会较少有关。本次调查的529个样本中，参与工会的农民工只有45人，仅占8.5%。在福州、泉州地区，民营企业的工会力量实在有限，基本没法参与农民工工资问题的探讨。

但是，这并不意味着工会对农民工权益的保护没有作用。笔者在访谈中了解到，在泉州地区，工会对解决农民工工资拖欠问题有一定的帮助，而且工会在企业中往往对农民工起到增加企业福利的作用。在泉州地区，工会做出了参与集体协议工资的尝试。一些行业在工会、企业和政府的共同参与下制定出三方协议工资，有效地保障了地区用工的平衡以及农民工的权利。

笔者利用方差分析了农民工求职中利用的社会网络与其工资水平是否显著性相关，相关性检验值 P 值为 0.40，大于 0.05，表明文中假设 2 的第四点不成立，即农民工求职中是否利用社会网络，利用何种社会网络对其工资水平没有影响。

3. 企业与地方社会环境对农民工工资水平的影响

制度因素对农民工工资的影响。不同的企业制度可能会形成不同的工资标准，在多数人眼中，国有企业的工资待遇远高于私有企业，而本章中主要探讨的是私有企业的农民工工资水平，因此在此不考虑企业制度的影响。企业规模是很重要的变量。

笔者对企业规模以及农民工对企业制度环境评分与农民工的工资水平进行相关性分析。二者均通过了皮尔森相关性检验。笔者在假设 3 中认为，企业规模越大，员工工资水平越高。然而从表 3-15 中可以看出，企业规模大小与农民工工资呈现负相关关系。笔者通过对不同规模的企业员工进行访谈发现，虽然工资水平不如小企业高，但是大规模企业的住房、餐饮、休闲等福利条件普遍比小企业好。同时，小企业员工的工作劳动强度等会比大企业高，因此，在数据中会显示企业规模与员工工资呈现负相关关系。

表 3-15　企业环境对农民工工资水平的影响

	r	Sig. (2-tailed)	N
企业规模	-0.126	0.004	529
企业制度环境评分	-0.113	0.010	529

而对企业制度环境评价的给分标准是评价越高，得分越低，因此在数据中呈现的是负相关关系。也就是说，地方的制度环境越好，农民工的工资水平相对越高。

以企业所属行业类别为检验因素，对农民工工资水平进行方差分析，得到单因素方差分析的一组平均值，如图 3-1 所示。服装、制鞋、电子行业的平均工资均较低，平均水平在 2500 元左右。而陶瓷行业和工艺品行业的平均工资相对较高，分别为 3685.48 元和 3957.14 元。据笔者访谈了解，服装、制鞋、电子行业对农民工技术要求不高，而且工作环境也较好，因此工资不会太高。而陶瓷行业工作环境十分嘈杂，而且空气污染也较为严重，工作过程中往往面临高温高辐射的危险，因此，陶瓷行业的农民工工资也较高。工艺品行业则是由于对农民工技术要求较高，工资也比普通工人要高出许多。通过方差分析结果，研究假设 3 的第三点成立，即农民工工资水平受到企业所属行业类别的影响。

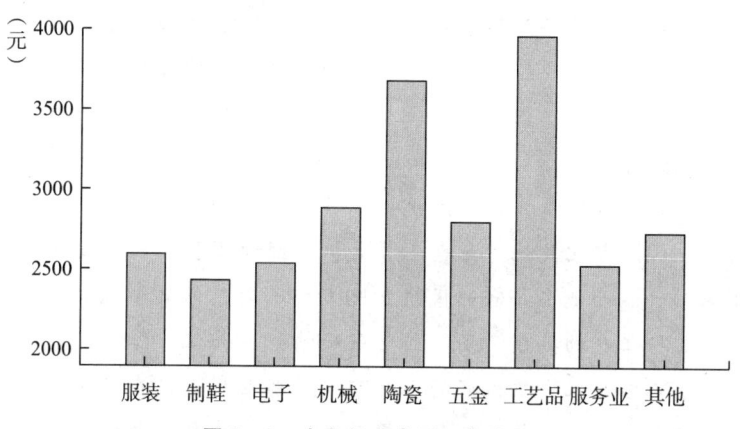

图 3-1 企业行业类别工资差异

是否缺工。从经济学角度看，市场的供求关系会影响产品的价格。同理，劳动力市场的供求关系会影响工人的工资。类推到农民工的劳动力市场，在"民工潮"涌现、"劳动力无限供给"的情况下，大量的失业后备军将农民工的工资压到社会决定的最低水平，而在"民工荒"不断涌现的现在，面临缺工的企业是否会选择提高工资来留住农民工以保障生产？我们的数据分析结果表明，企业是否缺工与农民工工资的高低之间没有相关性，即假设 3 中的第四点不成立。我们在调查中发现，一个地区相同的行业之间似乎达成了某种默契，同一性质的用工工资基本趋于一致，不会有太大的差距，企业虽然缺工，但是不会竞相提高工资来挽留或者吸引更多的工人，在缺工条件下企业也能保持运行。形成"民工荒"除了是整个制度条件下农民工的缺乏外，还有很大一部分原因是农民工"用脚投票"的结果。他们从低工资的企业流动到高工资的企业或者地区，但是还会有新的农民工从更低工资水平的企业流动进来，补充他们的位置。企业面对"民工荒"而不轻易去提高工资，是因为劳动密集型企业多数是靠较低的用工成本产生竞争的优势。因此在"民工荒"的情况下，企业选择了员工的高流动性来取代提高农民工工资进行劳动力市场的微妙调节。

BDZY人资经理对缺工现象的看法如下：

> 我认为现在中国劳动密集型企业都会遭遇缺工现象，但是，对于服装行业而言，缺工现象表现得更为明显，像我们厂，我2008年来的时候还有400多人，现在只剩下300多名工人了。而且非常明显的一点，工人的年龄层都集中在1984年前出生的。越来越少的年轻人愿意从事服装这种行业的工作。说实在的，这些工作说难也不难，因为基本不涉及体力活，但是说轻松也不轻松，需要整天花费10多个小时的时间在厂房里头，自己可支配的时间很少。前几年很多来到这里的农民工选择服装行业，是因为这份工作不累，而且在厂房内，免受风吹日晒，收入相比其他行业也不算太低，因此吸引了以妇女为主的农民工来工作。而现在年轻一代的农民工都不大愿意从事服装行业了，大家对这份工作的期望不高。因为就服装行业而言，除非在那些大型企业，可以给工人提供很好的上升空间与职业规划，在其他家族企业类型的服装行业中工作，工人的提升机会是很少的。所以这份枯燥、收入又不高的工作很难受到年轻人的青睐。现在工人追求的比以往的高了。

BDZY的负责人告诉笔者：

> 应对用工荒问题，前面几年企业一般去内地招收工人，但是随着这几年一些行业进驻内地，在内地招工越来越难了，在泉州这边2500元的工资和在内地2000元的工资，对于工人而言他们会更愿意留在当地。沿海的整个服装行业都面临着这个困境，现在不少大企业已经率先尝试去内地开设工厂，他们在内地与当地政府签约办厂以及选择厂址是十分容易的，地方政府一般很欢迎他们来，基本办事都给开绿灯。而我们厂主要是依靠老员工，新员工的流动率实在太高，一般招进来干不了几周就走了。老员工熟悉企业，对工序也十分拿手，因此流动率不是很高。像我们厂之前甚至考虑过去越南等劳动力成本更低的地方招工，但是因为签证以及国家政策等因素，实行起来相当有难度。

闽南地区制造业的普遍缺工现象，也催生了"代加工点"如雨后春笋般冒出来。现在企业的工人越来越难招，而且工人的人数远不足以支持生产，一些中等规模的工厂会将某些工序外包给代加工点或者小作坊。比如一道工序，该工厂自己的员工完成，工资成本大概是 2 元，他们会给代加工点 1.8 倍左右的工钱，即 4 元左右。这样，企业利润被摊薄，但是总体来看，该企业还是有收益的，因为除去工资的 2 元还要考虑企业的厂房、水电、管理成本、设备，一系列算下来成本其实是超过 4 元的，外包给加工点，省去了企业管理的麻烦，对缺工企业而言也是有利的。而对于代加工点而言，他们只需要租个很小的场地，一点的设备以及少量的水电费就可以生产了，他们的管理成本和设备成本都很低，因此他们在这一过程中也会有很大的收益。据不少企业负责人介绍，在因为缺工而产生的外包业务中，企业和代加工点都获得收益，因此现在也有农民工在工厂自己业务熟练后，去开办代加工小作坊，与作坊成员采取分红形式分配收入，小作坊的农民工比工厂工人的收入有时候会高出一倍。

可见，企业的缺工对本企业员工工资没有构成什么影响，却在无形中影响了缺工环境下其他转变求职途径的农民工的工资。

劳动合同。签订劳动合同是雇佣双方明确关系，协商工资待遇、权利义务的过程。调查发现，有 63.5% 的员工与企业签订了劳动合同，另外 36.5% 的员工或是没有签合同，或是不清楚是否要签。其中，有 27.8% 的员工表示是因为企业没有提出和他们签所以才没有签合同，有 5.3% 的员工是因为不想和企业签合同，以免辞工时不被批准。而在签订合同的员工中，有高达 90.9% 的人签订的合同是企业事先准备好的，并未对合同的内容提出修改或者异议。而相关分析的结果也显示，农民工是否与企业签订劳动合同与农民工的工资高低并没有关系，即假设 3 的第四点不成立。从数据中不难看出，农民工与企业签订劳动合同只是流于形式，只是企业迫于政策要求，执行《劳动法》的规定章程，无法体现签订合同过程理应给农民工带来的协商工资待遇的权利。

多个受访对象表示，他们认为与企业签订劳动合同其实没有多大的作用，企业不会在合同中承诺给农民工提供更好的条件，而农民工也不会因为签订了合同而停止流动。双方对待合同极不认真的态度，使合同在农民工权益保障方面几乎沦为一纸空文。

最低工资标准。最低工资标准的确定是各国政府以法定的形式实现政府干预工资的手段，而西方多数国家制定最低工资标准主要是为了保障在集体谈判工资范围之外的劳动者的收入水平，提高生活水平低下的工人的工资。在国内最低工资标准的确定更为直接的意义是保障多数工人维持基本生活的收入水平。

在被问及最低工资标准时，有93.2%的农民工选择了不知道。而在表示知道最低工资标准的36位农民工中，仅有12位回答正确。可见，最低工资标准在农民工中的知晓率十分低，农民工尚不懂利用最低工资标准来保护自己的有效权利。在个案访谈中，在笔者解释了最低工资标准和福州、泉州地区目前的情况后，多数被访者表示，自己的月工资多于2000元，似乎最低工资标准的提升或降低对自己的工资不会构成影响。

研究发现，农民工的小时平均工资仅有10.18元，比泉州和福州的非全日制员工小时工资要低。而大家对最低工资标准的关注往往集中在自己的月工资是否比最低工资标准高，高出多少，而忽略了8小时工作制、周末双休的正常工作量。其实，农民工每个月要花普通职工近两倍的工作时长，才能获取跟普通职工接近的工资。如此看来，农民工的工作其实劳动回报率非常低。而大多数劳动密集型用工企业，是通过计件工资回避加班工资问题的，约有50%的样本在企业中领取的是计件工资。在计件工资的光环下，农民工的工资在表面上似乎远远高于最低工资标准。在月工资完全符合地方规定的最低工资标准的假象下，农民工的加班工资、节假日工资根本没有得到应有的支付。

五　决定农民工工资收入的模型讨论

从前文的分析中可以看出，农民工工资的多少与人力资本、社会资本、制度环境等都有相关性。因此，笔者将农民工的月工资收入作为研究农民工工资的因变量，进行多元线性回归分析。首先分别就人力资本、社会资本、制度环境对因变量的影响建立三个回归模型，然后再将三个方面影响同时纳入回归，利用stepwise程序进行变量筛选，建立模型。根据前面的相关性测量，在人力资本中，我们采用性别、受教育程度、总工龄、现工作企业工龄、对劳动法的认知五个测量指标作为自变量；在社会资本中，将换工次数、每个月请客送礼花费作为自变量；在制度环境测量中，将企业规模、企业制度环境评分作为自变量进行考量，具体分析结果如表3-16所示。

表 3-16 多元线性回归结果

	模型一	模型二	模型三	模型四
P	0.00	0.00	0.00	0.00
F-test	25.585	11.79	8.7	17.17
R^2	0.201	0.047	0.32	0.246
Df	5	2	3740.351	9
常数	3445.521	2479.27		4193.157
性别	-538.831			-498.960
文化程度	95.657			87.750
到目前为止，打工多少年	14.352			11.204
劳动法认知	-23.612			-23.192
从事这份工作几年	76.402			73.652
到目前为止，换了几份工作		46.150		19.285
一个月请客送礼要花费多少钱		0.995		0.854
工作的企业规模是多大			-107.412	-96.973
制度环境评分			-52.067	-44.150
N	529	529	529	529

根据本章的研究假设1，农民工的工资水平受到其自身的人力资本因素的影响。回归模型一对假设1进行检验。从表3-16可以看出，模型一的复相关系数 $R = 0.448$，拟合优度 $R^2 = 0.201$，多元回归方程的 F 检验值为25.585，F 值实际显著性概率为0.00，小于0.01，回归方程通过显著性检验，进而对人力资本要素中每个因子对于因变量的回归系数进行显著性 t 值检验，在模型一中，五个因子的 sig. 值均小于0.005，均通过显著性检验。由此得到人力资本要素对农民工工资影响的第一个回归方程：

$$Y_1 = 3445.521 - 538.831X_1 + 95.657X_2 + 14.352X_3 - 23.612X_4 + 76.402X_5$$

其中 Y_1 表示农民工的月收入，X_1 表示农民工性别，X_2 表示农民工的受教育程度，X_3 表示农民工的总工龄，X_4 表示农民工对劳动法的认知，X_5 表示农民工的本工作工龄。该方程的削减误差比例为20.1%。

根据研究假设2，农民工的工资水平受到其自身社会资本因素影响，回归模型二对其进行检验。模型二的 F 检验值为11.79，F 值实际显著性概率为0.00，小于0.01，回归方程通过显著性检验。进而对社会资本要素中每个因子对于因变量的回归系数进行显著性 t 值检验，显著性系数均小于0.005。由此得到社会资本要素对农民工工资影响的回归方程：

$$Y_2 = 2479.27 + 46.150X_1 + 0.995X_2$$

其中 Y_2 表示农民工的月收入，X_1 表示农民工的换工次数，X_2 表示农民工每个月请客送礼费用。该方程的削减误差比例为 4.7%。因此，模型二对农民工工资水平的解释力度不高。

根据研究假设 3 和研究假设 4，农民工的工资水平受到企业制度和地方社会制度的影响，回归模型三对其进行检验。在模型三中，回归方程和各个变量均通过显著性检验。得到第三个回归方程：

$$Y_3 = 3740.351 - 107.412X_1 - 52.067X_2$$

其中 Y_3 表示农民工的月收入，X_1 表示企业规模，X_2 表示农民工对企业和地方环境评分。本研究在将地方环境评价因子进行虚拟变量时，1 分表示非常不好，4 分表示非常好。因此在回归方程中，地方环境评价得分与农民工工资水平呈现负相关，即表明地方环境越好，农民工工资水平也就越高。

第四个回归模型则是考量了以上三个方面的要素对农民工工资的影响程度，如表 3-16 所示，模型四的拟合优度为 0.246。该模型的检验值 F 为 17.17，方程和因子的显著性检验值都小于 0.005，由此得出第四个回归方程：

$$Y_4 = 4193.157 - 498.960X_1 + 87.750X_2 + 11.204X_3 - 23.192X_4 + 73.652X_5 + 19.285X_6 + 0.854X_7 - 96.973X_8 - 44.15X_9$$

其中 Y_1 表示农民工的月收入，X_1 表示农民工性别，X_2 表示农民工的受教育程度，X_3 表示农民工的总工龄，X_4 表示农民工对劳动法的认知，X_5 表示农民工的本工作工龄，X_6 表示农民工换工次数，X_7 表示农民工每个月请客送礼费用，X_8 表示企业规模，X_9 表示农民工对地方与企业环境评分。该方程的削减误差比例为 24.6%。

通过对四个模型的考察，我们可以看出以下四点内容。

第一，农民工的工资受性别影响较大，主要与农民工就业的次级劳动力市场对员工的需求有关，从模型四中可以看出，在其他条件同等下，男性农民工比女性农民工收入要高出 498.9 元。

第二，笔者将受教育程度分为六个等级进行虚拟变量转换，分别为不识字，小学，初中，高中，中专、中技，大专及以上。受教育程度对农民工的工资影响是有限的，农民工的受教育程度每增加一个层次，工资仅增长 87.75 元。对于农民工而言，虽然工资会随着受教育程度的提高而有所升高，但从农民工总体现状来说，受教育程度却是普遍偏低的，初中及以下文化水平的就占到总体的65%左右，因此，受教育程度对农民工工资的影响并不能在数据中完整地体现出来。

第三，农民工外出打工的总工龄与目前工作的工龄对其月收入都有影响。特别是本工作工龄，每增加一年，农民工的月收入便可提高73.6元。对于农民工而言，由于他们所从事的工作技术含量低，在一次次职业转换和流动中，大多数农民工会不断转换从事的行业类型，不再从事之前的工作，因此，前一份工作中累积下来的工作经验和技能对下一份工作不一定有帮助，从而使总工龄对农民工的人力资本累积的意义不如本份工作的工龄大。由此可以看出，农民工的高流动性降低了其工龄所应当带来的人力资本中经验和技术累积的效应，成为大多数农民工工资不高的原因之一。

第四，农民工对劳动法的熟悉程度对他们的月收入也有影响。虽然大多数农民工对相关的劳动法规认知有限，但是熟悉有关农民工自身权益保障的法律法规无疑会对农民工选择一份自己权益受到最大保护的工作有很大的帮助，从而侧面影响了农民工工资水平的提高。

从上面的分析可以看出，农民工的收入水平是诸多因素共同作用的结果。

通过前文的分析，我们认为，农民工的工资是人力资本、社会资本、企业环境、地方用工环境共同作用的结果。在当前劳动力市场中，农民工在企业工作时间长，但是得到的工资不高，而且经常处于高流动状态。农民工的低工资水平既是劳动力市场分割中农民工群体所处的地位弱势造就的，也与其自身的素质、社会关系、企业与地方的总体环境有关。

首先，人力资本对农民工工资有着显著的正向影响。总的来说，性别、受教育程度、是否拥有职业资格证书、工龄与农民工对相关法律的认知程度都对农民工的月收入水平有显著影响。

其中，性别对农民工工资的影响最为明显，这说明男女在劳动力市场中的地位并不一致。同时，受教育程度的差别对农民工在劳动力市场中的定位至关重要，受教育程度高的农民工比受教育程度低的农民工在求职过程中更容易获得工资待遇高的岗位。但是由于农民工群体的受教育程度分化不大，大多集中在初中及以下水平，难以全面地体现受教育程度对工资水平的影响。笔者在数据分析时也发现，受教育程度与农民工工资水平的相关度并不是很高。而对相关劳动法规的认知程度也是农民工人力资本的体现，对劳动法规认知程度的提高有助于农民工在求职过程中更好地维护自己的权益，为自己争取更高的工资水平与更好的福利待遇。

人力资本的形成是个长期的过程，农民工人力资本的增加，依赖各投资主体通过多种途径持续和充分的投入。然而，由于自身条件的限制，农民工在进入劳动力市场前的人力资本累积都不高，多数农民工受教育程度仅为初中水平，也没有接受相关的职业技能培训、获取相应的资格证书，对劳动法规的认知途径也十分有限。国家对农民工教育和培训重视不够、投入不足，农民工参与职业技术培训的机会少，很多农民工到企业就业时对业务一无所知，因此多数农民工只能在技术含量低的岗位就业，人力资本的先天弱势是造成农民工工资水平不高的主要因素。而除了进入劳动力市场前的受教育程度会影响工资，农民工在工作过程中接受的技能培训也有助于其提高自身的人力资本，为其增加工资收入提供有力的筹码。人力资本对农民工收入水平的影响，也体现了加强学习教育与农民工技能培训的必要性。对农民工而言，掌握一门技术并不能一劳永逸，往往需要不断学习新技能、新方法，才能在竞争中处于主动地位。然而，在低端劳动力市场就业的农民工，提升人力资本的途径十分有限，所以，在其职业生涯中工资水平提高不多。

其次，农民工的社会资本对其工资水平的提高也有正向影响，但是整体影响程度不如人力资本高。其中农民工的换工次数、每个月请客送礼费用两个因素与农民工工资水平呈显著性相关。农民工在职业流动过程中所累积的社会关系有助于其在寻找下份工作时增加筹码。而农民工用于维护社会关系所产生的投入在其工资收入中会有所回报。在劳动力市场中，农民工不占据社会的稀缺资源，对社会网络的利用率也不高，社会资本对其工资的增益也不大。多数农民工对自己社会资本的维护意识不强，通过增加社会资本来提高工资水平的途径也十分有限。社会资本在农民工的流动过程中以不同的形式对其工资水平产生影响，工会本应是农民工获取帮助、表达诉求的重要社会资本，然而在诸多企业中，工会的作用却通常流于形式，特别是农民工所在的次级劳动力市场，工会的覆盖率本来就低，而且由于工会的组织形式缺陷，无法真正为农民工提供相关的保障。相反，农民工在求职过程中，以组织形式呈现的"帮工队""抱团求职"等虽然无法从根本上维护农民工的利益，但也是农民工通过自身的社会关系来提高工资水平的有力尝试，这些组织在某些功能上传达了跟工会相同的诉求。应建立和健全工会制度，鼓励农民工参与工会，让他们能够通过集体的力量来改变其在劳动力市场的弱势地位，从而为农民工表达诉求开辟有效的途径，争取一定的话语权。在工会组织健全的基础上，政府应当积极有效地引导企业、工会、政府三方协商农民工工资，让工会真正代表农民工在三方协议工资中争取利益，表达诉求。

最后，企业与地方的用工环境对农民工工资也有显著的影响。其中企业规模、行业类别、制度环境等因素对其影响显著，而企业是否缺工、地方最低工资标准、是否签订劳动合同对农民工工资水平影响有限。企业对相关法律法规的执行力度，影响着农民工的工资水平。虽然在研究数据中，企业是否与农民工签订劳动合同对农民工工资水平不构成显著影响，但这是企业对劳动法律、法规执行情况的有效判断依据。敦促企业与农民工签订劳动合同，是农民工权益保障的基础。

虽然数据结果表明，地方的最低工资标准对农民工工资水平没有显著影响，但是，本课题组通过分析农民工工作时长以及工资计算方式等，得出结论，最低工资标准的有力执行是农民工工资水平提升的重要保障。我们发现，大多数农民工缺乏对最低工资标准的理解，不明白最低工资标准的意义。在福建地区，最低工资标准水平虽然不低，但是多数企业对农民工的工资计算方式为计件工资形式，规避了最低工资标准对农民工的有效保护，用低廉的价格购买农民工创造的劳动力，虽然从表面上看农民工的月收入水平远高于地方最低工资标准所规定的工资水平，但实质上不少企业给予农民工的加班工资低于最低工资标准的规定。很多农民工天天超时工作却不认为自己是在加班，也就无法用加班工资的相关法规来保护自己的权益。因此，地方政府应加强贯彻相关劳动法规，特别是对最低工资标准的严格执行，对农民工获得足够的劳动报酬意义重大，是农民工工资水平得到提高的有效保障。

第四章　当前最低工资标准在执行过程中出现的问题及建议[*]

最低工资标准是国家宏观调控工资的手段，有利于保护非熟练劳动力的经济权益。当前，最低工资标准在执行过程中，出现了最低工资标准仍偏低，一些企业以最低工资标准为基本工资，加班费以最低工资标准为基点计算，绝大多数员工不知道当地最低工资标准等问题。建议最低工资标准计算办法与城镇职工平均工资挂钩，同时出台全日制小时工资标准，加大力度宣传最低工资标准，让更多的员工知晓，以维护自己的劳动权益。

一　最低工资标准的制定方法与社会意义

最低工资标准是国家为了保护劳动者的基本生活，在劳动者提供正常劳动的情况下，而强制规定用人单位必须支付给劳动者的最低工资报酬。《劳动法》第四十八条对设立最低工资标准有专门的规定。最低工资标准是政府对工资分配调控的最重要手段，最低工资标准的高低以及落实程度，关系到劳动者权益保护的根本问题。中共中央在《关于制定国民经济和社会发展第十二个五年规划的建议》中特别强调，"合理调整收入分配关系，努力扭转城乡、区域、行业和社会成员之间收入差距扩大趋势"，要"逐步提高最低工资标准，保障职工工资正常增长和支付"。最低工资标准是国家宏观调控职工工资的手段，提高最低工资标准将有助于职工，特别是农民工工资的稳步增长，使其享受经济发展带来的成果。政府在工

---

[*] 本章为笔者与所带研究生杨姗姗（2010级）合著。

资分配干预制度上，主要有工资指导线制度、最低工资制度与工资集体协商制度。在这三种调节工具中，工资指导线制度的弹性较强，对工资调控的影响力较弱；工资集体协商制度因企业工会缺乏独立性，其可操作性也较弱；最低工资制度是部门规章，有法律意义，由政府劳动部门来督导实施，其刚性强，因此，对工资分配的干预力度较大。①

适用最低工资标准的企业，多是使用非熟练劳动力、入职门槛低的企业，在这些企业就业的劳动者自身工资谈判能力非常低，急需最低工资制度来保护他们的权益。最低工资制度应该能让劳动者维持一个像样的和有尊严的生活，基本的劳动和生活条件可以得到保障。近些年沿海城市持续"工荒"倒逼企业调薪，政府也相继上调最低工资标准，但调整幅度偏小，总体上低于国际标准，并且现行的最低工资标准仍很难反映城市的经济发展水平。由于现行劳资双方力量对比的差距大、集体协商制度的不健全，企业经常利用各种手段规避各种法律法规和劳动部门的监管，其执行的最低工资标准往往低于政府制定的标准，致使劳动者的权益经常遭受损害。

根据1993年11月24日劳动部发布的《企业最低工资规定》，最低工资标准是指劳动者在法定工作时间或依法签订的劳动合同约定的工作时间内提供了正常劳动的前提下，用人单位依法应支付的最低劳动报酬。最低工资标准一般分为月最低工资标准和小时最低工资标准两种形式。月最低工资标准适用于全日制就业劳动者，小时最低工资标准适用于非全日制就业劳动者。目前，国际通用的计算月最低工资和小时最低工资的方法有三种：比重法、恩格尔系数法与社会平均工资法。比重法就是根据城镇居民家计调查资料，确定一定比例的最低人均收入户为贫困户，统计出贫困户的人均生活费用支出水平，乘以每一个就业者的赡养系数，再加上一个调整数。恩格尔系数法是根据国家营养学会提供的年度标准食物谱及标准食物摄取量，结合标准食物的市场价格，计算出最低食物支出标准，除以恩格尔系数，得出最低生活费用标准，乘以每一个就业者的赡养系数，再加上一个调整数。社会平均工资法就是按社会平均月工资水平的40%~60%确立最低工资标准。

学术界对最低工资标准的社会意义褒贬不一。国外早期的关于最低

---

① 途景一：《新型城镇化背景下的最低工资立法问题》，《社会科学家》2014年第12期。

工资对失业和收入分配影响的研究发现，最低工资制度对反贫困的作用微弱，还容易导致低收入群体的失业率提高，因为资方担心劳动力成本提高而不愿意增加雇用人员数量。以哈耶克为代表的自由派经济学家更是认为这种由政府干预的相关规定，如最低工资制度，破坏了市场自由调节的功能，不利于市场的正常运行。[1] 国内也有学者对最低工资提出质疑，比较激进的学者甚至反对实行最低工资制度，认为它不利于维护中国低劳动力成本的优势。[2] 也有学者认为，最低工资制度并不能缓解"民工荒"和"用工荒"的问题。[3] 不过，国内外的研究成果多数对最低工资制度持肯定的态度。国外也早有实证研究显示，以美国和法国为例，最低工资标准提高后会促进就业率的提升。[4] 国内相关实证研究的结果显示，最低工资制度对于就业也具有促进作用。对我国27个省市的实证研究发现，最低工资标准的提高并不必然导致农民工就业率的下降，最低工资对就业的影响因区域和行业而异。[5] 有学者通过对我国多省市数据的追踪研究发现，最低工资标准的提高对农民工就业的影响存在一个阈值，即最低工资水平居于阈值的前后决定其对农民工就业产生的正负效应。[6] 最低工资制度首先具有收入分配效应，并且有利于长期人力资本的积累。[7] 总体而言，由于学科视角的差异性，学界对最低工资标准是否应该执行的观点莫衷一是。经济学主要是从效率出发，不赞成国家对工资市场进行干预；社会学则主要是从社会公平与工人权益保护的角度出发，认为国家制定最低工资制度很有必要性。对于中国最低工资制度而言，现在的问题不是要不要干预，而是如何干预才有积极的经济与社会成效。

---

[1] David Neumark and William L. Wascher, "Minimum Wages and Employment," *Foundations and Trends in Microeconomics*, Vol. 3. No. 1 - 2（2007）：1 - 18.
[2] 王婷、陈静慈：《最低工资制度的社会学分析》，《中国工人》2013年第8期。
[3] 郑秉文：《如何从经济学角度看待"用工荒"》，《经济学动态》2010年第3期。
[4] J. M. Abowd, F. Kramarz, D. N. Margolis, "Minimum Wages and employment in France and the US," *National Bureau of Economical Research*, Working Paper 6996, 1999.
[5] 罗润东、周敏：《最低工资制度对农民工就业的影响研究》，《山东社会科学》2012年第9期。
[6] 罗小兰：《我国最低工资标准农民工就业效应分析——对全国、地区及行业的实证研究》，《财经研究》2007年第11期。
[7] 王弟海：《从收入分配和经济发展的角度看我国的最低工资制度》，《浙江社会科学》2011年第2期。

二 当前最低工资标准在执行过程中出现的问题

1. 最低工资标准仍偏低

近年来,各地不断上调最低工资标准,但不少农民工反映收入增加不明显。深圳市是中国改革开放后最早实施最低工资制度的城市。从表4-1来看,深圳市最低工资与职工平均工资的比值从1992年开始就呈不断下降趋势,到2004年才出现拐点。2004年以后,东南沿海开始出现"工荒",而且"招工难"问题一年比一年严重,这才导致最低工资上调速度增加,最低工资与城镇职工平均工资比值呈上升趋势。"工荒"看似有利于农民工工资水平的提高与待遇的改善,但不能从根本上解决问题,劳动时间长、单位小时工资较低仍是普遍现象。[①]

表4-1 深圳市最低工资标准与城镇居民收入、消费的差距

单位:元

年份	广东城镇人均月收入	广东城镇人均月消费	深圳职工平均月工资	深圳最低工资标准	最低/平均
1992	289	235	494	245	0.496
1996	680	561	1209	398	0.329
2000	813	668	1920	547	0.285
2004	1136	891	2661	610	0.229
2008	1644	1293	3621	1000	0.276
2010	1991	1540	3894	1100	0.282
2011	2241	1688	4205	1320	0.314
2012	2519	1866	4595	1500	0.326

注:城镇人均月收入与月消费数据是广东省平均数。
资料来源:《广东省统计年鉴》(2010),深圳市人力资源和社会保障局网站。

1992年,深圳市刚开始实行最低工资制度时,最低工资相当于城镇职工平均工资的50%,此后长期保持在低于30%的水平。与广东省城镇居民平均月消费水平相比,最低工资标准明显偏低,这表明持有最低工资的职

[①] 甘满堂:《农民工改变中国:农村劳动力转移与城乡协调发展》,社会科学文献出版社,2011。

工可能无法过上与城镇居民水平相当的正常生活。最低工资不仅是生存线和温饱线，更是发展线，它与最低生活保障之间的衔接不合理，存在最低生活保障高于最低工资的现象；最低工资的涨幅跟不上人均 GDP 增长的步伐，劳动者的福祉没有在最低工资中得到较好的体现，劳动者没有充分享受到经济发展的成果；近年来，剔除物价上涨因素后得到的实际工资呈现下降趋势；人均消费性支出远远高于最低工资收入，劳动者家庭入不敷出，其生存状况堪忧，最低工资的实际保障力度非常有限。有研究对全国 35 个城市的最低工资标准进行比较发现：中国最低工资标准虽然有了一定的提高，但是仍然偏低，与发达国家相比还存在很大差距；尽管东部地区最低工资的绝对值高，但与当地平均工资的比值较低。[①]

我国实行最低工资标准的时间较短，在标准的制定上还存在很大缺陷。如 2004 年 1 月 20 日劳动和社会保障部下发的《最低工资规定》只规定了计算最低工资的比重法、恩格尔系数法，而这些并不适用于计算计件工资和提成工资。最低工资仅仅按照物价水平变动来调整，最低工资变动的频率和提高的水平还严重滞后于经济社会的发展速度，最终导致最低工资标准过低，远低于国际通行的最低工资标准。当前我国农民工工资明显低于劳动力价值，其工资只是生存工资。因此，最低工资标准应当借鉴国际通用的社会平均工资法，即最低工资一般是月平均工资的 40%~60% 的计算方法是最为合适的。按照《最低工资规定》，"社会平均工资法"是确定最低工资标准的通用方法之一，但在实际确定最低工资时，政府并没有用"社会平均工资法"，而是用比重法或恩格尔系数法。结合我国目前具体国情，把各地年度平均月工资的变动作为提高最低工资的依据是较为恰当合理的方法，可以保障低工资水平的劳动者享受社会经济发展成果。

2. 民营企业多以最低工资标准作为员工基本工资

最低工资是保障劳动者维持最基本的生活水平所要求的最低收入，不是劳动者的实际工资，也不是企业工资指导线和劳动力市场工资指导价。但因为缺乏有效的集体协商工资机制，很多企业将最低工资标准作为基本工资，以此来压低员工工资收入水平，同时诱导工人加班，以加班的方式提高月工资收入。这使工人工作时间长和经常性超时加班的情况更为严重

---

① 韩兆洲、魏章进：《我国最低工资标准实证研究》，《统计研究》2006 年第 1 期。

和复杂，甚至出现工人要求加班的现象。[①] 也有些企业借口实行计件工资，不愿意执行加班工资倍增标准。因为员工普遍有加班工资收入，月工资一般是当地最低工资的1倍。看似企业执行了最低工资标准，但通过计算发现，很多企业是以最低工资标准作为员工的基础工资，想要工资高，就得接受企业加班的要求。

2012年春，郑州市某企业在招工时，给出的月薪标准是1600元，即每月工作法定的168小时就可获得的工资，当地最低工资标准为1080元。但1600元的月工资在郑州当地仍然偏低，工人想要提高工资收入水平，就得接受该企业提出的加班要求。同年春季，泉州晋江某家企业在招工广告中宣传月工资2000元，看起来工资标准较高，但企业要求员工每周工作6天，每天加班2小时，提供免费住宿。当地最低工资标准是1050元。对比最低工资标准，工人月工资水平比最低工资标准超出近1倍，但如果我们按照《劳动合同法》的条文来计算一下，就会发现实情并非如此。

当地最低工资标准是1050元，折算成小时工资是6.25元/小时。每个工作日加班是2小时，每月有21个工作日，共加班42小时；每个周末加班一天，也是10小时，共加班40小时。现按最低小时工资标准，以及工作日加班给1.5倍工资、休息日加班给2倍工资的规定计算加班工资如下：

工作日加班42小时的工资为：6.25元/小时×1.5×42小时=393.75元

周末加班40小时的工资为：6.25元/小时×2×40小时=500元

扣除加班工资后，工人在法定标准工作时间（168小时）的月工资为：2000-393.75-500=1106.25元。1106.25元只比最低工资标准的1050元多56.25元。

综上，这家企业的工资标准只是符合劳动法规定的最低工资标准，这是对企业最起码的要求。企业提供免费住宿，这是企业福利，不能折算成工资收入。企业以最低工资标准给工人开工资，合法但不合乎道德，表明企业没有积极承担社会责任。

3. 多数农民工不知道当地最低工资标准

本课题组在福州与泉州一些工业区调查时发现，这里的农民工对最低工资制度知之甚少，因而也不清楚企业给员工的基本工资与加班工资是否

[①] 刘林平、万向东：《制度短缺与劳工短缺》，社会科学文献出版社，2007，第187页。

符合《劳动合同法》的基本规定。许多职工按照企业规定以两班倒的形式安排工作时间,虽然每天工作10~12小时,但并不认为自己是在为企业加班,这是因为企业以计件方式计算工资,避开了超时加班与加班工资要翻倍等问题。

2012年春季,本课题组在泉州与福州对企业外来工进行问卷调查,在这次调查中,关于"您是否知道本市最低工资标准",大多数(93.2%)被调查员工回答"不知道",少数(6.8%)员工表示知道,但再追问,他们中的大部分人将最低工资误解为城市职工工资收入分层中的最低收入,如表4-2所示。

表4-2 对本市最低工资标准的认知

单位:人,%

指标	样本数	比例
知道	36	6.8
不知道	492	93.2
合计	528	100.0

在回答"知道"的员工中,有30%左右的人错误地将最低工资标准当作当地的最低收入水平。也有相当一部分人回答的最低工资标准与当地的实际标准误差在300元左右,即员工印象中的最低工资标准应该是每月1200元左右,其实泉州地区是每月950元。而根据员工的回答,他们认为当地的最低小时工资均值应该是在10元左右,其实当地的最低小时工资是6.35元。

笔者曾访问过在泉州某服装厂工作的女工小月,她是一位熟练的车工,每天的工作时间是10小时,每月可休息4天。当问及是否了解最低工资标准时,她表示"就是一个城市工人的最低收入水平吧",当问及其月工资收入是否符合最低工资标准时,她十分肯定地回答:"我的工资收入还行吧,在本厂员工中算中上水平,还有不少比我工资更低的呢。"实际上,上个月她月工资较高,是因为她正常加班,没有缺工;另外,她是熟练工,单位时间内比一般工友劳动效率高。笔者访谈过多位像小月那样的员工,他们不仅不知道最低工资标准,也不知道自己每月拿到的工资是否合乎最低工资标准的要求,因为这要涉及复杂的计算。许多员工认为自己的工资只要高于最低工资标准,就说明公司的工资是符合最低工资标准的，厂方是有良心的。但通过简单的换算发现，即使不考虑加班工资，他们的工资也是低于最低工资标准的。

民营企业员工受教育程度较低，对劳动法掌握较少，一般不会用劳动法来维护自己的劳动权益，有些员工甚至连加班概念也不了解。我们在企业调查发现，93.3%的被调查员工平时都要加班，其中，57.8%的人每天工作10~12个小时。在访谈中，有些企业采取两班倒的工作制度，即每天要工作12小时，问他们有没有加班，他们多数回答没有。这种情况很怪异。工人不认为每天工作10小时以上是"加班"，主要是企业采取计件方式给员工计算工资，"多劳多得"；再加上多数工人受教育程度低，也对劳动法了解得很少，所以就造成每天工作12个小时，却没有加班4个小时的概念。有关加班费的计算方法，即工作日加班是平常工资的1.5倍，双休日加班是平常工资的2倍，节假日加班是平常工资的3倍，多数员工对此并不知道。如果再追问，他们会说与平常工资是一样的算法。超长的劳动时间属于绝对剥夺，而2003年以来中央已做了很多工作来减少绝对剥夺。① 但经过实地调查发现，此种现象至今仍大量存在。

本课题组通过访谈还了解到，一些企业在计算加班费时，以当地最低工资为标准，然后乘以法定倍数，表面是严格执行《劳动法》规定，但实际上是钻了《劳动法》的空子。《劳动法》与《劳动合同法》虽然没有明确规定加班工资的计算基数，但这个工资应当是该员工每小时实际所获得的工资收入，而不是当地最低工资标准。有些企业借口本企业是采取计件工资制，无法确定小时工资，故一律以当地最低工资标准作为员工基本工资，并在集体合同中做单方面的规定，以此来减少企业工资成本支出。

三 让最低工资标准发挥应有作用

如何在调整最低工资标准的同时，让人们产生切实的"增长感"？工资"真实增长"的现实路径在哪？这就需要深化工资制度改革，按照市场机制调节、企业自主分配、平等协商确定、政府监督指导的原则，形成反映劳动力市场供求关系和企业经济效益的工资决定机制和增长机制，健全工资支付保障机制，完善最低工资和工资指导线制度，逐步提高最低工资

---

① 李强：《社会学的"剥夺"理论与我国农民工问题》，《学术界》2004年第4期。

标准，建立企业薪酬调查和信息发布制度，积极稳妥扩大工资集体协商覆盖范围。具体而言，可行的措施有以下四点。

1. 最低工资标准应当与职工平均工资挂钩

因为一些企业以最低工资标准作为工人的基本工资，工人如果想要提高自己的工资收入水平，就必然加班。打破这种尴尬的局面，最简单易行的办法就是提高最低工资标准，即将社会平均工资法作为制定最低工资标准的方法。也许有学者会说，针对这种情况要动员企业工会组织，通过工资集体协商来解决低工资问题。但工资集体协商需要有较强的工会作为发起方，目前很多民营企业工会软弱无力，所谓的"工资集体协商"就无从谈起。国际上大多数国家实行了最低工资制度，确定办法是社会平均工资法，最低工资标准相当于社会平均工资的40%~60%。我国作为刚进入中等收入行列的国家，最低工资标准应达到社会平均工资的40%以上，这既有需要，也具有可行性。

《劳动法》第四十八条对最低工资有特别规定，最低工资标准由各省市劳动部门根据当地职工平均工资与生活水平等情况而制定，并每年随经济发展水平做适当的调整。《最低工资规定》第六条规定，科学制定我国最低工资标准，即应该除通过比重法或恩格尔系数法计算出初步最低工资外，还应考虑城镇居民生活费用支出、职工个人缴纳社会保险费、住房公积金、职工平均工资、失业率、经济发展水平等因素。因此，最低工资标准制定，应当根据职工平均工资的变动趋势进行修正，将社会平均工资法纳入最低工资标准的制定方法中。

2. 最低工资标准需要出台最低小时工资标准

根据《最低工资规定》，最低工资标准一般分为月最低工资标准和小时最低工资标准两种形式。月最低工资标准适用于全日制就业劳动者，小时最低工资标准适用于非全日制就业劳动者。鉴于很多企业加班是普遍现象，且很多农民工并不知道最低工资标准，也不会通过最低月工资来计算全日制小时工资标准，应当出台全日制小时工资标准，以方便农民工计算加班费。另外，关于加班费的计算标准，应当以员工在企业实际小时工资为标准，不得以最低小时工资为标准。若以最低小时工资为标准，说明企业没有积极承担社会责任。

3. 加大对最低工资标准法规的宣传力度

针对多数农民工不了解最低工资制度，政府、工会与劳工维权组织可利用培训班、媒体、专项活动来宣传劳动法及有关最低工资制度的规定，让最低工资制度深入人心。农民工输出地的地方政府在组织农民工培训时，要加强对《劳动法》《劳动合同法》《最低工资规定》等法律法规的培训，让农民工能用法律武器维护自身的权益。农民工输入地的工会与维权组织也应当主动承担起有关劳动法与工资相关的法律法规的宣传工作。

4. 加强对最低工资实施的监督与违反规定的处罚

针对企业通过计件工资等方式规避加班工资的问题，地方政府劳动部门与工会组织要加大对企业用工方面的监察力度，对违反最低工资规定者，要及时给予曝光，并加大违规的处罚力度。《最低工资规定》明确了违反最低工资规定者需要承担的法律责任：对于违反最低工资规定的企业或个人，由政府劳动保障行政部门责令限期改正，责令其限期补发所欠劳动者工资，并可责令其按所欠工资的1～5倍支付劳动者赔偿金。

第五章　从离职跳槽到非制度化工资集体协商

随着农民工权利意识的提高,他们不仅通过离职跳槽来寻求工资待遇的提高,还在打工精英的带领下,通过组团求职、组建帮工队、成立家庭作坊、组团承包企业生产线与生产车间等四种方式进行非制度化工资集体协商。帮工队、承包生产线与车间被称为"厂内赶工",家庭作坊则被认为是"厂外赶工"。这四种方式的共同特征是农民工在入职前或接受业务时,联合起来与资方进行工资协商。它有效地提高了农民工群体在劳动力市场上的工资议价能力,达到了工资每年都上涨的目标,维护了农民工的劳动权益,在当前具有积极的社会影响。①

一　问题的提出与文献回顾

泉州服装、制鞋、纺织等行业的企业招工越来越难了,服装企业老板感叹,"现在工人太刁了,总是想着方法争取自己利益最大化"。越来越多的服装行业工人选择打游击,不愿意进正规的工厂工作,而是组建家庭作坊,要求服装工厂把加工任务直接委托给他们;或选择组建帮工队,结伙到工厂打短工,进厂却不入职。有一部分工人虽然选择进厂,但他们通常会几个或十几个老乡在一起,组团求职,派求职代表与工厂谈入职后的工资待遇;有的干脆提出要承包整条生产线。服装行业已经到了最困难的时候,部分企业只能通过订单外包形式解决工人短缺问题,有的则将订单转让,成为纯粹的贸易中介公司;有的则要把厂搬到内地或东南亚。这种情

---

① 本章访谈资料来自笔者指导的硕士研究生,他们是福州大学社会学系2011级研究生余旋、2012级研究生曾远力和段翼泽。

况也发生在珠三角①、温州地区，可以说是中国东南沿海外向型劳动密集型企业的普遍现象。

农民工权利意识觉醒，过去主要是通过离职跳槽来寻求工资待遇的提高②，而现在则借助非制度化工资集体协商模式。离职跳槽属于一种事后的补救措施，也会给农民工自身造成经济损失。为尽量减少频繁离职带来的经济损失，现在越来越多的农民工联合起来，采取入职时就工资待遇问题同企业进行协商，谈好条件再入职的方式。这种方式主要是在打工精英（也可称为"劳务带头人"）的带领下，通过组团求职、组建帮工队、成立家庭作坊、组团承包企业生产线与生产车间等四种方式，与资方进行工资协商。帮工队、承包生产线与车间被称为"厂内赶工"，创办家庭作坊则被认为是"厂外赶工"。这四种方式的共同特征都是在农民工在入职前或接受业务时，联合起来与资方进行工资协商，它有效地提高了农民工群体在劳动力市场上的工资议价能力，维护了农民工的劳动权益，因此，在当前具有积极的社会影响。中国劳动力成本上升并不只是劳动力供给短缺造成的，更多是因为工人权利意识的觉醒，除了用退出、罢工、岗位的力量之外，他们还寻求联合，通过非制度化工资集体协商来提高自己的工资待遇水平。依据《中华人民共和国劳动合同法》和《集体合同规定》的相关规定，泉州地区出现的依靠自身组织化力量形成的非制度化工资集体协商现象，就工资协商主体而言，劳务带头人并不具备我国法律规定的劳方协商主体资质，也没有相关制度化的供给，因此，笔者将这种个别集体工资协商称为"非制度化工资集体协商"。

劳动者在劳资博弈中选择离职跳槽，体现的是一种退出的力量，是一种结构力量。中国企业出现"招工难"问题，实际上是农民工权利意识觉醒的标志。③ 劳动者的力量是指劳动者进入就业组织后所具有的能够影响资方的程度，其中以退出、岗位、罢工三种力量最为重要。④ 面对不满意

---

① 黄岩：《工厂外的赶工游戏——以珠三角地区的赶货生产为例》，《社会学研究》2012 年第 4 期。
② 甘满堂：《低成本劳动力时代的终结》，《福建论坛》2010 年第 2 期；《"工荒"：高离职率与无声的抗争——对当前农民工群体阶级意识的考察》，《中国农业大学学报》2010 年第 4 期。
③ 甘满堂：《"工荒"：高离职率与无声的抗争——对当前农民工群体阶级意识的考察》，《中国农业大学学报》2010 年第 4 期。
④ 程延园：《劳动关系》，中国人民大学出版社，2010。

的劳动环境，农民工主动选择退出，虽然给用工方带来损失，但自己的损失应当更大，如重新寻找工作的成本、重新适应新的工作环境的机会成本等。岗位的力量是一种消极怠工，虽然给企业方造成损失，但在计件工资制下，这种消极怠工对工人本身想要提高自己的工资待遇没有帮助。罢工是较好的解决问题的方式，可以逼迫企业主就工资问题进行谈判，但中国企业工人缺乏这方面的经验，员工内部也缺乏团结，这造成罢工非常难发起，同时外部环境也不支持工人罢工，因此工人也很难通过罢工来提高工资待遇水平。

工资集体谈判制度已被实践证明是一种适应市场经济发展、有效解决劳资矛盾、体现社会公平、促进社会和谐进步的工资决定机制。劳动合同制度建立了劳动关系的确立机制，集体谈判制度则建立了劳动关系的调整机制。2010年以来，中华全国总工会在全国已建工会的企业中推进劳动合同制与工资集体协商。在推进工资集体谈判本土化的过程中，我国大多数实行的集体工资协商制并不像西方那样，是依靠长期的劳资斗争形成劳资力量平衡后的平等对话机制。我国采用的集体协商不是由市场自然生成的，而是由政府主导自上而下推行的"嵌入"模式。工会存在职能定位不清、行政化作风浓厚、依附资本严重等先天不足的问题，导致其对工人及农民工的吸纳力不足，得不到劳动者的认可与参与，逐渐嬗变为企业的附属机构，在实践操作中，难以代表劳方与资方集体协议工资。国际工人组织集体谈判专家约翰·温德姆勒认为："协商与集体谈判的不同之处在于，协商不是一个决策的过程，而是一个咨询的过程，它强调在劳工关系中的合作而不是敌对关系。协商与谈判不同，谈判的结果取决于双方能否达成一致，而在协商中，决策的最终力量总是在管理者手中。"[1]

据全国工商联调查，民营企业建立职工大会制度的只有1/4，实行了工会与企业平等协商制度的只有13.7%。有些城市采取行政措施在很短的时间内在民营企业广泛建立工会，但工会领导多由资方代表兼任；近40%的职工认为工会很少活动或没有活动。[2] 目前存在集体协议工资的都是外

---

[1] 约翰·P.温德姆勒等：《工业化市场经济国家的集体谈判》，何平等译，中国劳动出版社，1994。

[2] 全国工商联：《全国工商联发布民营企业劳动关系状况调研报告》，中国人力资源网，2008。

资企业①，极个别的是劳动密集型行业的中小企业集群，如浙江省温岭羊毛衫企业②、浙江省义乌小商品制造企业等③。这些企业协议工资的共同特征是企业规模小，而产业群中的企业之间同质性强，难以抵抗员工在本地区同类企业之间频繁流动，这种情况迫使企业主与工人集体协商工资，地方政府也非常主动地推动行业工会的成立，进而推动企业主协会与行业工会进行工资协商。对于大多数地区来说，由于地方政府不愿意推动行业工会的组建，同时在产业集群内部，企业规模不一样，对员工频繁流动的承受力也不一样，多数企业并没有想到要与工会进行工资集体协商，从而使本地区企业工资集体协商无法发起。相对于国有企业的"福利工会"，民营企业的工会更像是"花瓶工会"或"墙上工会"，并无实际价值。④ 尽管现在沿海地区的外资企业中出现过一些工人集体罢工运动，取得了某种程度上的成功，但这并不是主流，而且这些工人罢工都不是在企业工会的领导下进行的，而是偶发性行动。

帮队工现象被认为是一种"厂内赶工"，家庭作坊制小工厂被认为是"厂外赶工"。学术界将它们称为"赶工游戏"，这种生产形式在欧美、韩国、中国台湾等国家与地区也出现过。传统企业管理理论认为，工厂制比"厂内发包"与"厂外发包"更有效率，但也有观点认为外包制因劳动力供给更有弹性，生产效率更高。家庭作坊也存在老板与员工收益的严重不平等现象，但被拟亲属关系的温情及共同劳动的表象所遮蔽，这种生产体制属于一种"制造同意"。⑤ 学界认为，"赶工游戏"是农民工的自我剥削，无助于农民工的向上流动。⑥ 本章结合泉州调查认为，欧美、韩国、中国台湾等国家与地区虽然也出现过"赶工游戏"，但是与当下中国大陆

---

① 岳经纶、庄文嘉：《全球化时代下劳资关系网络化与中国劳工团结——来自中国沿海地区的个案研究》，《中山大学学报》（社会科学版）2010年第1期。
② 温效仪：《集体谈判的内部国家机制——以温岭羊毛衫行业工价集体谈判为例》，《社会》2011年第1期。
③ 韩福国等：《新型产业工人与中国工会——"义乌工会社会化维权模式"研究》，上海人民出版社，2008。
④ 甘满堂：《市场压力·职业经理人自觉——对民营企业工资调整机制的探索研究》，《福建省行政学院学报》2013年第6期。
⑤ 布若威·迈克尔：《制造同意——垄断资本主义劳动过程的变迁》，李荣荣译，商务印书馆，2008。
⑥ 游正林：《管理控制与工人抗争》，《社会学研究》2006年第4期；黄岩：《工厂外的赶工游戏——以珠三角地区的赶货生产为例》，《社会学研究》2012年第4期。

的情况不同，中国大陆参与"赶工游戏"的以外来农民工为主，他们"进城不进厂""进厂不入职"的目标是寻求工资利益最大化。两种赶工形式的组织者都要确保其团队成员工资高于同行企业在职工人工资，否则他们就无法组建帮工队与家庭作坊。在国外，"厂外赶工"的工价通常要低于发包厂或同行业在职工人平均工资[1]，但中国东南沿海"厂外赶工"的工价则普遍高于行业在职工人工资，因为这些家庭作坊（加工点）中的人都是外地老板外地工。作坊主（工头）都要与发包方进行价格协商，以取得较高的工价。本章所讨论的四种非制度化工资集体协商，是2008年以后才出现的，并不是全球劳动密集型产业刚刚转移到中国的20世纪八九十年代出现的。笔者在此不赞成将"帮工队""家庭作坊""承包企业生产线与车间"等视为一种农民工群体内部的"自我剥削"，它实际上是一种工人联合的形式，工人通过这种组织形式同企业主开展工资集体协商。

本章所涉及的企业案例来自笔者先后多次赴泉州调研的访谈资料（2011年10月至2014年12月），在案例使用时，做了匿名化处理。本章调查的地区主要位于泉州东南部的泉州经济技术开发区、晋江、石狮以及南安县级市。

二 当前非制度化工资集体协商的几种形式

非制度化工资集体协商，是指不是通过工会来进行的工资协商，而是通过工人代表、劳务带头人或劳务承包方等打工精英进行的工资协商。这种协商能达到短期提高工人工资待遇的目标。另外，这种协商不是在公司内部进行的，而是在工人没有进入企业或没有接受加工的任务时进行的。其主要形式有：①组团求职协商工资；②帮工队集体协商工资；③家庭作坊（简易代工场）协商代工费；④承包流水线或车间。打工精英是具有多年打工经验，拥有一定企业管理经验，在同乡与工友群体中具有一定社会号召力的人。组团求职就是在打工精英的带领下，在入职前同企业谈入职条件。帮工队是在打工精英的带领下，临时召集几十名熟练工人，或更多员工短期到某企业工作，协助完成企业订单，工价通常是平时的1.5～2

---

[1] 谢国雄：《外包制度：比较历史的回顾》，《台湾社会研究季刊》1989年第1期。

倍。家庭作坊是有生产管理经验的打工精英自办的小型加工厂，员工大多是其亲友，然后承接大中型企业的订单与工序外包。而承包企业生产线与车间的多是拥有生产管理经验并有能力招工的打工精英。后三种模式主要流行于劳动密集型的服装、制鞋、纺织以及五金、卫浴等行业。

（一）组团求职与工资个别协商

工人组团求职，是指几个相互熟悉的工人派一名代表与企业招工人员谈入职条件，谈好工资待遇后再入职。组团求职的员工都是老乡，来自同一个县市区，通常5~7人一组，或3~5人一组。领头人是具有多年打工经验的老乡，是某个行业的熟练工，头脑灵活，具有一定的号召力。与他一起打工的老乡与工友都愿意听他的话，由他代表大家与多家企业谈入职的工资待遇等条件。晋江、石狮地区还存在很多招工猎头，直接与员工谈工资条件，然后将熟练工人介绍到本省以外的其他地方工作。猎头多是外地人，尽管许诺的条件很好，但由于不熟悉，一般信任度低。员工在求职时更愿意相信老乡，通过组团方式派代表直接与本地企业谈，而不是通过职业猎头公司来寻找工作。

泉州制鞋、服装、纺织等行业通常在正月十五之前是很难全面正式开工生产的，因为许多员工抱着观望的心态比较各家企业待遇，不肯马上入职。常常是老工人带着新工人到各家企业谈入职条件。企业人事经理要开车接组团求职的员工代表到公司来谈，双方会谈的中心议题是工资、劳动时间与福利待遇等。另外，公司人事部门经理还会带求职代表参观生产车间、员工食堂与员工宿舍，有时还招待求职代表一顿午餐。在会谈结束后，公司还要派车辆将工人代表送回他们的居住地。公司对上门谈判的工人代表来回接送，服务非常周到。为了一次就能招到多名员工，公司对于工资待遇会有所让步，还许诺给新入职员工报销路费，作为入职奖励。为便于企业薪资与工时的统一管理，企业对组团求职者的要求让步有一个统一的尺度，这是企业与求职代表的底线，如果求职者的要求过高，企业人事经理也不敢答应。

每年春节前后，公司人事经理还要做好老员工的安抚工作，怕他们被别的企业拉走，同时想通过老员工再招到一批新员工入职。每当农历年底放假前，公司人事经理要与生产车间的班组长联系，与其谈招工入职待遇，希望老员工继续在本公司工作，对春节后回公司工作的老员工给予奖励，同时对老员工所在的班组长也给予奖励。入职待遇主要是工资与上年相比，保证能上浮5%～10%，甚至上浮15%。另外，对新入职的员工有路费补贴，对介绍新员工入职的老员工则有介绍费，通常每介绍一个新员工入职给予500～800元的介绍费奖励。有的忠诚度不高的班组长还会与其他企业人事经理会面，对各家企业开出的条件加以比较，然后确定整个班组集体入职哪个企业。这种风气在泉州企业界是大家都知道的"潜规则"，企业根本无法制止。

由于熟练工人短缺，他们也成为各个企业争抢的对象，争抢不限于年初招工时节，其他时间也时有发生，甚至发生同行企业之间相互挖工人的情况，其中最突出的就是通过游说车间主任或班组长，策动车间主任或班组长带头集体跳槽。

当地媒体报道：2010年6月初，晋江某纺织企业的十几名挡车工突然一夜之间不知所终，公司人事主管跑到工人的宿舍一看，行李也都不见了。公司主管就知道这十几名挡车工集体跳槽了。这种事情在晋江的企业里时有发生。挡车工是纺织企业里最难找也最稀缺的工种，正值生产旺季，肯定是附近的哪家同行企业花高薪集体挖走了他们。猜测到这个原因，公司主管赶紧找人到附近的企业中去调查。果不其然，这十几名挡车工在他们车间主任的带领下，集体跳到了附近的一家同行企业。①

晋江企业之间互挖工人的情况时有发生，几乎每家企业都做过类似的事情，而在企业正缺工的时候，一旦有工人上门求职，企业高兴都还来不及，哪里会考虑到需要查看这帮工人是否持有离职证明。大家都心虚，工人跳槽后，企业自然也不敢深究。由于被挖工人是突然离职的，在原来工作单位的工资都没有结清，对于这部分损失，新单位是要给予补偿的。因此，那些挖工人的单位付出的代价相当大，但收获也高，熟练工人不需要培训，省去很多培训费；同行是竞争对手，挖走他们的工人也可打击竞争对手的实力。在纺织服装业相对集中的福建石狮，一些用工猎头专门到工

---

① 庄娜芬：《工人恶意跳槽，"新东家"被"老东家"告状》，《晋江经济报》2010年5月26日。

厂门口和工人谈工资，直接将人挖走。① 更有甚者，缺工企业派人到同行企业中挖工人，许以较高薪酬福利待遇，有时能将同行企业车间的数十名员工集体挖过来。过去企业"挖人"对象是企业的研发人员或销售人员，目的是获得竞争对手的技术或市场，但现在企业连普通熟练工人也挖，足见企业缺工程度之重，劳动力资源市场存在无序竞争。

（二）帮工队与"厂内赶工"

泉州的中小型私营企业多是低端的订单式生产模式，没有自己的品牌，也缺乏自己的营销渠道，因此，对订单具有极强的依赖性。企业通过各种海外或国内订货会等渠道获得订单后，通常自己组织工人生产，也有的外包给小厂与家庭作坊，这套规则早在 20 世纪 80 年代就存在。但到 2004 年以后企业出现招工困难，大量的小厂与家庭作坊也因招工难而倒闭，这时就会出现订单无法正常完成的情况。为了能及时完成订单，有些企业就采取突击招工的策略，许以较高薪酬到处挖熟练工人。熟练的技术工人随之紧俏，企业之间相互以加工资为诱饵，互挖熟练技术工人，这些熟练技术工人则来回在企业间跳槽，以寻求较高的工资待遇。但有时企业自己招工也缺乏效果，这时只好求诸帮工队了。笔者在检索新闻报道时发现，帮工队不仅出现在泉州地区，在浙江温州、广东东莞、阳江等地也有，即在东南沿海劳动密集型制造业企业集中地区，帮工队都很活跃。

在泉州服装与制鞋行业中，存在许多支不属于任何企业的帮工队，由熟练工人组成，在企业需要赶货时，他们会按企业要求组织 3~10 名，甚至 10~50 名的熟练工人，在较短时间内帮助厂家完成生产任务。企业给帮工队的报酬丰厚，但这是双方协商的结果，并不存在强迫。通常，参加帮工队的熟练员工每天工作 10 小时，可以得到 200 元左右的工资报酬，但同类企业员工的报酬每天最多不会超过 100 元，小时工资也只有 10 元。帮工队的组织者，俗称"工头"，学名是"劳务带头人"，"工头"要从中抽取管理费，通常是工资总额的 5%。"工头"都有长期打工的经历，做过班组长，在老乡与企业员工中有比较好的人缘。他们与各家企业人事经理有联系，哪家企业需要赶货，只要找"工头"就可以。

---

① 佚名：《企业互挖墙脚涨薪抢工，跳槽不能一味向钱看》，中国广播网，http://news.sohu.com/20100319/n270936880.shtml。

非制度化工资集体协商的过程是非正式的、非制度化的，不像工会、行会或者职工代表的工资协商是建制化的，有固定的步骤和程序。但其一般仍可以分为以下几个步骤：第一步，"缺工赶货"企业作为诉求者，向劳务带头人提出熟练工的需求，并根据订单的净利润，充分考虑市场条件下对企业可能产生的一些不确定因素，给予工资标准参考（据考察不低于200元/天）；第二步，劳务带头人联系手下工人，与其进行协商，接受工人们的意见，商定可接受的工资范畴；第三步，在初步协商的基础上，劳务带头人与企业确定双方都认可的工资标准，双方签订合作协议；第四步，劳务带头人派遣工人入厂进行生产，企业按照商定的工资标准付给工人薪资。这些工人与公司员工一起加班加点，使公司最终如期完成交货任务。

企业案例，编号01：2011年11月，位于泉州晋江市的某服装厂，接到一笔春季出口美国的服装订单，计划本厂负责衣料裁剪与小部分缝制工序，大部分缝制工序外包给外面的十多家小作坊。但后来小作坊因管理出现问题，没有按预期完成工作任务，这时交货期又临近，该企业只有近百名固定员工，即使连夜加班也无法按期完成订单。最后，企业老板只好从社会上请来几十名熟练工人帮忙。这些熟练工与企业员工一起加班加点，使公司最终如期完成了交货任务。但为了请这些帮工，该公司多支出12万多元。企业老板说本想这笔订单可以赚30多万元，因请了帮工队，立马损失30%。企业信誉很重要，如交货违约，企业不但信誉受损，而且会导致今后订单流失。因此企业为了赶货，只能无奈接受。这种劳务带头人的非制度工资协商增加了企业运营成本。如做一件衣服，加工费仅5元，如果请帮工，至少要8元。这家服装厂的人事经理告诉笔者，该厂熟练工平均月薪3000元左右，如果去叫帮工队的话，每人每天至少要200元。这就得增加一笔不小的额外支出。

帮工队进厂帮工，劳务带头人是两头赚钱的，一是可以从工厂那里获得人头介绍费，二是从帮工队成员工资中获得抽成。企业支付的介绍费与工作量大小、派遣员工人数呈正比，每名员工的介绍费一般不会低于200元。帮工队成员那边的费用是以其获得工资的抽成来计算的，一般是工资额的5%，或采取固定制成法，每人每天抽10元。这样下来，一次帮工行动可以给劳务带头人带来非常丰厚的回报。劳务带头人认为，他们通过自己的关系网络获取帮工信息，代表工友们出面与企业进行谈判，确定工资和福利待遇，工作也非常辛苦，理应有回报。胡姓劳务带头人，49岁，四川丰都人。他说：

> 这个社会就是这样，人不为己天诛地灭。我这么辛苦地成立帮工队，与企业进行斡旋，尽力协议出高工资给自己的手下人。我收取一定的费用也是人之常情，并没有什么不妥之处。

由以上案例材料看，帮工队具有超强的议价能力，工价是企业现有工资的1.5~2倍，这是劳务带头人协议工资能力强的表现。短期帮工，临时召集，企业不必出培训、管理、保险等费用，理应比企业在职员工工资高。同时，帮工队认为自己团队中的工人都是熟练技术工人，其工资待遇就应当比在职工人工资高。帮工队劳务带头人能在很短时间内召集到"赶货"所需要的熟练工人，而鞋服企业却没有这种能力。帮工队拥有组织稀缺资源。从时薪角度来看，泉州很多鞋服企业在2011年时，时薪还没有达到10元。帮工队提出的要求是时薪达到20元，他们认为这是合理的要求。

帮工队中的帮工，是长期在外的"打工精英"，有着多年的打工经验，多是懂得相关服装类技术的全能型熟练工人，对裁剪、大烫、平车、拷边、双针、包装等工序皆很熟悉。按照工作性质，他们分为两种类别：一种是兼职帮工；另一种是全职帮工。兼职帮工具有双重身份，他们大部分既是其他小型同类企业的职工，平时在打工的企业上班，其利益结构与普通员工相同；同时，他们还是帮工队的成员，一旦帮工队的劳务带头人获取了企业赶货缺工的信息并与企业主协商好工资后，他们就以各种理由请假离开企业去用工单位帮工。全职帮工的人数比兼职帮工少，他们不属于任何企业，与劳务带头人存在稳定的劳动关系。待工期间，劳务带头人会给这些全职帮工一定的工资来弥补待工给他们带来的损失。

帮工队以青年人居多，以男性为主。帮工黄先生，48岁，四川人。他告诉笔者：

> 我在多家闽南企业工作过，都是做服装车工，从开始的800元底

薪加提成到如今的1800元底薪加提成。现在赚钱真的很不容易，现在每月工资有3000多元，但那是每天工作11小时，每月休息不到3天的结果。家里有两个孩子，一个孩子上初中，一个孩子上高中，经济负担重，这一点工资除了吃、穿、用，每年存不下多少钱。前几年经过老乡介绍参加了一支帮工队，成为帮工小组成员。帮工队没有活可以做的时候，我就待在企业上班，一旦有活可以做了，就请假出来帮工。帮工的时间都很短，就只需要几天，但工资比在厂上班的工资要高很多，像我这样的工人很多，有几十号人，都很乐意做帮工。

笔者认为帮工队里的工人都是技术熟练工人，但有些企业人力资源经理并不这么认为，他们认为这些帮工，都是青年人，技术只是半拉子，如果他们技术熟练，在一家订单充足的大中型服装企业勤奋工作，每个月4000~5000元工资是不成问题的，现在他们一年游走在十多家企业帮工，其实也挣不了多少钱。当笔者把这些话转达给几位青年帮工时，他们说：

勤奋工作？一天工作12小时，一个月最多休息两天，我们年轻人做不下来。另外，企业生产也有淡季与旺季之分，哪能保证每月工资4000~5000元。我们这样每年游走于十多家企业，平均每个月也可以挣到3000多元，而且每月可以休息4~8天。关于技术不好，我们并不认同，我们青年人干活没有那些已婚老员工那样卖力而已，我们还想悠闲一点，我们希望有时间交男女朋友。

帮工队劳务带头人胡某说：

帮工队松散的组织形式是最好的组织形式，可以将组织管理成本降到最低。平时没有工作任务时，他们都在各家企业正常上班，有活时再用电话与手机短信召集他们，这叫"藏兵于民"。帮工队的主力来自家庭作坊，许多帮工队的队长本身就是作坊主，他们家庭作坊有十几个人手。一旦有业务，他们就把自己的作坊停掉，组织本作坊的员工去"赶货"。他们利用老乡关系网络，能在短时间内召集30~100人赴某个企业"赶货"。说定了每天的工作时间、报酬以及伙食安排，这些人就会如约到某公司集合。

据了解，活跃在民间的这些"帮工队"，在直接增加企业运营成本的同时，也给"被帮工"的企业内部员工管理带来威胁。威胁的焦点在于"帮工"的工价要比企业在职员工高出一大截，做一样的活，拿两种不同的工资，直接造成在职员工的心理失衡，导致在职员工不满；同时会诱发一些熟练工"旺季跳槽""家里出事请假"等"怪现象"，这些人都被"帮工队"临时或长期"收编"；有一些厂家的熟练工受利益驱使，甚至在谋划自己做"工头"，成立自己的"帮工队"。帮工队不定期来企业，导致"一厂两制"，给正常管理带来困难。有些职业经理人认为，如果一家企业经常请"帮工队"，那么它离倒闭的日子就不远了。

> 员工看到自己在公司的日工资不超过100元，但帮工队的日工资却达到150元甚至200元时，就想去帮工队干活。他们就向自己所在的公司请假。员工会编造各种理由要求公司准假。如爷爷病危，急着回家看望。有时则说母亲生重病，需要回家探望。对于这类关于孝道的请假，通常企业是准许的，但某些员工一年请两次以上这样的事假就有问题了。另外，公司还会偶尔出现某个时候本厂员工三四人集中请假。人事经理就知道他们要出去帮工，但又无法回绝，只好同意。这种请假严重影响了本企业的生产经营（20120405泉州经济技术开发区BD制衣厂长访谈）。

过去"劳务带头人"都在建筑业中出现，称"包工头"，2005年以后，为规范建筑承包市场，将"包工头"改名为"劳务带头人"。制造业中的劳务带头人的运作模式也基本类同于建筑业，都是头脑灵活的农民带领一帮老乡出去承揽工程与业务。劳务带头人在制造业中出现，满足了企业对人力资源的需求，也加剧了劳动力资源市场上的竞争。虽然劳务带头人会代表其工友同资方进行谈判，确定工资与福利待遇，但他也是从中收费的。帮工队"厂内赶工"，有点类似于劳务派遣。但是，劳务派遣员工的工资待遇通常是低于正式员工的，而帮工队的队员工资普遍要高于企业正式员工。

（三）家庭作坊与"厂外赶工"

在泉州地区的鞋服行业中，非常流行家庭作坊制的小工厂，它们通过承接正规的大中型企业订单生存。大中型企业则将加工工序外包，有的干脆就是订单外包。过去在晋江、石狮市内，家庭作坊多是本地老板外地工，现在都是外地老板外地工，他们是具有血缘与地缘关系的拟亲属团体，以兄弟姐妹、老乡关系为主，老板与员工同吃、同住、同劳动，劳动关系较和谐。由于加工作坊利润可观，越来越多懂管理的熟练工当起了作坊主，他们还带动更多的外地员工"进城不进厂"。在晋江、石狮市以外的泉州地区，如山区的安溪、永春一带农村也有一些家庭作坊，它们多属于本地老板本地工，工人以家庭妇女为主。由于这类加工点工人素质参差不齐，质量与工期都难以得到保证，因此，在代加工领域中，它们只是少数。家庭作坊主一般是打工多年的，且拥有生产管理的经验的打工精英，通常在企业做过班组长之类的职务。

加工点就是小作坊，也称"无证小工厂"，它是由企业熟练工从企业离职后组建的，这些人俗称"小老板"。他们一般会挑选自己的亲戚、老乡来做工人，"小老板"一般与员工"同吃""同住""同劳动"，劳资关系非常和谐，通常10人就可以成立一个小加工点。加工点的厂房是租来的民居，一般是没有装修的民房，100平方米左右的地方。据圈内人士介绍，在泉州地区这种作坊有数万家，它们都没有登记注册，也无须缴税，成本较好控制，投资10万元左右即可运行。小作坊只负责一个环节——缝制，订单来自周边较大的服装厂，从大服装厂拿来裁剪好的布料，只需缝制即可。关于质量控制，选择外包的大工厂一般设有外协部门，由跟单员来定期、不定期考察帮工队的工作进度和工作质量。这些加工点的工人也可以随时拉出去做"帮工"，前提是召集人要付得起相当于其平时工资的两倍工资。

订单外包给小加工厂或小作坊是很多服装外贸企业、大中型制衣企业的主要生产组织形式。这些小工厂小作坊在居民点里，招工相对容易，确实能解决企业用工之忧。但是，懂行的制衣企业老板认为这种生产模式具有不可持续性。因为这些小作坊在管理与技术方面都有问题，质量往往不可控制，生产进度也不可控制。因此，外贸订单质量要求高的衣服不敢外包给它们生产。工厂内赶工时间与进度可控，但成本较高，企业不得已才采取外包生产模式。

制衣类加工作坊以承接工序外包为主，即上游企业将布料裁剪好，然后发包给家庭作坊。加工作坊大多是由企业熟练工从企业离职后组建的，他们一般会挑选自己的亲戚、老乡来工作，加工作坊规模不大，只需要50多平方米的场地，几个或十几个人就可以组织生产了。加工作坊的主要设备是针车。全新进口的针车价格为每台2万多元，国产的或进口二手针车比较便宜，一般为每台8000~10000元。加工作坊都购买国产的或进口二手针车。10台针车投入也就是10万元左右。其他需要投入的就是厂房，通常租民宅解决，没有装修的毛坯房最好，50多平方米就可以成为加工作坊。加工作坊所做的就是来料加工，依托稳定的人力资源优势，赚取加工费。在加工作坊工作的工人，其工作时间较有弹性，月收入也高于进厂的同行工人。故才有工人选择进加工作坊，而不是进正规企业工作。

发包方与代工方的合作过程，也是博弈过程。通常是加工作坊主动联系拥有订单的服装企业或贸易公司，要求承接订单，给出的工价要高于发包方拟定的工价，因为工价是透明的。由于发包方订单多，而代工作坊规模小且数量少，发包方通常要接受代工方开出的条件，否则找不到代工，单子烂在手中，损失更多。

> 现在企业的工人越来越难招，而且工人的人数远不足以支持生产，我们会将某些工序外包给代加工厂或者是小作坊。比如一道工序，我们自己的员工完成，工资成本大概是2元，那我们会给代加工点2倍左右的工钱，即4元。这样企业利润不是被摊薄了很多？其实不会，因为我们除去工资的2元还要考虑企业的厂房、水电、管理成本、设备，一系列算下来成本其实是超过4元的，外包给加工点，省去了企业管理的麻烦，对我们而言是有利的。而对于代加工点而言，他们只需要租个很小的场地，一点的设备以及少量的水电费就可以生产了，他们的管理成本，以及设备成本都很低，因此他们在这一过程中也会有很大的收益（20120406对泉州经济技术开发区TR厂长访谈）。

选择外包的大工厂一般设有外协部门，由跟单员定期、不定期督察代工点的加工进度和工作质量。成立一家制衣的加工作坊成本不高。关于企业将订单外包给加工点，能否遏制中国制造业外移的势头这个问题，BD服装企业老板认为这只是"苟延残喘"而已：

> 我们最担心的是加工点的服装加工质量与交货期无法保证，我们

不得不派人去盯着这些加工点。加工点的工人素质不一样，产品质量无法得到保证。有的加工点不按自己的生产能力接单，导致交货期不准时，这也会给我们带来经济损失。如果质量与交货期出现问题，我们也无法追究他们的责任，因为加工点太小，也没有什么固定资产，无法承担经济责任，最后还是由我们发包方承担。我们也不想把订单派给本地老板本地工类的加工点，因为这些加工点质量与交货期最难得到保证（20130920 对泉州经济技术开发区 BD 企业主访谈）。

加工作坊也有苦衷，他们面临订单不充足，或交货期无法保证等问题，生存压力很大，随时都有破产关闭的可能。对于"黑手变头家"（由作坊主变成工厂主）的传奇，多位被访者说现在绝无可能，因为竞争很激烈，他们已做好随时关闭加工点，到企业再打工的准备。

（四）承包生产流水线或车间，另类的"厂内赶工"

将生产线或车间外包，减轻管理负担的做法在改革开放初期就有，现在这类现象众多，企业主要是从招工角度考虑的。企业有厂房与生产设备，甚至自己有订单，就是没有员工可以组织生产，于是就将生产线或车间进行外包。所有外包除要求承包者拥有多年管理与生产经验之外，无一例外都要求承包者"自带工人"。因此，这类外包实际是一种"劳务外包"。笔者通过百度搜索，发现有关生产线外包或车间外包的帖子有 30 多万条。从地域来看，东南沿海以及中部地区都有关于生产线与车间外包的现象。下面就是一家泉州企业的生产线外包公告：

  我公司是一家新建企业，引进国内外先进的流水线设备，有自己的品牌。本企业经营理念：产品以新为主，质量以优为主，价格以廉为主，合同以信为主，服务以周为主，诚邀有识之士加盟。公司实行注塑车间承包责任制，车间生产安排、设备、人员、物料由承包人自主管理；产品品质控制，车间卫生，模具、设备维修保养，生产设备、人员安全由承包人负责。公司设定每件产品加工单价，单价包括：①生产使用的水电费，②工人工资、技术管理费用，③设备维修费，④加工利润，根据入库数量计算加工费。

实行外包的大多是劳动密集型企业，如鞋厂、服装厂、伞厂、电子厂等。这些工厂的共同特征是有订单，但无法招到工人进行生产，所以要将生产线外包。有能力承包流水线与生产车间的都是有丰富生产管理经验的专业人员，他们除了拥有生产技术经验、管理经验之外，更重要的是有能力招到工人。笔者访问了熟悉承包生产线或生产车间的消息灵通人士，他们认为能承包生产线或车间的通常是非常有实力的人，如做过车间主任，还要有较好的人脉关系。这种情况在服装厂、鞋厂比较多。到公司组团求职的，如果组织者拥有 20 多名工人，他就有条件向企业主提出承包生产线的要求。

对于将生产线或车间外包的企业而言，这通常是不得已的办法。承包者只要手中有工人就可以承包，并马上组织生产。因为生产任务、工价等都已经谈好，而且企业还为员工的食宿提供协助。承包者只要将生产任务完成，就可以得到相应的报酬。但对于承包者来说，是否拥有相对稳定的工人队伍非常关键。如服装生产线通常是 28 人，承包者就要有 28 人才有能力将生产线承包下来。承包生产线或车间与帮工队不同，帮工队是按工期来计算生产时间的，属于短期行为，而承包生产线是长期行为。这种外包也会造成一个企业有两种不同的管理制度，即"一厂两制"。生产线外包在某种程度上也是加工作坊的一种变化形式，发包方提供生产车间，承包方只要有人就可以进行生产了。

三　当前非制度化工资集体协商带来的影响

用工企业对这些进行非制度化工资集体协商的"劳务带头人"，既爱又恨。爱的是他们一次就能招很多工人，帮助企业完成生产任务；恨的是他们抬高了企业用工成本，煽动在职员工外出帮工。在员工流动率高的压力下，有些企业不得不主动回应农民工有组织化的涨工资的诉求，如年底放假前，就同员工代表沟通好明年的生产计划、经济效益以及工资收入增长方案，还有招工奖励计划，目的是防止老员工流失，并争取老员工能带新员工回公司工作。对于政府来说，除组团求职外，企业间有组织地挖工人、无证帮工队、无证家庭作坊等都是政府主管部门打击与取缔的对象。理由是他们扰乱了劳动力市场秩序，加重了企业负担。但从第四方立场来看，劳动力市场发生这种变化，实际上是政府没有从第三方立场上推动企业与行业工会组织成立的结果，这使得劳资集体协商工资无从谈起。政府与企业不给工人一个说法，工人就会以行动给政府与企业一个说法。

（1）企业节后招工难现象越来越突出，正月十五之前企业无法正常开工生产。农民工在春节后入职时普遍存在一种观望心态，"货比三家"，希望选择工资与福利待遇较高的企业入职。而且正月十五前，在很多农民工看来仍是处于过节时间，他们也并不想早点入职。因此，企业想要在正月十五前招到足以开工的人数显然非常难。一般要等到正月十五后，求职者才可能打消观望的念头，正式进入某家企业工作。

（2）企业招工成本呈不断增加趋势，非正常招工手段出现。现在企业在中部地区无法招到工人，即使在西部也不乐观，他们只得去相对边远的贵州、云南和甘肃等地招工。企业给予的推荐费也在逐年增长。2008年以前，很多企业的老员工介绍一名新员工入职可获得200元的奖励，而2012年以后则普遍涨到500元，个别企业则是800~1000元。很多奖励并不是介绍一个熟练工，而是介绍一个劳动力即可，企业愿意花钱去培训新员工成为熟练工。更恶劣的事情是，企业之间相互挖工人，工人从中能得到很多好处，但企业要为此付出更多的用工成本，这也使区域劳动力市场环境恶化。

（3）工人短工化现象加剧，员工流动率上升。因为企业一般不主动提高工人工资，也不愿意与工人进行集体协商工资，所以工人通常是通过频繁的流动来实现工资待遇的提高。组团求职通常是一年流动一次，而帮工队现象的产生则使短工化现象更为突出。在帮工队的带领下，农民工自称"打短工"，"帮工们"可以在一年内可以游走于十多家企业，平均每个月换一家公司。应工人要求，泉州劳动密集型企业的集体劳动合同多是一年一签，工人也不要求企业给"五险一金"，这样做便于流动。

（4）厂内集体停工事件增加，工人以集体停工方式要求涨薪。当一个企业内部有几个组团求职者与生产承包者，而企业管理者又没有将他们分散开时，他们很容易在企业生产过程中聚集，产生集体停工求涨薪现象。老板虽认为这是"坐地起价"，但往往以妥协告终。通过组团求职进厂的员工，管理规范的企业通常要把他们分散到各个班组去，避免他们在企业内部再抱团，妨碍管理。但管理不规范的中小型企业往往在招工困难的时候，让同批进厂的工人在一个班组，这就形成了企业内部的小群体。有些企业在企业内部搞班组承包，允许承包人自带组员，这样也容易形成同乡聚集。在这种同乡聚集的班组与车间，员工们往往只听班组长的安排，并不服从生产厂长的安排，从而造成管理的不通畅。

（5）服装行业工资年上涨速度较快。当越来越多的工人选择"进城不进厂""进厂不入职"，通过组团求职、帮工队以及家庭作坊寻求工资增长与就业机会时，企业在"招工难"与"留工难"的双重压力下，不得不被动调整工资待遇，一般每年上涨10%左右。如果企业工资不能上浮，那么企业就无法招到足够的工人，严重影响生产，甚至导致企业倒闭。针对员工权利意识的觉醒，企业在积极行动。在服装企业年终总结会上，资方与代表员工利益的班组长进行面对面的沟通，就明年的生产计划、经济效益、工资增长方案与员工沟通，未雨绸缪。不然明年农历正月老工人回公司的就不多，工人就会被别的企业挖走。很多公司通过扣薪等方式留住员工，如奖金要到明年回到公司报到后才可以领取，甚至规定领取的时间要到五一劳动节。这样做是要求员工为公司服务更多的时间，不要离职跳槽。

受帮工队与家庭作坊的影响，越来越多的外来工选择"进城不进厂"，导致招工更难。许多中小型服装企业正式工人人数呈不断减少趋势，这种趋势即使是在大型品牌企业也不例外。泉州市政协一份企业主提案是这样表达的：

> 泉州企业界普遍认为现在有两个因素制约着企业发展。一是缺工。全市不少劳动密集型中小企业面临"缺工"问题，员工的缺口率为25%左右。企业规模越小，缺工越多，最缺的是初、中级技工岗位。二是用工成本增加。泉州市大企业平均工资增长15%~20%，而中小型企业普通员工工资平均增幅为25%~35%。劳动力成本占总运营成本的比例从前两年的10%，提升到目前的15%~20%。许多出口型企业普遍反映，企业处于保本微利甚至无利的经营状态。

泉州市工商界政协委员蔡文良反映：

> 为留住工人，许多企业不得不采取提高工资待遇，或临时招聘员工的手段，导致企业运营成本大增。企业缺工，也给非法的"帮工队"可乘之机，一些"帮工队"牵头人，无证经营，组织几十甚至上

百名老乡或工友，通过给企业帮工，赚取高额加工费（正常加工费的3~8倍），一些组织者还深入企业动员工人跳槽帮工。①

在企业主的施压下，地方政府对无证加工点、无证帮工队进行清理打击，但实际上政府也无力打击。石狮市曾有一个村委会率先响应政府与地方企业的呼吁，要求所有村民不得将房子租给外地人办服装加工点，但其他村委会因为房租利益问题，迟迟没有行动，结果率先响应的村委会也不得不草草收场。在闽南城乡，当地人都有大量房产闲置，如果不租给外地人办厂，房租损失是很大的。企业请帮工队实际也是市场行为，一些大企业在某些工序上也要请帮工队赶工。地方政府不引导工人通过行业工会来集体协商工资，却要求企业规范用工，企业显然很难做到。面对用工市场的混乱状态，不少中小型企业主对行业前途很悲观。服装、制鞋等劳动密集型企业对工资很敏感，不少企业迟早要离开中国东南沿海，在东南沿海只能存在一些大企业，它们有品牌优势，部分中小企业可以依附大企业的订单而"苟延残喘"（BD服装企业主语）。这种无序状态将加速产业的衰退。泉州已有不少企业到东南亚与南亚办厂，如越南、柬埔寨、印度、孟加拉国。越南工人的工资只有人民币900元左右，柬埔寨为600元左右，孟加拉国为500元左右（201309BD服装企业主访谈、20131212JH服装企业主访谈）。

四　结论与讨论

中国农民工群体从农村到城市，带有很浓重的地缘与血缘认同意识，缺乏业缘认同。② 对于权益受到损害，他们多选择"用脚投票"的方式。但经过30多年的打工潮后，他们的权利意识在觉醒，从分散式的"用脚投票"走向部分联合进行非制度化工资集体协商。

（1）工人因经济利益走向局部联合。工人通过局部联合与资方进行工资协商表明，劳动者正在由个别的和分散的争权行动向联合的团体化的争

---

① 佚名：《政协委员：泉州应对缺工要解决实在问题》，《海峡都市报》2011年2月24日。
② 沈原：《社会转型与工人阶级的再形成》，《社会学研究》2006年第2期；甘满堂：《"工荒"：高离职率与无声的抗争——对当前农民工群体阶级意识的考察》，《中国农业大学学报》2010年第4期。

权行动转变,中国的劳动者开始形成市场条件下的阶级或阶层意识,并开始作为一个整体显示出鲜活的力量。① 在打工精英的带领下,农民工组团求职、组建帮工队、成立家庭作坊、组团承包企业生产线与生产车间等四种形式都是平等的协商行为,是工人联合起来,与资方就工资问题进行的协商。员工组团求职,企业看中的是一次性能招到较多的工人,解决招工难问题。帮工队与加工点则帮助企业解决赶货难题。从缔约双方来看,这是平等协商的结果,并不存在所谓的强迫,这是一种市场行为。由于大多数劳动者在市场上是处于弱势地位的,不具有单独与资方谈判的能力,只能选择接受或者拒绝,双方并不能进行平等协商。为此,处于市场弱势地位的劳动者更希望通过与其他劳动者联合起来获得一种集体的力量,来共同确定就业条件和待遇,形成自主博弈能力。劳务带头人就是在这种情况下出现的。一些具有特殊知识和头脑聪明的劳动者,利用自己长期入厂打工建立起来的社会资源和人脉关系,获取企业缺工信息,并代表劳动者与缺工企业进行工资协商、薪资谈判,帮助劳动者在劳动力市场获取更高的薪资待遇。

(2) 帮工队"厂内赶工"是一种非制度化的工资集体协商。在集体工资协商本土化的进程中,我国采用的大多数集体协商是由政府主导自上而下推行的"嵌入"模式,而不是西方那种依靠长期的劳资斗争形成劳资力量平衡后的平等对话机制。国家对集体协商主体资质、运行模式、协商形式及其步骤也是有明确规定的。目前泉州鞋服行业劳务带头人与企业进行的工资协商形式,在我国的法律中是没有明文规定的,是一种非正式的劳动群体组织或低组织状态,是非制度化的。《中华人民共和国劳动合同法》第五十一条第二款明确规定:"集体合同由工会代表企业职工一方与用人单位订立;尚未建立工会的用人单位,由上级工会指导劳动者推举的代表与用人单位订立。"《集体合同规定》第九条规定:"职工一方由工会代表;未建立工会的企业由职工民主推举代表,并须得到半数以上的职工同意。"

(3) "帮工队"现象的出现,是工人群体工资谈判能力增强的表现。劳务带头人的这种谈判模式已经具备了集体谈判的各种要素,并且在实践

---

① 常凯:《中国劳动关系报告——当代中国劳动关系的特点和趋向》,中国劳动社会保障出版社,2009。

中取得了一些成效。劳动者作为真正的谈判主体，与雇主就工资等劳动标准和劳动条件进行实质性的谈判。劳务带头人的主体是真正的劳动者代表，谈判的过程是真正的博弈和讨价还价的过程。从劳动者自我博弈能力形成上来看，它改变了劳动者作为分散的个体直接面对雇主的局面，平衡了劳资双方力量，是劳动者行使的真正意义上的劳动权利的集体谈判。帮工队的劳务带头人从帮工那里获得抽成，不能看成农民工内部的"自我剥削"，而是合理的回报。帮工付给劳务带头人的介绍费相当于工资的5%左右，这种分成对于农民工是可以承受的。

（4）帮工队的出现，可以倒逼企业主动回应工资集体协商问题，使企业主愿意接受以谈判方式解决员工的工资待遇问题。帮工队给资方带来很大的经济与社会压力，逼迫资方不得不主动调高企业员工的工资待遇。与资方集体协议工资，使劳资博弈向劳方倾斜。这种非制度化的集体协议工资，加快了泉州地区企业用工成本的提升，泉州市人力资源和社会保障部门提供的数据是每年增长15%左右。地方政府要打击帮工队，不是解决问题的办法。

中国劳动力成本上升，并不单纯是劳动力供给短缺造成的，更多来自工人权利意识的觉醒，他们的力量不再体现在离职上、罢工上，而更多体现在非制度化的工资集体协商上，这种非正式的用工模式正在严重冲击着企业的正式用工制度。这种来自工人自身的力量，无疑会对劳资关系产生深刻的影响，在一定程度上改变劳资不对等的局面。

从西方工业国家的历史来看，工人工资待遇的提高需要通过工会斗争，依靠独立工会与企业谈判来实现。西方理论界对工资收入理论的描述是从生存工资决定论到谈判工资决定论的过程。中国农民工的工资收入如何得到提升？没有独立的工会组织，通过企业工会或行业工会来集体谈判，在中国短时间内显然行不通。目前我们已看到工人阶层在行动，他们在打工精英的带领下，利用传统的地缘网络以及业缘网络形成集体的力量与资方博弈，从离职跳槽寻求工资待遇上升，转向积极的集体协商工资，在一定程度上取得了在劳动力市场上的发言权。这种工人集体行动也将推动劳资工资协商向制度化方向转变，即非制度化的工资集体协商现象的出现，可以倒逼企业主坐到谈判桌前，推动成立行业工会，使企业主愿意以谈判方式解决工资待遇问题。农民工已经认识到自己力量的存在，权利是可以通过谈判方式获得的。

当下非制度化工资集体协商的内容主要是在工价与福利待遇上，对加班问题并没有触及。泉州地区市劳动密集型企业的小时工资在上涨，但工时并没有缩短。现在工人仍要每月工作28天，每天加班2~3小时，非生产部门的后勤管理人员也被要求加班2小时，而且没有加班工资。在加工作坊体制中，也存在作坊主与成员劳动收益分配严重不均的问题。另外，这种非正式的用工模式，也可能造成产品质量不过关等问题，影响产业的健康发展。

第六章 "用脚投票"压力下的企业工资调整机制

当前无工资集体协商机制的企业如何调整工资？本章通过实地调查发现，当前劳动密集型企业工资调整机制深受员工"用脚投票"的影响，面对劳动力资源市场中的竞争压力，企业在职业经理人的建议下会被动地将工资与福利待遇提高。这种工资调整模式在理论上接近均衡价格工资理论。但这种劳方通过"用脚投票"，企业以"亡羊补牢"方式调整工资的模式给博弈双方都带来利益损失，企业还需要引进工资集体协议机制，主动调整工资。

一 相关研究背景

企业调整工资，通常有三种情况：一是企业基于经营战略考虑，主动上调工资；二是基于劳资谈判，实现上调工资；三是基于员工流失率过高，招工难，被动上调工资。当前中国劳动密集型企业普遍面临招工难、员工流失率高等问题。为解决此类工人短缺问题，企业不得不上调工资，这种上调工资属于第三种类型。这种上调如何传导到决策呢？本章认为是劳动资源市场上的竞争压力，导致企业职业经理人自觉调整工资。在此，企业职业经理人扮演了工人代言人的角色。

有关工资决定理论主要有五种：生存工资论、边际生产力工资论、均衡价格工资论、谈判工资论、分享工资论。在以上诸多理论中，工资集体谈判制度已被实践证明为适应市场经济发展、有效解决劳资矛盾、体现社会公平、促进社会和谐进步的一种工资决定机制。[1]但在实践操作中，中

---

[1] 康士勇：《工资理论与工资管理》，中国劳动社会保障出版社，2006。

国企业工会缺乏相对的独立性，难以代表劳方与资方集体协议工资。当前中国制造业、建筑业以及家政餐饮等服务业的工资都呈现普涨态势。这种态势是员工"用脚投票"产生的结果，企业被动上调工资，而基于企业发展战略考虑，主动上调工资的幅度非常小。中国企业员工工资调整，由企业人力资源部门主导，但不通过企业工会与企业主协商解决。尽管人力资源管理方面的教科书说，企业应该适应发展战略需要，适时调整企业员工的薪酬福利，但企业从节约工资成本角度考虑，往往拒绝调整。

20世纪90年代以来，企业工人工资增长一直很缓慢。为保障职工工资正常增长，政府出台最低工资制度，并要求企业建立工会保障员工权益，近年来，则积极推进集体协议工资制度等。中华全国总工会要求三年内（2010~2012年）在全国各类企业中基本实现企业集体协商工资制度。目前发生协议工资的都是外资企业，如广东南海本田汽车零配件公司[①]，极个别发生在中小企业集群内，如浙江省温岭羊毛衫企业[②]、浙江义乌小商品制造业等。这些企业协议工资，共同特征是企业规模小，而产业群中的企业之间同质性强，难以抵抗员工在本地区同质企业之间频繁流动。这种情况迫使企业主主动接受集体协议工资制度。[③] 对于大多数地区，由于都是本土成长起来的民营企业，它们与政府有密切的关系，另外产业集群内，企业规模不一致，对员工频繁流动承受力不一致，使集体协议工资无从谈起。相对于国有企业的"福利工会"，民营企业工会的职能比国企的"福利工会"功能更差，只能是"花瓶工会"，因为它只是一件摆设，除此之外，并无价值。那么工资是如何上涨的呢？笔者认为，当前中国民营企业的工资调整机制实际上是深受劳动力资源市场竞争的影响，员工主动离职跳槽，以寻求较高的工资待遇，迫使资方提高工资待遇。[④] 这种"用脚投票"的方式促进企业提高工资待遇的工资调整模式，在理论上更接近供求均衡工资论所描述的工资决定机制。在企业做出涨工资决策的过程中，

---

① 岳经纶、庄文嘉：《全球化时代下劳资关系网络化与中国劳工团结——来自中国沿海地区的个案研究》，《中山大学学报》2010年第1期。
② 闻效仪：《集体谈判的内部国家机制——以温岭羊毛衫行业工价集体谈判为例》，《社会》2011年第1期。
③ 韩福国等：《新型产业工人与中国工会——"义乌工会社会化维权模式"研究》，上海人民出版社，2008。
④ 甘满堂：《工荒：高离职率与无声的抗争——对当前农民工群体阶级意识的考察》，《中国农业大学学报》2010年第4期。

在劳动力市场竞争压力下，企业职业经理人的自觉是企业被动调整工资的重要原因。

二 "用脚投票"与企业劳动力资源市场中的竞争压力

受"工人短缺"的影响，企业工资福利待遇如果不具有竞争力，企业将无法从劳动力市场上补给充足的员工，结果导致企业生产的产品质量与数量无法满足市场需求，典型表现是交货期不及时，产品质量不稳定，导致退货等。这种"工人短缺"将倒逼企业提高工资待遇，以稳定员工队伍。

企业案例，编号01： 2010年正月十六，位于福州市金山开发区的某服装厂仍没有开工的迹象，春节回乡的员工只有9位返厂，而这家服装厂春节前的员工数量是110多位。工厂老板催促人事经理打电话寻问原因，发现他们工厂的员工大都到泉州一家服装厂上班了，原来是泉州工厂的工资待遇比这边好，高出200多元。老板要求人事经理紧急招工，但30天后，仍没有招到足够的熟练工人，老板不得不关闭工厂。同类故事经常在东南沿海的工厂中上演，如泉州、东莞、温州等地。

有关企业招工难的"工荒"新闻自2004年以来就频繁出现，并成为常态，农民工的工资与福利待遇开始逐步好转。"工荒"不仅受劳动力供给减少的影响，也受农民工权利意识增强的影响。过去认为中国劳动力是无限供给，导致工资的寻底竞争。笔者认为，这主要是求职信息不对称造成的。农民工频繁"跳槽"，取得劳动力市场上的议价权，一是社会法制的进步，如2003年废除《收容遣送条例》，禁止强制收容遣送；二是通信技术的进步，特别是手机消费的平民化，导致农民工求职信息对称性增强，他们可以利用发达的社会网探求用工企业的工资待遇情况。2004年前，企业员工流动率低，不在于劳动力市场的供大于求，而在于就业信息不对称。另外，普遍存在的经济与人身强制，使农民工无法自由流动。强制有两种方式：经济强制就是扣发工资，平时只发生活费，年终才结算工资；人身强制是扣押身份证与暂住证，使员工无法自由离开工厂。①

教育培训是人力资本提升的重要渠道，但对于中国农民工来说，他们来到城市后，想要提升自己的劳动力价值，最简便易行的方式就是流动，在流动中提升人力资本的价值。当他在一个企业无法得到较满意的工资时，他就会想到其他企业去试试。由于企业间工资与福利待遇差别的客观存在，以及员工乡土网的存在，他们就会另选企业谋生。对工资不满意，对劳动时间不满意，他们大多数人的选择是"离职走人"。他们很少向企业主提出涨工资的要求，他们不知道工会的职能，不知道如何通过企业组织渠道反映工资待遇问题。

企业案例，编号02：在泉州某工业区有三家企业，都是员工数量在500名以上的中型制造业企业。三家企业都按上面的要求设置了工会，工会主席都是由办公室主任兼任。工会主席是老板指派的。党支部书记是由生产厂长兼任，或由部门经理兼任。工会平时不活动，只对外应付检查。民营企业大都刻意淡化工会的职能。如果组织开展企业文化活动，则由企业人力资源部或办公室出面开展。工会组织只会在政府工会前来检查时才出面活动一下，表示企业有工会。对于企业员工来说，从来没有人提醒工会的职能，大多数员工并不知道企业工会主席是谁，工会小组长是谁。即使在比较规范的大中型企业的《员工手册》中，基本不提及企业工会。《员工手册》鼓励员工提"合理化建议"，渠道是"班组长—车间主任—生产经理"，或直接投放在企业人事部所提供的"合理化建议箱"中。尽管企业鼓励员工提合理化建议，但老员工认为这只是摆设，提了也等于没有提。

地方政府制定的"工资条例"一般规定有以下三种情况，职工可向企业提出涨工资的要求：一是本企业利润增长，二是本企业劳动生产率提高，三是当地政府发布的最低工资标准工资线提高。对于前两者，都是涉及公司经营情况，除上市公司之外，都属于"企业机密"，企业主不愿意向员工透露，员工也无从掌握。对于第三种情况，由于企业实行计件工资制度，不与计时工资挂钩，地方政府发布的工资指导线对企业并没有多大

---

① 甘满堂：《低成本劳动力时代的终结》，《福建论坛》2010年第2期。

的指导意义。企业员工对工会的职能并不了解，对于通过发挥工会职能去解决工资待遇问题更是知之甚少。因此，他们不知道如何集体协议，也不会谈，工会干部也不敢谈。至于罢工之类的集体行动，则是在正当权益受损时发生的。农民工大多是淳朴的，只想得到应当得到的那份工资与福利待遇，这就是企业在招工时承诺的那些福利待遇。他们并没有想到每年应当涨工资，很多企业在招工时并没有承诺每年要调薪一次。员工发起罢工行动，主要是企业主不守信用，原先兑现的诺言没有实现，如工资拖欠，随意更改工资绩效分配方案，导致工人工资下降。至于集体要求涨工资，他们难以拿出有说服力的理由。一些企业在招工宣传单上承诺"根据公司经营情况每年调薪一次"，但在实际生产过程中，企业经营状况如何，是由老板单方面说了算。员工不满企业现有工资待遇，首选项是"离职走人"，这也导致当前民营企业员工流动率非常高，企业人力资源部门疲于招工与培训，以应对走马灯似的人员进进出出。

企业案例，编号03： JM是一家拥有5000名员工的大型卫生洁具制造企业，其工资福利与劳动条件在区域内算是中上等的。这种大型企业的员工流动率在每月5%左右。5%的员工流动率，意味着每月有250名左右员工离厂；为保障正常生产，企业人力资源部必须招聘250多名员工补充。企业人力资源部拥有12名工作人员，其中招聘科人数最多，有5名，专门负责招工与应聘；培训科有5人。培训科主要工作是培训没有工厂工作经验的新员工。新员工分三种：一是刚从农村或学校出来的，没有工厂工作经验的；二是有工厂工作经验，但没有在本行业中工作过的；三是有在本行业工作经验的员工。新员工培养主要是公司规章制度培训、生产安排培训，然后由生产部协作培训。新员工进厂后三天就上岗。由于招工与培训事情多，人力资源部也称"招工与培训部"了。

为降低招工成本，招来的员工在工厂中又能留得下，现在诸多企业都青睐员工推荐招工模式，即推荐入厂一名员工，可获得几百元的奖励。以前介绍一个员工可以得到200元的介绍费，现在已涨到500元。而在足浴行业，介绍费则涨到1000元。当然，想拿到这笔介绍费是有附加条件的，即被介绍进来的员工在公司做满一个月后，介绍人才可以得到200元介绍费,做满半年,介绍人才可以得到300元。这主要是防止介绍人钻政策的空子。由于介绍有奖励,而企业又"赶货",如季节性用工企业对临时性员工需求大,于是劳务带头人顺势而起。这些人相当于建筑行业的包工头,他们手下有二三十号人,有的更多。他们与缺工的企业达成协议,一次性介绍二三十名员工入厂,从中获取介绍费。更有甚者,缺工企业派人到同行企业中挖工人,许以较高薪酬福利待遇,有时能将同行企业的车间中数十名员工整体挖过来。企业"挖人"过去挖的对象是企业的研发人员或销售人员,目的是获得竞争的技术或市场,但现在企业连普通熟练工人也挖,足见企业缺工程度之严重,劳动力资源市场存在无序竞争。挖同行业企业的员工,在某些企业来看,尽管付出的成本较高,但收获也高,熟练工人不需要培训,省去很多培训费;同行也是竞争对手,也可打击竞争对手的实力。

过去"劳务带头人"都在建筑业中出现,称"包工头",2005年以后,建设部为规范建筑承包市场,将包工头改名为"劳务带头人"。制造业中的劳务带头人的运作模式也基本类同建筑业,都是头脑灵活的农民带领一帮老乡出去承揽工程与业务。这些游走在服装与制鞋企业的"劳务带头人"及其伙伴,俗称"帮工队"。"帮工队"在制造业中出现,满足了企业对人力资源的需求,另外,也加剧了劳动力资源市场上的竞争。虽然劳务带头人会代表其工友同资方进行谈判,确定工资与福利待遇,但他也是从中收费的。劳务带头人是两头挣钱,一是从公司那里获得人头介绍费,二是要从团队成员中扣除介绍费。劳务带头人满足季节性企业用工需求,但这也加剧了企业正式员工与劳务派遣工之间的待遇差别,形成"一厂两制",给被帮工的企业员工管理带来难题。

国有企业的劳务派遣工不是企业正式员工,与正式员工在工资福利上有天壤之别。如某国资通信企业就大量使用劳务派遣工,但劳务派遣工的工资福利待遇只相当于其正式员工的1/3,造成做同种工作,两种工资待遇的差别。这种用工方式,维护了公司少数者的高工资与高福利待遇。劳务带头人还可能导致区域内劳动力资源市场的无序竞争,这种竞争的结果将导致中小企业用工成本上升,倒逼中小企业主愿意同"行业工会"就工资协商进行谈判,如浙江温岭、义乌的集体协议工资就是在这种竞争中达成的。

三　职业经理人自觉为员工利益代言

现代企业都实行科层化管理，即使民营家族企业也不例外。现在民营企业家族化管理很严重，由于家族人才有限，它们积极吸收职业经理人加盟企业经营管理。在企业经营决策过程中，企业主与其所聘请的职业经理人有时意见并不一致。在工资调整方面，由于企业工会职能不健全，企业人力资源部承担着企业工会的职能，企业职业经理人往往扮演员工利益代言人的角色，代表员工与企业主协议工资调整工作。

企业实行科层化管理，企业内部阶层分化非常明显。大多数民营家族企业可分为五大阶层：一是企业主家族成员（占据公司董事长、总经理等职位）阶层；二是企业高管（副总经理、财务主管等）阶层；三是中层干部（包括各部门经理、车间主任等）阶层；四是车间班组长、工段长阶层；五是普通员工阶层。以上分层的标准，主要是依据与企业主家族关系和公司职位两方面确定的。车间班组长也是前线生产员工，但由于掌握员工工资分配权，其工资待遇高于普通员工。在五个等级当中，由部门经理与车间主任所组成的中层干部阶层是企业上下沟通的桥梁，其所承受的职场压力也最大。他们要向老板与高管负责，也要向下级普通员工负责。虽然他们是管理层，代表企业管理员工，但同时他们也是被雇用者和打工者，他们一般与老板签订保密的合同，享受年薪待遇，其业绩也直接与生产效益挂钩。在制造企业中，员工月流动率在5%以下都是正常的，超过5%就要警惕，需要调查原因。这时，企业人力资源经理就会向企业主提出改进对策，其中最主要的是提高工资待遇来降低员工流动率。

在当前劳动力资源市场竞争激烈的大背景下，民营企业人事经理不好当。老板最希望人事经理不花钱就能把事办好。但招工与培训，以及搞企业文化建设，留住员工都是需要成本投入的。企业生产部门与销售部门的投入有直接的产出效应，但工资成本投入增加，其产出的效益不明显，企业主在增加员工工资方面往往表现得比较吝啬。人事经理的压力显然比生产与销售部门经理的压力大。某企业人力资源部经理任职后，提出很有雄心的目标：将员工月流动率降到5%以下，保证生产部门正常的人力资源供给，但由于老板没成本投入，结果招工计划不理想，最后人力资源经理不得不辞职走人。

职业经理人在企业中具有双重身份，既是管理者，也是被雇用者，仍是工人阶层，其利益结构与普通员工相同。在劳资双方博弈中，职业经理人的位置特殊，他们通常会站在普通劳工一边。企业涨工资，他们也是间接受益者。企业对职业经理人通常采取年薪制，涨工资不会导致职业经理人工资直接上浮。但职业经理人认为企业适当调整工资，有利于调动员工的工作积极性，企业员工队伍能稳定，自己的工作也容易开展，更容易实现管理目标，也容易有一种成就感。

职业经理人访谈，编号01：我在多家闽南企业工作过，老板们都是农民出身，知道挣钱的辛苦。但他们往往既要马儿跑得快，又不让马儿吃饱草，不愿意通过提高工资待遇稳定员工队伍。有些老板"亡羊补牢"，提高企业工资待遇，成为地区的"标杆企业"，逼迫其他企业跟随，你不跟随，你的企业就招不到人。企业要涨工资，必须征得老板同意与支持。因此，首先得做好老板的工作，但老板的工作是不容易做的。他们本能地反对提高工资待遇。

老板反对加工资，是因为公司总体成本提高，将直接影响其收益。他力争以最小的投入获得最大的收益。所以在涨工资方面，企业主倾向于能省则省，特别是20世纪办厂起家的老板，他们关于稳定员工队伍的理念没有做到与时俱进。

企业主访谈，编号01：某公司老板经常回忆20世纪90年代开始办厂的美好时光，那时一年只用招一次工，而且有挑选，对应聘者的身高与体重都有要求，如男工身高不低于1.70米，女工不低于1.60米；文化程度应当是初中以上。那时，雇用一个工人可为老板创造相当于其工资的2~3倍的利润。如老板给员工500元的工资，员工则为老板创造1000~1500元的利润。老板的资本积累就是那时期获得的。那时用工成本低，产品竞争度低，售价则高，资金回笼与周转较快，所以开办工厂很能赚钱。老板们都有这样的经历，当然总是想以最低的工资成本雇到所需要的工人，以赚取更高的利润。"插起招兵旗，就有吃粮人"；"铁打的营盘，流水的兵"。老板们从来不为招工而发愁，但现在老板们总为招工的事情发愁。

职业经理人基于职业理性角度考虑，认为工资成本上升，企业效益会得到提高，个人工资收益也会提高。基于理性的假设是，职工工资提高，员工稳定性增强，企业生产效率也会得到提升，公司盈利能力将增强，年终奖金将会提高。职业经理人就想改变企业主的想法，从而为员工加薪与提高福利待遇想办法。因此有人开玩笑说，在企业做人事经理，首要工作是做老板（董事长）的工作，不搞定老板，什么工作也无法开展。职业经理人经常做以下工作以说服企业主适度调整工资。

针对员工流动率高，管理层不停地给老板写报告，建议涨工资，增加员工福利，同时加强企业文化建设，营造"以厂为家"的氛围。人事经理认为企业薪资待遇不仅要与同行比较，也要与本地区内不同行业企业进行比较，还要与本地区最低工资做比较。如果工人工资与福利待遇比同行业低，又比本地区的企业待遇低，员工肯定是留不住的。针对农民工流动性强的特征，泉州有实力的公司，在提高工资的同时，还提高福利待遇以挽留员工，某泉州企业在招工宣传中提出"向员工提供十项福利"：免费住房、水电限额免费消费、工作餐补贴、节日慰问金、生日津贴、带薪休假等。

为说动老板，人事经理建议其与高管到周边企业参观考察，了解其管理经验，特别是企业员工福利待遇。区域内不同企业工资与福利待遇是不一样的。如免费住房福利中，有的企业提供4人一间，配有独立卫生间，房间内配有空调、彩电、宽带、热水器等；有的企业则不配备电器设备。

在公司例会上形成统一意见，为改善员工待遇创造氛围。每家公司基本上每月有一次中层干部参加的管理例会。在例会中，受批评最多的是生产部经理，营销部认为生产部没有提供质量合格的产品，交货不及时等。生产部经理则检讨原因，新员工上岗后，人力资源部对其培训不足，导致产品质量不稳定；另外，人力资源部也没有提供足够的员工，保证生产线能正常开启，导致产能不足，交货不及时。人事经理则认为，本部门也很努力，但由于公司提供的工资待遇不足以吸引员工，无法留住员工；另外还抱怨生产部门："我部门招来的人，为何在生产线上留不住？"

通过以上诸多交流，企业主在考虑有盈利能力的情况下，做出工资上调决策。一些上市公司为了规范用工行为，开始实行普通员工每月休息4天，节日加班会发放节日慰问金等以补偿加班费。不过，企业内部的工资调整也只是微调。有些企业主抱怨员工没有敬业精神，只想涨工资却不想提高自己的劳动效率，结果让企业盈利能力越来越弱。

企业主访谈，编号02：员工只想涨工资，却不知道涨工资后他们为企业付出了多少。企业生产效率并没有得到提高。这种单方面的涨工资要求只会导致企业竞争力下降。当我们满足了员工涨工资的要求后，他们的工作效率仍没有提高。我曾在日本留学多年，在日本企业里有工作经历，我对日本员工的奉献精神非常敬佩。我希望中国企业员工也有日本企业员工那样的敬业精神。

四　总结与讨论

从民营企业工资调整案例分析来看，在劳动力资源市场竞争压力下，由企业职业经理人所发起的工资调整机制，在理论上更接近均衡价格工资理论。均衡价格工资理论（Equilibrium Price Wages Theory）是在吸收与融合边际效用价值论和边际生产力分配论等成果的基础上提出来的，认为工资由劳动力的供给和需求两方面确定。企业在劳动力资源市场竞争的压力下，被动调整工资待遇，深受劳动力供求关系的影响，这种工资调整机制可归结为均衡价格工资机制。

在当前企业"招工难"背景下，"劳务带头人"与"劳务派遣公司"应运而生。这种企业用工模式不能从根本上维护员工权益，劳务派遣公司的派遣工副作用更大。维护员工权益的正式代表仍是工会。不过，劳务带头人的出现也会加剧劳动力资源市场的无序竞争，将会倒逼中小企业主愿意同工人代表或行业工会就工资问题进行集体协商。

依靠劳动力市场竞争来推动企业涨工资的方式不利于中国企业可持续发展。员工"用脚投票"，企业"亡羊补牢"。这种模式对于员工而言是有经济损失的，也不利于企业构建一支相对稳定、素质较高的员工队伍，不利于企业长远发展。企业引导企业工会就工资待遇问题与企业对话，健全企业工会组织不是给自己寻找"敌人"，而是促进企业健康成长的一种措施。

第七章 企业班组的"欺生"问题与新员工的保底工资

在企业调查中发现，车间班组普遍存在"欺生"现象，新员工勤快做事，但在班组内分得的工资奖金却最少；老员工为多得工资奖金，非关键岗位长期缺员也认为是正常现象，甚至不惜将新来的员工排挤走，由此造成新员工流失率高等问题。为解决新员工计件工资低等问题，公司层面给新员工保底工资，即没有达到企业招工时承诺的工资标准，公司层面予以补足。"保底工资"也是工人"用脚投票"的结果，同时反映出如果资方管理不当，也影响工人团结。

一 研究背景与文献评论

当前企业面临普遍的招工难问题，实际上与招工难相对应的是，企业新招来的员工流失率较高，出现"留工难"现象。新员工流失率高，从新员工角度来看，与其不适应企业工作与生活环境有关；从企业管理角度来看，企业班组普遍存在的"欺生"问题，导致新员工无法立足于车间班组而离职。这种"欺生"现象在以班组为单位进行计件工资考核的企业较为常见，老员工将新员工"赶走"，目标在于自身利益最大化。为留住新员工，有些企业给新员工保底工资，承诺新员工的工资待遇不低于企业平均工资的70%，若在车间班组工资分配中出现低于承诺的工资水平，则由企业总部出面，予以补足，以解决新员工起薪过低问题，留住新员工。

笔者长期跟踪的 MF 公司是一家生产工业与民用铝型材的企业，属于重工业行业。企业生产车间一线员工分配方式以班组为单位进行计件工资考核，班组内部按每个员工岗位与贡献进行工资再分配。公司确定了班组内部分配蛋糕的规则，但对于岗位系数的确定，班长、老员工都有发言权；班组员工希望分享蛋糕的人少，于是对新员工想办法进行排挤，这种"欺生"现象并不是简单地要求新员工多干活，还有给新员工定制较低的岗位系数，让其少拿工资。这种现象实际是车间班组长期缺工，造成班组成员认为少一两名员工是正常现象，而满编则是不正常的现象，所以有些老员工无法接纳新员工。服装企业也存在这样的问题，如果有新员工中途离职，其当月个人所创造的计件工资额很可能被班组无偿占为己有，不给中途离职的新员工。企业为了留住新员工，给新员工"保底工资"，即如果班组分配给新员工的工资低于企业承诺的工资，则由公司总部出面补足这部分工资差额。经过两三个月的磨合，企业就不再给新员工保底工资。本章主要从企业班组工资分配角度来讨论企业班组计件工资分配存在的问题，以及企业为新员工施行"保底工资"的缘由。

目前关于车间班组工资分配的论文多是管理学方面的，主要探讨工资分配问题，对其中存在的细节问题反思不多，如针对民营企业员工流动率高的问题，如何利用工资分配制度改革来降低员工流动率，特别是增进企业员工的合作精神。工资等级制度是伴随着劳动等级制度的发展而发展起来的。在论述工资等级制度的产生和发展时，马克思说："由于总体工人的各种职能有的比较简单，有的比较复杂，有的比较低级，有的比较高级，因此他的器官，即各个劳动力，需要极不相同的教育程度，从而具有极不相同的价值。因此，工场手工业发展了劳动力的等级制度，与此相适应的是工资的等级制度。"[①]

工资等级制度是工资分配最主要的制度，可分为岗位等级工资制、技能等级工资制、职务等级工资制以及多元型等级工资制四大类。在日本企业管理制度中，还有年功序列工资制度，这种工资等级制度更看重员工在企业中服务的年限，年限越高，工资也就越高。当前中国民营制造业企业中，工资等级制通常考虑岗位、技能与职务等决定因素，其他影响因素有工龄、学历等。工资形式又分计时工资和计件工资，它们是工资等级确定的基础。在制造业企业中，普遍以计件方式进行工作量考核，然后结合岗位与技能，发放工资。由于普通工人没有技术等级证书，决定他们工资高低的是技术熟练程度，即单位时间里完成的劳动定额。

关于职场上的"欺生"现象，在东亚国家比较普遍，这主要是儒家文

---

① 《马克思恩格斯全集》第 23 卷，人民出版社，1972，第 388 页。

化中尊重长者文化所造成的，如日本的年功序列工资制度深受日本"长老崇拜"的传统文化影响。"欺生"有三种表现形式：一是要求"新人"（新入职场者）尊重"老人"（入职较长者），不仅在仪式上注意尊重长者，如称呼长者要用"尊称"，而且在行动上也有，新人需要多承担一些辅助性的工作，如打扫工作场所，给老员工倒水递茶等；二是"老人"可责罚"新人"，"新人"还不能反抗；三是"新人"工资较低，因为刚入职，没有相关工作经验，工作业务不熟练，当然工资低。

本章材料主要来自笔者在 MF 长期的博士后工作经历，另外，实证部分材料来自笔者所指导的本科生与研究生在 MF 实习期间所搜集的调查资料。① 在调查期间，实习生通过和员工一起吃住的方式构建起了和他们的关系，然后采取非结构式访谈的方法收集到了第一手资料。这些资料包括从车间主任那里得到的，还有从同事、车间班长、班组内的组员那里得到的信息，另外组员又分为老员工和新员工。

二　MF 公司生产班组工资分配制度

（一）MF 公司挤压车间班组工资分配制度

MF 企业是重工业的生产模式，在目前中国的科技条件下，还不能实现全自动流水线式生产，主要生产工序由多个车间接力完成。通常铝型材厂按生产环节设置熔铸（将购买来的铝锭制作成铝棒）、挤压（将铝棒挤压成所需要的铝型材）、电泳（对铝型材进行表面化学处理，防止被氧化）、喷涂（对铝型材表面进行涂装处理）四个生产车间，其中最重要的生产车间就是挤压车间，铝型材厂的产能是根据挤压车间配备多少台挤压机来计算，一线员工也以挤压车间人数最多。操作一台挤压机及附属生产设备的员工就构成一个生产班组。按挤压机的功率不同，可将挤压机分成大中小三类，班组人员配备分别为 7 名、6 名、5 名。挤压车间以机台班组为生产单位。这种生产模式不同于服装、制鞋、电子装配业的流水线作业模式，可以量化计件多个人，如一个工人每天缝制多少条衣边，装备多

---

① 吴烨：《老员工为何排挤新员工——企业班组内部工资分配研究》，学士学位论文，福州大学，2011。

少个零部件。挤压机操作需要分工合作，产品也是全体班组分工合作的产物。所以工作业绩分配时，考虑到岗位与技术熟练程度不一样，就有工作量系数之分，如班长的业绩系数就比普通班员业绩系数要高。本章就是以挤压车间班组生产为例，来考察班组计件工资的分配问题。

MF企业挤压车间某一班组内部的工资分配制度如下：

员工月工资＝基本工资＋考核奖金＋超产奖＋个人奖惩＋满勤奖。

（1）基本工资：基本工资是员工在正常工作时间内为用人单位提供正常劳动应得的劳动报酬。基本工资＝员工日工资×当月实际出勤天数。

（2）日工资：班长日工资为45～50元，员工日工资为40～45元，这里的日工资对应8小时。由于企业生产实施"两班倒"，工作一天时间为12小时（包括午餐与夜间加餐时间），对应1.5个工作日。

员工享有年资待遇：新进员工满半年加薪50元，满1年再加50元，以后每满一年递加100元。

（3）考核奖金＝［（班组产量总工资－班组总基本工资－班组总满勤奖）／本班组员工个人出勤天数与员工个人岗位奖金系数之积的总和］×（员工个人出勤天数×员工个人岗位奖金系数）。

以挤压车间班组为例，工人每月的工资结构是：基本工资＋满勤奖＋产量奖。此外，年终还有工龄奖和夏季高温补贴等奖金以及其他福利补贴。在每月的工资结构中，员工之间在基本工资方面差别不大，但在产量奖的分配上差别较大，这是员工最为关注的，也是最容易引起异议的。基本工资设定方面，主要考虑企业工龄、技术水平以及岗位等因素，一般新老员工在日工资上相差不会超过5元，月工资相差也就不会超过150元。真正能拉开工资差距的是产量奖的分配，产量奖是根据岗位系数来进行分配的。挤压车间班组工资计算方法是，车间根据班组当月完成的产量，计算班组当月的总工资，班组在此基础上再将工资分配给班员，先将基本工资切出来，剩下就是产量奖工资了。基本工资的计算方法是：日工资×出勤天数。

班组的总工资是通过班组产量来确定的。如一个班组5名员工当月成品铝型材产量为 30 吨，公司通过产量核定班组月工资总额为 15000 元。这 15000 元是怎么分配到每个班员的呢？

首先，从总工资切出一块做基本工资，然后才是全班产量奖。假如扣除了基本工资后，还剩下 8000 元为产量奖金。然后，依据岗位系数与出勤时间再进行分配。先把每一个人的出勤天数乘以个人的岗位系数算出每一个人的总系数，然后将每一个人的总系数相加得到总系数。由于 MF 公司一线员工实施"两班倒"工作制，每班 12 小时（"白班"含午餐时间，"夜班"含消夜时间），工作一天，实际是一天半，因此，最高出勤时间为 45 天。MF 规定每月有两个休息日，这样标准出满勤时间为 43 天。

这里面涉及一个很重要的参数，公司称其为工资系数，员工叫它点数。这个系数由车间主任计算，根据是职务、岗位、技术娴熟程度、工作年限、考勤这几个因素，见表 7 - 1。

表 7 - 1　各生产中心挤压车间各岗位奖金系数对照

序号	岗位名称	分工	岗位系数
1	班长	组织指挥生产，负责仪表操作	1.35 ~ 1.5
2	机台主操作手	送料，开挤压机	1.15 ~ 1.3
3	机台副操作手	送料，开挤压机	1.1 ~ 1.25
4	中断手	负责切断挤压出来的型材	1.05 ~ 1.15
5	拉伸锯切手	负责拉伸型材并切断	1 ~ 1.1
6	新员工	从中断与锯切入手学习	0.6 ~ 0.8

资料来源：《挤压车间工资二次分配管理规定》，MF 企业内部资料，第 1 ~ 2 页。

（二）影响员工工资的岗位系数

公司对于班组成员按岗位设定工资分配系数，如挤压车间一个班组主要岗位有班长、机台主操作手、机台副操作手、中断手、拉伸锯切手等，共 5 名员工，这是小型机台配备，如果是中型机台，则配 6 人，大型机台配备 7 人。班组成员岗位系数通常是 1.0 ~ 1.5，最高是班长，系数为 1.5，甚至是 1.6；其次是操作手 1.2 左右；再次是中断手 1.1，其他通常是 1.0。但通常新入职的员工系数较低，为 0.6 ~ 0.8。岗位系数决定产量奖的分配，在出勤相同的情况下，班长的产量奖工资则是新员工的 2 ~ 2.5 倍。

这些系数为什么这样分配呢？评定标准又是什么呢？岗位系数是怎么

得来的呢？公司文件里有规定，班长的岗位系数是 1.35~1.5，机台主操作手是 1.15~1.3，机台副操作手是 1.1~1.25，每个班员根据岗位不同，系数由低到高依次类推。挤压车间是以班为单位，工艺技术操作熟练并且有一定管理才能的班员晋升为班长。班长的责任最大，并且班长的职能就是起到承上启下的作用，车间主任有什么任务就直接找班长，班长回去传达给班员，有什么差错，主任就会直接指责班长，扣班长的岗位系数，也就是职位越高责任越大，班长除了管理整个班，还要做生产安排等一线的重要任务，所以奖金系数最高。机台操作手负责挤压机操作，岗位职能也非常重要。班长请假的时候，机台主操作手要接替班长的职务，主任有什么任务就要直接找机台主操作手讲，而当机台主操作手请假的时候，机台副操作手就要代替机台主操作手，做机台主操作手的任务。故机台操作手的岗位系数仅次于班长。新员工的工艺技术最差，技术不熟练，生产效率又最低，所以往往得不到高分，这是新老员工的奖金相差很多的原因之一。

尽管各岗位有 0.2 左右的浮动，但实际系数是就高不就低，班长就是 1.5，甚至个别达到 1.6。新员工则是就低不就高，最低可达到 0.6。按这种岗位系数分配产量奖，如果班长能拿到 1500 元，那么新员工只能拿 600 元。关于新员工岗位系数较低，人力资源部一直想干涉，但生产部门认为为调动班长与老员工的工作积极性，必须这样规定，否则老员工也无法留住。

出勤率对于工资收入有决定性的影响，这是公司制定的分配规则。但在一些民营企业里，为鼓励员工出满勤，减少员工请假，公司将出勤率与产量奖分配挂钩，导致出勤率对产量奖的减付比例是呈倍数递减的，即出勤率与岗位系数一样，影响产量奖分配。

员工请假奖金系数评定标准（请假按天计算，一个班计一天）。新员工试用期内不参与考核，原则上不参与奖金系数的评定。月内请假累计超过 6 天（班）者，考核奖按当月评定的岗位奖金系数乘以 80% 支付；月内请假累计超过 9 天（班）者，考核奖按当月评定的岗位系数乘以 65% 支付；月内请假累计超过 12 天（班）者，考核奖按当月评定的岗位系数乘以 50% 支付；月内请假累计超过 17 天（班）者，考核奖按当月评定的岗位系数乘以 30% 支付；月内请假累计超过 22 天（班）者取消当月考核奖

(以上假期含每月每人 2 天的正常休假)。[1]

在这里需要解释一下奖金系数。奖金就是我们前文提到的产量奖,奖金系数就是给员工发放产量奖的标准。奖金系数是主任定的,这里面有一个公式:出勤天数×85% = 奖金系数,其中的 85% 是出勤天数的百分比,一个月请假 8 天以上就算作 85%,请假 12 天以上就是 60%。

三 班组内的"欺生"极端表现

组织亚文化中,总有"欺生"现象,让新员工多干活。如果仅仅是多干活并没有多大关系,在工资分配中,新员工如果总是获得的太少,则可能产生一系列不良影响。有的班组认为班组成员不必增加人手,新增人手会影响工资分配,干脆把新员工赶走,造成新员工无法立足于班组,进而影响企业招工,也影响企业正常生产。在 MF 公司车间员工离职统计中,工作未满三个月的"新员工"的离职率总是高于"老员工",见表 7-2。

表 7-2 MF 公司某年度生产车间员工离职率

单位:人,%

	12 月底人数	全年新录用人数	全年离职人数	总离职率	按进厂时间分类	
					未满三个月占比	三个月以上占比
挤压车间	149	184	264	79.3	57.2	42.8
喷涂车间	62	143	197	75.2	53.8	46.2
氧化车间	148	317	292	60.0	66.4	33.6
合计	359	644	753	75.1	—	—

注:年度离职率 = 全年离职人数/(当年 12 月底人数 + 全年新录用人数)。

新员工在入职后,处于天然的弱势地位。他们多是外地人,对生产技术不熟悉,与班组成员也是新结识,心理上会产生天然的自卑感,这种弱势心理很容易被老员工利用。如果班组老员工品行端正,一般不会产生隔阂问题,就怕一些品行不端正之辈,给新员工造成各方面的压力。实际上,班组经常有这样的人。

个案 1 小王是新来的员工,才工作了不到 2 个月,他说老员工

---

[1] MF 铝业:《挤压车间工资二次分配管理规定》,MF 企业内部资料,第 1~2 页。

总让他做这做那，本来大家共同承担的机台清扫工作现在由他一个人承包了，而老员工一有空闲就在一旁喝水聊天，他还要照看机器，很少有空闲。尽管自己的活做得比老员工多，但工资比他们低得多。因为新来到这里不久，也不了解情况，特别是生产技术方面的，所以不敢抱怨什么，怕得罪老员工。

个案2 同事小刘告诉我，有些老员工在厂里工作了十几年，变成老油条了，平时上班都不按时到，会用很多方式偷懒，比如：早上刷卡不亲自去，而是叫自己手下的新员工去代为刷卡，上班的时间也比新员工晚到，还有的时候做工做到一半，就回宿舍休息一段时间再回来。

新员工来上岗，需要多做事是正常的，但就怕老员工冷眼相对，造成新员工无法融入班组，不得不选择离职。老员工不欢迎新员工，主要是因为一些老员工认为新员工加入，会降低他们工资收益。如操作一台挤压机需要定编人员5人，如果非关键岗位缺一名，只有4名员工也可以开动，但工作强度会猛增，如承担锯切与拉伸等工序的员工需要来回跑。因招工困难，有时一个班组缺工长期得不到补充，有些员工认为正常编制就是4人，这时班组如果新进一名员工，其他人就容易产生不满的情绪。以前4个人可以拿3000元工资，现在5个人只能拿2500元了，那老员工就认为是新员工把他们的油水给提走了，于是总是想方设法把新来的员工挤走。另外，老员工还有一个小算盘，工作不足一个月员工如果被"挤走"，他所完成的工作量可以被班组无偿占有，这样组员的平均工作量就会提高，于是出现了新员工在工作两三周但不足一个月时，老员工就把新员工"挤走"的现象。企业人力资源部门不得不帮助车间再招新员工。

班组定员是5人，这是经过科学测算的，这种编制能保证班组成员内部如果某一名员工因为病事假不能上班，生产也能照常进行。现在如果少1人，4人机器也可以开动，但前提是无法进行调假休息，员工也觉得很累。少1名员工，班组成员工资是否就比正常的5名高？经科学测算，5人编制是挤压最佳状态，可以最大限度地发挥机器的作用，保证生产的正常进行，减少1名员工就会影响正常生产。影响班组产量的因素主要有三方面：一是生产设备是否正常稳定；二是人员配备是否齐全；三是生产任务是否满负荷。

但是很多员工不明白决定产量的因素，认为老员工做得比较快，新员工（通常指入职不到两个月的员工）做得比较慢，工作效率低，其工资分配系数应当更低点才合适；另外，老员工不希望班组增加新人，甚至缺编最好，结果导致老员工排挤新员工，新员工无法在班组立足。新员工也觉得委屈，自己与老员工干同样的活，得到的工资却少很多，他们觉得自己受了欺负，不公平，有时甚至提出离职走人。

新员工离职，员工损失最大。对于入职不满一个月员工离职，如果没有办好离职手续，企业通常不支付薪酬。即使支付，也是基本工资，一般每天标准为30~40元。由于当月工资下个月结算，一般要拖到下个月的20日再发。工资由银行代发，员工还要提供指定的银行开户账号才可以。由于办理离职手续较烦琐，有些新员工干脆就不辞而别。企业称这种现象为"溜岗"离职。那么，这些新员工所创造的价值归谁所有呢？一般是落到该新员工所在的班组。

有员工反映，老员工不好好教新员工技术，嫌麻烦，嫌累，于是新员工学技术学得很慢，效率也不高，将整个班组的产量拖下去了，新员工在班组内部就更加受到冷待。

老员工教新员工技术本的是自愿原则，老员工不把新员工看作自己的徒弟，新员工也不把老员工看作自己的师傅，因为新员工的流动率太高了，他们有些是90后的年轻人，有的是因为吃不了苦辞职不干了，有的是因为在这个车间干一段时间，觉得烦了就想换到另一个车间去，所以流动性很大。久而久之，老员工也不想好好教新员工技术了，他们觉得反正新员工干一段时间后又走了，自己辛辛苦苦地教他们没意义。还有些新员工是年纪稍长的中年人，他们有的是因为小孩有事经常要请假照顾小孩，有的脑筋不灵活，学技术很慢，这些也都是让老员工感到头疼的事。

最重要的是，老员工教新员工技术，新员工不交学费，企业也没有补贴，所以时间长了老员工也不愿意教新员工技术了。在企业中员工大多数是农民工，从农村中的熟人社会来到一个陌生的环境，心理上或多或少地会发生一些变化。

个案3 氧化车间包装车间新员工杨女士向人资部提出换岗申请，我问她为什么不愿意待在劳动强度较低的氧化车间的包装班，而去工作强度较大的挤压车间呢？她说她在包装车间已工作两个月了，但还不会开包装机，老员工都不愿意教，只能做搬运铝型材类的重活，很单调。在包装班，班长是有责任教组员技术的，但她认为开包装机已有人手了，就不让新手学习。前天，氧化车间主任调她到另一个包装班工作，她到了这个班工作后，发现自己与新班成员都不熟悉，而且又不会开包装机，老员工也不愿意教她，工作很累，她就想换到挤压车间，因为她老公在挤压车间。在熟人社会里，自己最信任、最依靠的自然是亲人了。

美国《财富》杂志曾研究发现：一个员工离职以后，从找新人到顺利上手，光是替换成本就高达离职员工薪水的 1.5 倍。当然，如果离开的是技术性或管理人员则代价更高。由于员工离职率高，车间生产人员就会出现不足，同时新员工的生产效率又不高，还会影响老员工的生产速度，从而影响正常的生产进度和生产效率，延长了公司的产品交货期，降低了客户满意度，导致客户流失，对公司的发展会产生极为不利的影响。

在员工离职率高的情况下，人力资源部就要通过不同的渠道来招募新员工。由于 MF 公司的薪资、福利等各方面没有竞争力，这就需要专门的人花费大量的精力在招聘工作上，从而影响了其他建设性、战略性工作的正常开展，降低了人员绩效。另外，新招来的员工往往很容易流失，增加了招聘成本。

个案 4 挤压车间入职不到两周的老张要辞职离开公司，今年 40 岁，他原来在火车站当搬运工，现在体力不行，就到 MF 公司工作。谈及他离职的原因，他说工资太低，这样下来，一年难挣到什么钱。我们对他说，你刚入职，工资当然低，等你过两三个月成为熟练工，工资就提高了。老张说，三个月后工资才提高，时间有点长，再做半年就过年了，这一年下来就挣不到什么钱回家。

在老张这类农民工看来，挤压机操作并不难，他们想短平快挣钱，一般也不会在企业工作太久，等待所谓的"工龄工资"。当然，有的新员工流失与班组"欺生"没有关系，而是无法适应工作。一是生产车间每天 12 小时工作制时间太长，每十天"倒班"一次，白班与夜班轮转，通宵不睡觉让他们无法适应。二是难以承受较繁重的体力劳动，如氧化车间的"上料班"（将铝型材捆扎到电泳棒上，是一种体力活）。三是有些员工无法适应车间的高温生产环境，铝棒被挤成型材，是热挤压过程，需要将铝棒加热到500℃以上的高温。夏季车间温度就像在火炉里一样，白天车间温度都在40℃以上。

四 给新员工的"保底工资"

针对新员工因工资低而流失率高的问题，MF公司从2010年夏季开始实施保底工资政策，进厂第一个月给予保留，从第二月开始就不再保底。此项政策执行后，发现有些员工在一个月后，技术熟练程度仍跟不上，工资水平仍与车间平均工资水平有差距，从2012年春季开始，实施前三个月工资给予保底的政策。如公司在2012年春招工时对新员工实行每月2200元的保底工资，即如果新员工在班组内部工资分配中拿不到2200元，则由公司补齐，这样能保障新员工的工资不会因所在班组工资分配问题而受到影响。2012年，泉州市月最低工资标准为1100元，2200元的保底工资有一定的竞争优势。

企业承诺给员工的保底工资只要每月工作满一定的时间，如出满勤，就可以获得规定额度的工资，通常这个工资额度略低于企业平均工资水平。保底工资，有的企业保一个月，最多保三个月，三个月以后，参与班组正常计算工资。至于差额工资如何发放，企业要求员工做满三个月才可以领取差额，三个月内离职还不给补差。

企业之所以不强行要求班组各岗位系数之间不能差别太大，如新员工的岗位系数与老员工差距不能过大，如岗位系数最小差距不大于0.2，最大差距不超过0.5。主要是因为这种强制性的平均化也会给老员工带来不公平感，重则老员工离职走人，轻则粗暴对待新员工，让班组始终处于缺编状态运作。对新员工实行的保底工资，其补差部分其实也来自全体员工所创造的产值，"羊毛还是出在羊身上"，但很多员工觉得保底工资差额与自己完成的工作量没有关系。

为了让新员工能留下来，除出台保底工资政策之外，很多企业采取员工推荐方式招聘新员工。对于求职者来说，他们也相信亲友与熟人推荐。现在农民工在求职过程中，不太相信媒体招聘（事实上因文化程度低，他们与媒体，特别是网络媒体接触较少）与中介机构，因为这方面的虚假信息太多，他们难以辨别，害怕上当受骗。他们对现场招聘也持怀疑态度，比较相信亲友推荐，其次是上门求职，眼见为实。因此，现在国内众多制造类企业多采取员工推荐方式补充企业员工队伍，这种招聘渠道与现场招聘相比，成本低，签约率高，且新员工也容易留住。

员工推荐招聘方式的最大优点是企业和应聘者双方掌握的信息较为对称。介绍人会将应聘者真实的情况向企业介绍，节省了企业对应聘者进行真实性的考察，同时应聘者也可以通过介绍人了解企业各方面的内部情况，从而做出理性选择。国外企业也采用这种招聘方式，如高露洁公司就鼓励员工推荐并设置了些激励手段，如果应聘者被录取，介绍人将会得到一定的奖金。目前闽南企业多采取这种方法招聘新员工，对员工介绍人也有奖励措施，一般是介绍一位员工来企业工作半年以上，就可获得500元的奖励。通过老员工介绍而来的新员工也较容易留住，企业工友之间存在的亲情与友情关系有利于强化新员工对于公司的信任与归属感。从招工成本来看，员工推荐比其他招聘模式更节约，效率更高。不过，企业实施这项招工策略，需要提高员工对企业的满意度，这样他们才会主动介绍亲朋好友与老乡来企业工作。如果企业工资与福利待遇较差，员工企业归属感低，采取员工推荐方式招工则收效甚微。采用员工推荐招聘渠道时也应注意一些负面影响：车间员工关系地缘化与血缘化，会形成乡土性的小团体或非正式组织，这会影响公司正常的组织架构和运作，需要适当防范与引导。

其实，企业也可以推广学徒制，以增进新老员工之间感情，留住新员工。对新招的员工进行岗前培训与在岗培训是必要的程序。但由于新员工进公司时间不统一，集中组织培训往往不及时，这时就要发挥生产班组的在岗培训功能，特别是发挥老员工的传帮带作用，也有利于密切新老员工关系。人力资源部会同车间主任与班长为新员工指定师傅，负责生产、生活管理，使其尽快熟悉生产车间规章制度，掌握生产技术，以适应工厂生产与生活，增强对公司的归属感。新员工的学徒制为一年。担当师傅者，需要是厂龄两年以上，技术熟练，为人正派的员工。

新员工多是农民出身，昨天还在家里的农田中劳动，今天却穿上厂服在车间里操作机器，职业身份转变也带来不少困惑。有些新员工虽然有企业工作经历，但没有铝型材厂工作经历，也需要有一个学习的过程。一些新员工刚进厂，工作不熟练，作为老员工要主动关心新员工的成长。新员工进厂报到后，人力资源部应当会同车间主任与班长为新员工指定一位老员工，负责新员工在岗培训事务，使其尽快熟悉生产车间规章制度，掌握生产技术，以适应工厂生产与生活，增强对公司的归属感。为激发老员工工作的积极性，带徒弟的师傅在每月工资中应有"为师奖励金"，当然也应当有惩戒措施，若徒弟员工当月出现生产安全事故、产品质量事故，或没有正当理由离职，则师傅员工当月的"为师奖励金"就扣去。

五　总结与讨论

在民营企业车间班组中，职场亚文化"欺生"现象是普遍存在的，新员工初次上岗，工资较低也是正常的，但差别过大不正常。班组老员工为多得计件工资分成，认为非关键岗位缺一名员工是正常现象，甚至不惜将新员工排挤走，由此造成新员工流失率高等问题。

班组内部的工资分配，将新员工的定得过低，表面上是班组问题，但核心还是公司管理层面问题，因为它将计件工资总额定得过低，导致蛋糕做大后，工人所得仍比较少。车间将新员工的岗位系数定得过低，并不是完全遵从老员工的意愿，因为新员工的入职工资低，符合企业管理的一般规则，新员工的工资将随着工龄与技术熟练而不断增长。但农民工并不能领会这种安排，在挣快钱的愿景下，他们希望通过不停地换工作以求得一份较好的工资收入。为安抚新员工，企业不得不出台保底工资政策，但保底工资仍是企业员工创造的，"羊毛出在羊身上"。企业为何不能直接干涉班组的工资分配，将新老员工工资在班组内部的差距缩小？因为这会导致老员工的不满意，如果老员工离职，也是企业的损失。企业给新员工保底工资，也是工人"用脚投票"的结果。

新员工为何不能接受入职工资低的安排？一是企业生产技术较为简单，容易掌握，新员工对工资低的事实难以接受。二是计件工资，让很多员工认为多劳多得，与年龄、学历等没有关系，只与技术熟练程度有关。三是新员工对于能否在一家企业长期工作，工资能否随工龄增长而增长，并没有信心。

新老员工之间关系淡漠，也与当前民营企业管理方式有关系。笔者认为新员工进厂入职后，人力资源部与车间班组要为新员工指定一位老员工作为师傅，以发挥老员工的传帮带作用，这样有利于密切新老员工关系，也可降低新员工的流失率，一举而多得。

附：

MF公司2012年新员工保底工资规定
（修订版）

1. 目的

提高招聘效率，切实做好新员工薪资保障，特对新员工保底工资规定进行修订。

2. 适用范围

2012年1月1日以后新进厂的生产一线员工。

3. 管理规定

3.1 保底工资是指新员工进厂后，三个月内的最低工资保障。保底工资期限为新员工入职正式上班后，累计连续上班3个月，如：某一新员工于2012年3月10日入职上班，则保底期限为2012年3月10日至2012年6月9日。

3.2 新员工进厂三个月内享受保底工资制，存在以下条件之一者，均取消保底。

3.2.1 保底期间应按公司规定的出勤时间出满勤（注：月内两天公休和因车间其他原因公休不计）。

3.2.2 试用期（注：一个月）结束后，与公司签订为期两年的劳动合同，未签劳动合同者取消保底。

3.2.3 试用期内离职人员不予保底，按基本工资支付。

3.2.4 所属车间支付的工资超过此规定对应岗位保底工资额的，不予保底，按实发放。

3.2.5 签订劳动合同，在劳动合同期限内，新员工单方面提前解约，在公司服务期限未超过6个月而离职者，公司补贴的保底期间工资差额将追缴扣回含奖励，作为违约责任，即在进厂前三个月工资未达到公司规定的保底工资，公司补发的保底差额部分。

3.3 新员工保底期间的考核规定：新员工保底期间，将根据《新员工保底期间考评表》标准进行考评，考评最后得分作为保底依据，得分95~100，按此规定保底的基础上，每月嘉奖100元/人；得分90~94，按此规定保底的基础上，每月嘉奖50元/人，得分85~89为合格，按此规定保底，75~84按对应保底岗位标准0.9系数折算，74分以下不予保底并由所属车间主任进行考评面谈，改善新员工不足之处及提升。

3.4 保底工资分成两部分，生产一线作业的员工，由所属车间根据出勤情况在发放月工资时按实发放，当所属车间发放的工资未达到对应岗位保底工资标准时，由公司按此规定的保底标准给予补足。

3.5 各车间对所属新员工保底期间支付方式：新员工进厂第一个月，按8小时40元/日基本工资支付，第二、三个月按8小时40元/日基本工资，同时按公司《二次分配方案》给予相对应的奖金系数给予支付。

4. 保底工资差额的补发规定

4.1 若新员工入职后第二或者第三个自然月，实际工资超过保底工资的，公司只负责补发之前未达到保底工资的部分（计算时以员工实际出勤天数进行折算），如：某新员工2月10日进入公司工作，3月实发工资超过保底工资，则只补发2月出勤天数的保底工资；新员工在前三个月内若一直未超过保底工资，则新员工在出勤满足上述3.2.1规定的基础上由公司给予差额部分的保底。

4.2 新员工保底工资差额部分的发放规定：新员工入职发放第二次工资后的半个月内，由人力资源部统计补发入职第一个月的保底工资差额部分，以此类推（如：某新员工2月10日入职，则公司与5月15日前补发2月出勤天数的保底工资）。

5. 附保底岗位与保底工资对照表（注：以下保底均为两班制工作时间）

保底月份	保底岗位	保底标准
进厂第一个月和第二个月	挤压工、氧化上料工、氧化包装工、氧化行车工、喷涂工、搬运工、氧化小槽工、喷砂工、锯切工、熔铸工	2300元/月
进厂第三个月	挤压工、氧化上料工、氧化包装工、氧化行车工、喷涂工、搬运工、氧化小槽工、喷砂工、锯切工、熔铸工	2500元/月
进厂前三个月	氧化抛光工	3000元/月

6. 本修订规定自 2012 年 5 月 1 日起实施，原制度与此制度有抵触的，以此规定为准

编制：人力资源部　　　　　审核：　　　　　　　核准：

新员工保底期间考评表

被考评人：　　　所属车间：　　　职位：　　　评期：2012 年　月　日

考评项目	考评内容	标准分值	组长评分	值班主任评分	车间主任评分
品德品行	1. 尊重直接主管和车间领导，同事间相处融洽，融入团队较快，工作适应性强，认同公司文化和制度，与人沟通无障碍	21～25			
	2. 尊重直接主管和车间领导，同事间相处尚可，偶出现工作矛盾但能修复，融入团队，适应性稍弱，对部分公司文化不认同，但不评论	16～20			
	3. 尊重直接主管和车间领导，同事间相处稍差，偶出现工作矛盾修复需要主管帮助，融入团队，适应性弱，对部分公司文化不太认同，偶评论	11～15			
	4. 不太尊重直接主管和车间领导，同事间相处差，常出现工作矛盾，融入团队，适应性弱，对部分公司文化不认同，评论且排斥	0～10			
工作态度	1. 服从直接管理和车间领导的工作安排与工作调配，做事积极、主动，任劳任怨，勤劳而能吃苦	20～25			
	2. 服从直接管理和车间领导的工作安排与工作调配，积极、主动性稍差，偶尔偷懒但不影响工作最终结果	16～20			
	3. 偶出现不服从直接管理和车间领导的工作安排与工作调配，但经教育能及时改正，积极性、主动性差	11～15			
	4. 出现不服从直接管理和车间领导的工作安排与工作调配，经教育勉强改正，积极性、主动性差，工作结果受影响	0～10			
劳动纪律	1. 作业时不做工作无关的事，无迟到、早退，离岗、溜岗超半小时以上，无脱岗睡觉等违反劳动纪律的行为	20～25			
	2. 作业时不做工作无关的事，偶有迟到、早退，离岗、溜岗超半小时以上，脱岗睡觉等违反劳动纪律的行为，经提醒会及时改正	16～20			

续表

考评项目	考评内容	标准分值	组长评分	值班主任评分	车间主任评分
劳动纪律	3. 作业时偶尔做工作无关的事，常有迟到、早退，离岗、溜岗超半小时以上，脱岗睡觉等违反劳动纪律的行为，经提醒会仍有此现象	11~15			
	4. 作业时常做工作无关的事，常有迟到、早退，离岗、溜岗超半小时以上，脱岗睡觉等违反劳动纪律的行为，经提醒不改的现象	0~10			
工作任务与效率	1. 车间和直接主管安排的任务能尽力去完成且最终达到目的，工作效率高，业务熟练进度快，工作质量高	20~25			
	2. 车间和直接主管安排的任务能尽力去完成但最终仅完成工作任务的70%，工作效率稍低，工作质量稍差	16~20			
	3. 车间和直接主管安排的任务能尽力去完成且最终完成低于70%，工作效率低，工作质量差	11~15			
	4. 车间和直接主管安排的任务不能尽力去完成且最终完成低于60%，工作效率较低，工作质量较差	0~10			
合计得分：					
评分人签名	班长		值班主任		车间主任

最后得分：班长评分_____×30% + 值班主任评分_____×40% + 车间主任评分_____×30% =

第八章　新型企业社区及其在农民工城镇化中的作用

在福建泉州，为解决招工难问题，一些大中型民营企业职工生活区越来越向社区化方向发展，为农民工家庭城镇化生活提供了一个较好的平台。企业社区的出现有助于改变农民工劳动力生产与再生产相分割的局面。农民工既可以在企业社区中工作，也可以在企业社区中结婚生子，养育下一代。不过，前提是员工与企业有劳动关系。企业社区的出现，既是政府公共服务缺失的结果，也是企业承担社会责任的回归，在企业发展史上，它显然不同于欧美早期工业化过程中出现的"工厂村"或"公司镇"，也不同于中国计划经济时代的工厂"单位制"。

一　研究背景与理论

1. 研究背景

在"工荒"发生前，虽然已有很多企业建有宿舍与生活区，但只是为普通员工提供集体宿舍，员工家属无法入住企业宿舍，另外，其他方便员工家庭生活的配套服务也很少。但在"工荒"发生后，情况慢慢发生了改变，民营企业生活区建设水平不断提高，让人想起计划经济时代的"单位制"国有企业。在计划经济时代，大中型企业都有自己职工的生活区或职工相对集中的居住区，负责解决员工生活、教育、医疗、娱乐等方面的需求，是为"单位制"企业。[①] 现在也有大中型民营企业为员工提供住房，且配套生活设施齐全，基本上能满足企业员工家庭的生活需求，给农民工提高工资水平和福利待遇，如免费住房，内部还有卫生间、厨房，并配有

---

① 杨晓民、周翼虎：《中国单位制度》，中国经济出版社，1996。

空调、热水器、闭路电视等，企业社区内还有食堂、超市、田径运动场、图书阅览室、网吧等，并协助解决企业员工子弟就近读书问题。当前民营企业社区主要是外来工社区，但它与地方社会相隔离，社会型的社区服务无法延伸到企业社区内。企业经济奉行理性主义，对农民工及其家庭社会问题缺乏关注，导致农民工个人与其家庭的社会问题难以解决，从而影响农民工及其随迁家庭生活质量的提升。企业社区经常出现员工家庭问题，如随迁子女教育问题、早婚早育问题、夫妻关系紧张与家庭暴力问题。针对员工家庭问题，企业并没有派出专门人手负责解决，从而影响外来工生活质量，也影响社会稳定。

民营企业社区的出现，是企业承担社会责任的回归，在企业发展史上，它不同于欧美早期工业化过程中出现的"工厂村"或"公司镇"，也不同于中国计划经济时代的"单位制"工厂职工生活区。本章借助对福建泉州企业社区的实地调查，探讨企业社区形成机制、企业社区对企业生产经营的积极影响、企业社区对农民工城镇化的积极意义及其存在的问题。

2. 研究的理论框架

本章主要是在社区理论框架下探讨企业社区的形成。企业社区不仅仅是生产单位，也是生活单位，拥有正常的社会生活，如家庭生活，而不仅仅是一种集体化社会组织单位。

社区通常指的是以一定地域为基础的社会群体。相对于全国社会来说，它是具体的地方社会。社区有大有小，大社区包括小社区。社区中心的服务范围，是形成这个社区的客观标志。社区构成要素包括以下五种：①人口（居民）；②地区地理环境：自然环境、公共设施、交通建筑等；③共同的关系，如语言、信仰、风俗习惯，也包括共同的需要、共同的利益与问题；④社区组织；⑤社区意识，居民对本社区的认同感与归属感。

德国社会学家滕尼斯1887年发表了《社区与社会》（又译《共同体与社会》）一书，"社区"一词即源于此书。滕尼斯认为，社区是基于亲族血缘关系而结成的社会联合体。在这种社会联合体中，情感的、自然的意志占优势，个体的或个人的意志要服从于联合体的集体意志。与此相应，他将由人们的契约关系和"理性的"意志所形成的联合体称为"社会"。英文"community"一词含有公社、团体、社会、公众，以及共同体、共同性等多种含义。19世纪的社区研究基本上集中于乡村社区。20世纪二三十年代，美国芝加哥学派开拓了现代社区的研究，主要是人类生态学理论。

人类生态学是研究人类在环境中的选择力、支配力和调节力的影响下所形成的在空间上与时间上的联系形式的科学。它尤其注重位置（包括空间上与时间上的位置）对人类组织形式和人类行为的影响。①

自社区研究兴起以来，关于社区发展问题，提出的理论主要有"社区失落论""社区继存论""社区解放论"等，自 20 世纪 50 年代以来，美国又发展了社区权力的研究。②"社区失落论"的代表人物是齐美尔和沃思。齐美尔在《社区与社会》中认为，现代城市的发展使传统意义上的社区，即相互熟悉、同质性较强的居民群体消失，社会成员之间的认同感降低，其结果使社区存在失去基础。沃思在《作为生活方式的城市化》中认为，城市具有三种生态学上的特质，即众多人口、高密度、异质性。这三种特质，不可避免地使城市形成不同于农村的生活方式，社会秩序也出现混乱甚至"社会解组"。因此，在齐美尔与沃思看来，滕尼斯所讲的社区在城市中已不复存在，故称之为"社区失落论"。刘易斯和甘斯通过一系列的个案研究发现，无论是发达国家还是发展中国家的城市中都存在内聚性和认同感很强的"都市村庄"，邻里与亲属关系在当代都市中仍然是丰富与强大的。甘斯认为，城市化带来的是丰富多彩的生活方式，而不是沃思所提出来的单一生活方式。1975 年，费舍尔发表了"城市性的亚文化理论"，他认为任何人在社会上生活，都需要他人的帮助和关心，这种人际关系中的相互依赖若得不到满足，就会产生个人心理上的孤独与疏离感。城市中有众多的小群体，其内部通过互动形成了一种大家都能接受的规范、价值观和生活方式，这些思维方式和行为方式的综合就是一种亚文化。韦尔曼和雷顿提出应打破对邻里关系的强调，重新思考社区的概念，他们主张社区居民应从地域和场所的局限中解放出来，接触和结交更广泛范围的朋友，建立超出邻里关系或是根本与邻里关系无关的初级群体关系。这就是说，"社区解放"是从社区地域中解放出来。

3. 相关概念解释

企业社区。企业社区是指企业员工生活区，通常由企业出资兴建，以解决企业员工住宿等生活问题，以方便企业生产活动正常开展。构成企业社区的重要标准是员工家庭入住企业生活区，只有员工集体宿舍，不是标

---

① 蔡禾主编《城市社会学：理论与视野》，中山大学出版社，2003。
② 蔡禾主编《城市社会学：理论与视野》，中山大学出版社，2003。

准意义上的企业社区。当前很多民营企业面临招工难的问题，主动提高员工工资水平和福利待遇，提高企业生活区建设标准，鼓励外来工将家庭安置在企业生活区内，给予较好的配套生活服务设施，并解决随迁未成年子女就近入学问题。

农民工城镇化。农民工城镇化是指农民工从农村转移到城镇，并获得一份稳定的职业与职业收入，并将家庭也迁移至城镇，在城镇过上正常的家庭生活。考核农民工城镇化水平的指标，主要是就业、家庭成员整体随迁情况，以及家庭成员在迁入地城镇生活水平、生活时间长短。至于是否拥有流入地户籍，并不是很重要的问题。

4. 研究方法

本研究以"民工荒"问题较为严重的闽南地区的部分私营企业农民工为调查对象，调查了他们的生活和工作状况以及职业选择的影响因素和职业流动的经历，同时辅以个案访谈、文献法等方法。采用定量分析和定性分析相结合、描述分析和理论分析相结合的方法，以可靠的数据和文献资料作为本章分析和推理的基础，从宏观和微观结合的角度揭示了员工频繁跳槽的原因，结合中国农民工问题理论与人力资源管理理论以缓解企业招工难与留工难等问题，使中国制造类企业构建一支相对稳定、素质较高、敬业精神较强的员工队伍，提高中国制造的全球竞争力。

由于笔者从事社会学研究，在做企业管理研究时，经常使用"农民工"代称"员工"，在此说明，农民工与员工概念是一致的。

本章在此提出"企业社区"概念，主要是指企业面对工人短缺与工人权利意识觉醒，提供更多的以宿舍为主的非法定性福利，以增强员工的稳定性。这种措施客观上提升了农民工城镇化生活水平。本章问卷调查数据来自2012年的泉州与福州企业员工调查，定性调查来自2012年秋季至2013年春季的泉州晋江与南安等地企业的实地调查。

二 关于企业社区与农民工城镇化的文献评论

1. 农民工城市化问题

2011年，国家统计局的数据显示，我国流动人口规模达到2.21亿人。根据"六普"数据统计，当前流动人口家庭化流动明显，两代户、三代户家庭户分别占所有流动人口家庭户的38.52%、5.04%，表明中国流动人口以家庭为单位已成为常态。人口流动的家庭化过程大致有四个阶段：第一阶段为单个个人外出流动；第二阶段是以夫妻共同流动为主；第三阶段是以核心家庭流动为主；第四阶段为扩展家庭化阶段，即核心家庭在流入地稳定下来之后，青壮年流动人口进一步将父母列入随迁的考虑范围。[1]大规模流动人口在为国家社会经济发展做出重大贡献的同时，在就业、就医、定居、子女入托入学等方面也面临重重困难。

农民工是中国流动人口的主要组成部分，据国家统计局资料，2013年全国农民工总量达26894万人，其中，外出农民工有16610万人，本地农民工有10284万人。在外出农民工中，住户中外出农民工有13085万人，举家外出农民工有3525万人。受户籍体制的影响，农民工城市化问题阻力重重，导致农民工问题具有长期性[2]，这种城市化是一种"半城市化"[3]。尽管现在很多地方放开户籍限制，落户条件较宽松，但很多外来工买不起商品房，面对不确定的未来，他们很多人仍然要过年轻时在外地打工、年老时再回老家定居养老的生活。在这段漫长的外地打工生活时间里，他们主要居住在工作单位所提供的宿舍里，其次是租住的私人民房内。值得关注的是，企业向普通员工提供的福利待遇正在提高，其中住宿条件得到明显改善，员工可以携带自己的家属居住在企业公寓内。这种改变，既是农民工"用脚投票"的结果，也是企业积极承担社会责任的体现。[4]

2. 作为员工福利的企业社区

企业向员工所提供的宿舍属于企业非法定福利，企业可以提供，也可以不提供。但20世纪90年代以来，私营企业兴起后，向职工提供宿舍成为一种普遍现象。从企业人力资源管理角度来看，为员工提供福利，是提升员工企业归属感的重要措施。从政府对企业福利的强制程度来看，企业福利可分为：法定性福利如社会保险、带薪休假等；非法性福利，如员工宿舍、职工食堂等。从福利形式上来看，企业福利可分为：经济性福利，指除了工资和奖金外，企业给员工提供的经济性补助的福利项目，包括退

---

[1] 段成荣、吕利丹、邹湘江：《当前我国流动人口面临的主要问题和对策——基于2010年第六次全国人口普查数据的分析》，《人口研究》2013年第5期。
[2] 甘满堂：《社会学"内卷化"理论与城市农民工问题》，《福州大学学报》2005年第1期。
[3] 王春光：《农村流动人口的"半城市化"问题研究》，《社会学研究》2006年第5期。
[4] 甘满堂：《工荒：高离职率与无声的抗争——对当前农民工群体阶级意识的考察》，《中国农业大学学报》2010年第4期。

休金、养老保险等;设施性福利,指为了满足员工的日常生活需要,给员工提供的相关硬件的服务设施,包括阅览室、员工餐厅等;娱乐性福利,指为增进员工的感情、促进员工的身心健康而提供的一系列福利项目,包括各类文体活动、员工旅游等。[1]

对制造业企业员工法定福利的研究。田北海、雷华通过对湖北省城市区域的农民工配额抽样调查认为,一方面,人力资本对农民工社会保险福利产生显著影响,但这种影响主要通过农民工的专业资格证书产生作用;另一方面,农民工的权利意识的觉醒和主动的维权行动能够有效帮助农民工获得社会保险。[2] 李亚青等人通过对广东珠三角9市的农民工问卷调查数据分析,认为企业为农民工提供社会保险,有助于降低农民工的流动性,增加工作的稳定性;社会保险福利对提高农民工的签约率和合同满意度有显著的积极影响;社会保险福利对于增强农民工的归属感虽有影响,但影响很小。[3] 综上所述,对于制造业企业员工的法定福利的研究,学者们主要分析了影响其参加社会保险的因素,包括员工自身的因素和企业的因素,认为员工的年龄、受教育程度、工作性质、自身的权利意识、维权行为等因素对其的社会保险权益产生影响。同时,企业的法定福利对降低员工流动性、提高员工工作满意度有积极影响。

关于企业自主福利制度的研究。对于企业现行的员工福利制度,学者们主要分析了其存在的问题,并基于不同的视角,就优化企业福利制度提出建议。林惠雅认为,当前我国企业员工福利存在"固守公平性、结构单一、无法满足员工需要"等问题,而解决的办法就是"采取差别对待,实施自助式福利、尝试软福利,提高防范意识"。[4] 刘雅慧通过对民营企业的研究认为,民营企业的福利政策和制度设计存在以下问题:"员工福利政策缺乏连续性、科学性",福利制度的设计缺乏灵活性和针对性,由此造成企业福利制度在执行过程中福利政策的公平性不足,福利的成本高但回报率低。[5] 刘丽丽基于马斯洛的需求层次理论对企业在满足员工不同层次

---

[1] 黄英忠:《现代人力资源管理》,台北华泰书局,1998。
[2] 田北海、雷华:《人力资本、权利意识、维权行动与福利获得》,《中南民族大学学报》2011年第11期。
[3] 李亚青、吴连灿、申曙光:《企业社会保险福利对农民工流动性的影响——来自广东珠三角地区的证据》,《中国农村经济》2012年第9期。
[4] 林惠雅:《我国企业员工福利浅析》,《民营科技》2012年第7期。
[5] 刘雅慧:《浅析我国中小民营企业的员工福利政策》,《中国商贸》2011年第7期。

需求时采取的福利措施进行研究，并基于马斯洛的需求层次理论对企业的福利管理提出建议，认为企业应当实行差异化的福利政策，明确福利项目的对象，提高项目的适用性和弹性。①

3. 国外企业社区发展与研究概况

西方企业史研究表明，英国、日本等国家在工业资本主义兴起时，企业为雇员提供的住宿并非暂时性的，而是一项长期性的制度化设置。在18～19世纪的英国，很多羊毛厂、棉厂、矿山、钢铁厂以及铜厂等共同构成所谓的"工厂村"（Factory Village），其中的大多数雇主为雇员提供住宿。有些学者认为，这种雇佣方式有助于企业将潜在的罢工者或制造麻烦者驱逐出去，使工人处于租金和管理的双重控制之下。②

美国企业史中的"公司镇"就是企业社区的典型，"公司镇"就是一家大公司将一整片土地整体购买下来，建设厂房与配套的职工生活设施，不仅从事生产，而且负责商业、治安、学校教育、城市卫生等市政工作。"公司镇"流行于较偏远的新开发地区，在阿巴拉契亚山脉南部的几个产煤州，即西弗吉尼亚、肯塔基、田纳西、马里兰、弗吉尼亚、阿拉巴马等，煤矿工人中65%～80%居住在"公司镇"中。随着工业规模的扩大，"公司镇"也开始传入其他制造业。钢铁、火车、汽车、机械、纺织等大工业都在不少地方建立了"公司镇"。其中最有名且被推为"公司镇"代表的就是芝加哥郊区的普尔曼镇。1885年前后，美国普尔曼火车车厢厂在芝加哥郊外建立起普尔曼镇，拥有1400套住房，另外还有教堂、图书馆、旅店等生活设施。公司对于住房采取只租不售政策，产权仍然在公司手中。普尔曼镇被称为"模范公司镇"。③创建小镇的乔治·普尔曼是火车卧铺车厢的发明者，他希望通过提供良好的生活环境为自己的公司带来更稳定的劳动力。公司宣传手册介绍普尔曼镇是"一个消灭了一切丑陋、纠纷和邪恶，慷慨提供了一切，永远能给人们带来自尊、节俭、清洁、道德的小镇"。1893年，普尔曼公司因经济衰退而引发"工潮"，其间有罢工工人被政府军枪杀，此次"工潮"事件使普尔曼公司饱受指责。后来普尔曼车厢厂倒闭，普尔曼镇被芝加哥市政府接管。20世纪中后期，随着私人汽

---

① 刘丽丽：《基于马斯洛需求层次理论分析员工福利管理》，《中国科技信息》2010年第7期。
② Sidney Pollard, *The Genesis of Modern Management*, London：Penguin Books，1965.
③ 张友伦、陆镜生：《美国工人运动史》，天津人民出版社，1993，第455～458页。

车与高速公路的普及,"公司镇"开始衰微并成为历史。

对日本工业化所进行的一些研究表明,工厂提供宿舍是日本家族主义管理方式的一个组织特征,宿舍意味着"工厂即社区"。[1] 但也有学者指出,工厂提供宿舍是为了能够短期地雇用女性劳动者,使劳动力市场可以得到不断更新,因此可谓一种性别化的雇用形态。[2] 还有些日本学者认为,宿舍是强迫雇用的重要表现,雇主通过宿舍制度控制劳动者,劳动者几乎没有任何自由。[3] 日本企业雇用制度还有值得称道的地方。日本在明治维新后,快速从农业国向工业国转型,变成工业化国家,但日本工业社会总体是稳定的。在英美国家发生的工人大罢工、激烈的劳资冲突,在日本几乎没有发生过。究其原因,日本社会的"忠"文化,以及企业发明的终身雇用制、年功序列工资制度,使日本工人对企业有较强的"忠诚"意识,而富有人性的企业管理制度为日本工人提供了非常稳定的就业与生活环境,这也造就了日本工业社会的稳定。日本这种雇用制度的特点,使一个员工如果在一家公司长期工作,他的工资将会随着工龄的增长而不断地提高。经济学家经过研究认为,这是一个合理的人力资源管理体系。这个体系有利于特殊技能和人力资源的积蓄,也能在促进人力资源优化、增加企业技术储备的同时,不断推动企业技术创新。"在没有工业化的国家,官僚机构的办事效率很低,组织性很差。一旦拥有了现代工业,学会了竞争,官僚机构也会变得高效起来。"正是日本公司教会了人们守时、高效和不屈不挠,提高了日本大众的生活水平,也让日本社会更富有组织性,办事更为有效率。

4. 中国企业社区与农民工工资待遇

近代中国上海一些中资与外资企业也为工人提供宿舍等福利设施。1865年成立的江南制造局所招收的工人都要求住在局内宿舍,后来发现能容纳1500人的宿舍不够用,又在外新建工人宿舍。[4] 由中国买办资本于

---

[1] H. Hazama, *The History of Labour Management in Japan*, London: Macmillan Press, 1997, pp. 68 – 71.

[2] Mary. C. Brinton, *Women and the Economic Miracle: Gender and Work in Postwar Japan*, California: University of California Press, 1993.

[3] Patricia Tsurumi, *Women in the Thread Mills of Meiji Japan*, New Jersey: Princeton University Press, 1990.

[4] 裴宜理:《上海罢工——中国工人政治研究》,刘平译,江苏人民出版社,2001,第38~39页。

1920年创办的美亚丝绸厂为提升竞争力,向工人提供较优厚的工资福利待遇,从而迅速成长为中国最大的丝织企业,拥有1300名员工。裴宜理在《上海罢工》一书中写道:"为了鼓励青年工人提高产量,厂方提倡生产竞赛,增加薪水,同时还提供一系列的福利待遇:宿舍、餐厅、诊所、图书室、夜校、俱乐部、竞技队等等。"[①] 另外,韩启澜在对近代上海工厂的研究中发现,工厂通过提供宿舍既可以将工人的津贴最小化,又可以对工人生活进行严格控制。[②] 因此,宿舍被视为一种主要为外来女工提供住宿和"保护"的劳动管理。20世纪20年代,上海工人的工资水平相当较高,工人是很令人羡慕的职业,进企业当工人还要给工头或"拿摩温"(英文 Number One,意为"工头")一笔可观的介绍费。"在上海,一家五口为标准,一个技工的工资能抵上一家开销的125%,半技术的卷烟工能抵92%。"[③]

在计划经济时代,作为"全能机构"的国有企业也曾经普遍为其员工提供宿舍、住房、医疗、教育、养老等全面、长期的福利性设施和保障,国有企业、政府机关与事业单位构成中国"单位制"的三大主体。[④] 提供给员工家庭居住的宿舍或住房是企业公房,采取配给制方式分配。与当时的农民,以及集体企业工人相比,国有企业工人的工资福利待遇已非常好了,因此,国有企业工人在计划经济时代享有"社会中间层"之称,但在1994年国企全面改革与"单位制"解体后,国有企业职工社会地位急剧下降。[⑤]

20世纪80年代以来,中国私营资本主义兴起,由于企业招的都是外来工,提供住宿成为职工福利的重要组成部分。在任焰、潘毅看来,厂家给产业工人提供宿舍体现的是资方对农民工的一种剥削与控制,而不是出于道德理念和企业社会责任。宿舍劳动体制是全球资本的经济逻辑与国家制度的政治逻辑共同作用下所产生的一种独特而具体的生产空间形态,可以将劳动力成本一直维持在较低水平,并具有生产效能高的特点。[⑥] 任焰

[①] Lizabeth J. Perry, *Shanghai on Strike: The Politics of Chinese Labor*, Stanford: Stanford University Press, 1993, pp. 215 – 216.
[②] Honig, Emily, *Sisters and Strangers: Women in the Shanghai Cotton Mills, 1919 – 1949*, Stanford: Stanford University Press, 1986.
[③] 裴宜理:《上海罢工——中国工人政治研究》,刘平译,江苏人民出版社,2001,第167~168页。
[④] 杨晓民、周翼虎:《中国单位制度》,中国经济出版社,1996。
[⑤] 李强:《转型时期冲突性的职业声望评价》,《中国社会科学》2000年第4期。
[⑥] 任焰、潘毅:《宿舍劳动体制:劳动控制与抗争的另类空间》,《开放时代》2006年第3期。

等通过对珠三角的调查，认为无论是资本主导型还是社会主导型的居住方式，农民工的居住条件都比较差，远不及当地户籍人口甚至是农村的居住条件和居住质量，农民工所拥有的仅仅是一个恢复劳动力甚至是睡觉的场所，除此以外几乎不具备任何休闲、放松和保护隐私的功能；在城市打工生涯中，农民工的居住方式基本上是资本主导或社会主导，几乎看不到国家或地方政府在解决农民工居住方面的直接贡献。[1] 工厂利用宿舍暂时安置外来劳动力，将农民工在城市中的临时劳动与其日常生活再生产最大限度地整合在一起。[2] 魏万清以珠三角企业调查资料为基础，从全球资本经济逻辑出发，在探究劳工居住的资本主导型逻辑后认为，企业为劳工提供住宿，是在面临激烈的全球竞争的情况下，对劳工进行生产控制的竞争策略，是企业经济理性的产物。[3]

长期以来，很多企业只注重对员工进行单方面的物质激励，忽视员工的精神福利，不关注他们下班之后的生活问题，由此引发的员工生活问题特别多。2010 年富士康发生的 13 起员工跳楼事件引起社会各界的广泛关注。[4] 中山大学刘林平课题组对珠三角与长三角地区的企业农民工进行调查发现，10.16% 的珠三角农民工有精神健康问题，需要进行心理干预，比长三角高 1.26 个百分点；有 1.21% 的农民工精神健康问题较为严重，需要进行重点干预；"90 后"农民工的精神健康问题发生概率比"80 后"稍高。[5] 在企业社区中，员工也获准带家属在企业所提供的宿舍里共同生活，员工家属问题所引发的社会问题也不可忽视。

5. 中西企业社区比较

美国的"公司镇"都建立在家庭生活的基础上，让每位员工在"公司镇"能够安家落户。公司员工都有自己单独的房子，可以娶妻生子，可以子承父业。"公司镇"上的居民几乎全部是虔诚的宗教信徒，镇中建有教

---

[1] 任焰、梁宏：《资本主导与社会主导——珠三角农民工居住状况分析》，《人口研究》2009 年第 2 期。
[2] 任焰、梁宏：《跨国劳动过程的空间政治：全球化时代的宿舍劳动体制》，《社会学研究》2006 年第 4 期。
[3] 魏万清：《劳工宿舍：企业社会责任还是经济理性，一项基于珠三角企业的调查》，《社会》2011 年第 2 期。
[4] 徐道稳：《生存境遇、心理压力与生活满意度——来自深圳富士康员工的调查》，《中国人口科学》2010 年第 4 期。
[5] 刘林平、郑广怀、孙中伟：《劳动权益与精神健康——基于对长三角和珠三角外来工的问卷调查》，《社会学研究》2011 年第 4 期。

堂供居民过宗教生活，公司老板、工头、管理人员、工人和家属往往在同一座教堂做礼拜、社交、聚会，这种信仰生活能推进社会整合与亚社区的形成，也能够缓解平日的矛盾。因工会的存在，当劳资矛盾爆发危机的时候，工人能团结起来通过罢工维护自己的权益，甚至敢与政府派来的维持治安的军队发生流血冲突。正是工人的团结与抗争，才推动美国工人权益不断改善。

中国在全球化时代广泛实践的宿舍劳动体制既不是西方工业化早期的家长制模式，也不是日本的家族主义管理形态，更不是计划经济时代的"单位"制度。其原因在于：在当代中国的工厂实践中，宿舍主要提供给那些短期雇用的农民工，因此不具备长期居住的功能，并且排除了某个具体企业与某个具体工人个体之间关系延续的可能性。另外，宿舍劳动体制的实践与其产品特征、生产周期、地方特色或者雇主偏好等并无明显相关性。企业为其雇员提供宿舍并不是为了建立一支对企业忠诚或者技术熟练的劳动力队伍，而是主要为了可以确保短期地、临时性地、大规模地对跨地区流动的廉价而年轻的外来工（特别是女性）加以使用，并将其工作日的劳动产出最大化。

沈原认为，近二三十年以来，中国私营生产部门的劳动力的生产和再生产是分割开的，是一种"拆分型的劳动力生产体制"，劳动力的使用在城市，但再生产在农村。[①] 劳动力在城市的再生产也是非常简单的再生产，它作为一个完整的人的需求，作为一个社会人的需求，包括物质的需求、精神的需求、情感的需求等，基本上是被现有的农民工生产体制排斥和抑制的。至于其他的方面，包括组建家庭、繁衍后代等，这些基本上是被抛到农村去的。[②] 这也是造成城乡分化加剧的重要原因。

三 破解"工荒"问题与新型企业社区建设

1. "工荒"的困扰

自 2003 年春以来，中国制造业一直深受"工荒"的困扰。以笔者在东南沿海企业走访的经历来看，声称"招工难"的企业都是清一色的工资

[①] 沈原：《社会转型与工人阶级的再形成》，《社会学研究》2006 年第 2 期。
[②] 任焰、梁宏：《跨国劳动过程的空间政治：全球化时代的宿舍劳动体制》，《社会学研究》2006 年第 4 期。

低、劳动时间长、福利待遇差的企业。"工荒"并不完全是劳动力供给出现转折造成的，根本原因还是作为中国产业工人的主体——农民工权利意识已觉醒，他们对工资低、劳动时间长及劳动环境恶劣的企业，已经敢于说"不"！从而造成某些企业不仅招工难，而且留工也难，"工荒"现象加剧。中国东南沿海爆发"工荒"，表明中国低成本劳动力时代已难以维系。受计划生育政策的影响，中国劳动力供给减少；同时工人的权利意识增强，在城乡社会生活成本不断上升的趋势下，劳动力成本上升已不可扭转。

有迹象表明，当前中国产业工人面对低工资，不再愿意做沉默的大多数，也不再愿意通过离职走人来短暂逃避低工资待遇，他们开始尝试通过集体谈判方式同企业主协商工资。这方面比较典型的是日资本田在广东省南海的零配件厂，经过艰苦的谈判协商，本田南海工厂终于同意提高工人工资。而与此同时，深圳富士康公司发生"十三连跳"事件，青年员工以自杀方式向低工资体制道别。尽管富士康公司员工跳楼是多方面原因造成的，但其共同的社会原因是，工资低、超时加班等工作状况，让青年员工看到不到希望，于是选择跳楼这种极端的方式抗议现行的工人体制。后来，富士康公司不得不做出基本工资提高30%的决定。不过，基本工资提高30%，平均工资也只增长到1200元/月，若想工资再提高，还需要加班。

过去的研究认为，因为中国劳动力市场供大于求，劳动者在与雇主谈判时没有"讨价还价能力"。他们因怕失业而放弃在劳动冲突中对正当权利的争取，甚至根本不敢对抗资方的种种侵权行为，对资方的侵权行为大多抱忍耐的态度。劳动力的这种供求态势，造成了劳动力市场上的"寻低竞争"，在非公有制企业劳资关系上则表现为越来越低的工资、越来越长的劳动时间、较少的劳动保护和低覆盖率的社会保险等。此外，还有克扣和拖欠劳动者工资，劳动合同签约率低，内容不规范，且得不到有效落实等。但自2004年东南沿海出现"工荒"以来，农民工在劳动力市场上讨价还价能力逐步增强。他们利用发达的私人信息网络，寻求到工资待遇较高的企业工作，规避或"逃离"那些工资待遇较差的企业。从劳资关系角度来看，工荒是劳动关系紧张的表现，但由于工人选择主动退出，劳资紧张关系得以缓和。在没有工会力量的支持下，有关企业员工争取劳动待遇改善的集体行动（如罢工）比较少，但主动离职等"个体行动"比较多[1]，"用

---

[1] 沈原：《社会转型与工人阶级的再形成》，《社会学研究》2006年第2期。

脚投票"就是具有中国特色的劳工权益改善之路。

中国经济的快速发展，长期建立在低成本劳动力的基础上，必然会对工人群体形成损害，加剧社会贫富分化。对于国家主体而言，经济发展的根本目标是增进全体国民的福利，而国民福利没有普遍增加，显然是一种畸形的发展模式，其背后将隐藏巨大的社会经济风险。作为有社会责任感的企业家，对员工负责也是基本社会责任之一，企业发展应当首先让员工获得利益，而不是企业主与企业管理层获益。

劳动力成本提升后，工人待遇得到改善，会给企业生产管理带来高水平的提升。长期以来，制造业企业员工流动率非常高，如果劳动者待遇得到改善，员工流动率降低，企业会形成一支相对稳定、素质较高的员工队伍，这样的员工队伍是有利于企业生产效益的提升的。对于劳动者个人及其家庭而言，他们有时间与金钱进修，或培养下一代，这也有利于产业队伍整体素质的提高与后备产业工人队伍的培养。

通常企业出现"招工难"时，也会同时出现"留工难"问题，因为招来的工人如果能留得住，也就没有"招工难"问题。产生"招工难"问题的企业，员工流动率就高。员工高流动率也会给企业带来诸多不良影响。根据国内研究成果，员工的流动使企业增加了五大类成本：分离成本、招聘成本、选拔成本、雇用成本以及生产损失成本。具体情况见表8-1。

表8-1　员工流动的成本类型

成本类型	成本构成的具体内容
分离成本	辞职面谈成本、各种手续成本、对员工的补偿费等
招聘成本	广告成本、付给中介机构的费用、申请者及招聘人员的车马费、成本费用等
选拔成本	面试费用（包括多次面试）、对应试者的学历和资格的检查费用、体检费、行政管理费用
雇用成本	行政管理费用、工作安排费用、上岗培训成本、正式培训成本、制服成本等
生产损失成本	离职前的生产损失成本、空缺成本、新手的失误和浪费带来的成本、管理混乱带来的成本费用等

资料来源：Cornell Hotel And Restaurant Administration Quarterly, June, 2000。

国外有项研究发现：一个员工离职以后，从找新人到顺利上手，光是替换成本就高达离职员工当月薪水的1.5倍，如果离开的是技术性或管理人员则代价更高，尤其是那些经验丰富的老员工的流失，给企业带来的损失更大。

泉州民营企业招工成本是可以计算的，如派人到西部招工，企业员工给推荐新员工来企业工作有奖励等，都是看得见的招工成本。

员工的流失率比较高，在新老员工之间难以建立有效的沟通渠道，特别是老员工的流失，使公司先进的生产技术和丰富的生产经验不能及时有效地传递给新员工，这样，公司的整体生产技术水平就会不断下降，带来的后果就是产品质量差、生产成本高，从而降低公司的市场竞争力。

老员工流失，使其所在车间好的传统与生产技术得不到传承。新招聘的员工都是刚刚走出农村的农民以及刚出校门的学生，他们普遍没有工厂生产经验，更没有本行业生产经验，因此，导致在岗一线员工也出现综合素质较低、生产技术水平一般等问题。员工流动率高与待遇水平跟不上有关系。在线员工生产积极性不高，消极怠工、野蛮操作、故意浪费原材料与能源等现象时有发生。消极怠工，如在夜班生产时间内，有员工在岗睡觉或打瞌睡。至于浪费，由于缺乏责任心，浪费现象是难免的，有时更是触目惊心的。员工对公司满意度低也影响企业招工。为什么发生批量农民工准备到某公司工作时，在经过短暂接触后马上做出另就的打算？调查发现是本公司员工没有说好话，影响公司批量招工的成功率。

员工流动率高，容易降低公司的凝聚力。日本企业的管理实践证明，共同的价值观（企业文化核心）对于企业凝聚力有很大的影响，这种价值观在员工长期相处中产生。员工的流失，特别是老员工的流失，经常会在其他员工中引起强烈的心理冲击，这会导致员工对公司产生怀疑，人心涣散，从而削弱和影响企业的凝聚力和人员的士气，严重的甚至会引起"多米诺骨牌效应"。如果企业不断有老员工离开，新员工进来，人员走马灯似的更换，企业员工之间很难形成对公司的统一认同，同时，老员工离职时给新员工灌输的往往是对公司的抱怨和不满，这又提高了新员工的离职率。

员工流动率高，将严重影响企业文化建设。通过离职面谈和在职员工的访谈可以发现，无论是一线员工、基层管理者还是中层管理人员，对公司的满意度都是很低的。长久以来的员工高离职率让管理人员把责任全都推到了公司层面，一线员工也被这种思想引导，整体一致对公司不满，并且这种情绪具有很强的蔓延能力。当员工的满意度和敬业精神降到很低时，公司的日常生产经营就会受到很大的影响，成本上升、效率降低、质量下降等问题就会接踵而来。

员工流动率高，影响企业规章制度的执行力。较高的员工流失率必然会导致生产车间人员的缺失，于是容留在厂员工成为日常工作的重点，但是这种行为往往以牺牲现有的制度执行力为代价，违反了公司纪律的员工不能受到应有的惩罚，这种现象往往会让员工养成无纪律意识，从而影响公司其他各种制度的执行，形成一种低执行力的企业文化。

员工流动率高，影响企业的长远发展。工厂不能正常开工、工厂生产成本的增加等还只是"工荒"对工厂造成的短期影响，但"工荒"的影响却不仅仅止于此，其中对小型私营企业的影响最大，甚至是致命的。2004年爆发"工荒"以来，泉州市有不少小工厂因为招不到工人而被迫关门。小工厂因为产品利润率低，也没有条件较好的员工宿舍，通常是"三合一"厂房（车间、仓库与员工宿舍合在一座楼内），难以提高工资待遇以吸引和留住工人，工作环境又无法得到改善，因此招工尤其困难，很容易因招不到工人而倒闭。

2. 泉州企业社区与员工福利

近些年来，中国制造业企业面临日益严重的招工难问题，企业招工难与中国劳动力供给减少有关系，也与劳动者权益意识增强有关系。中国制造业企业员工以外来工为主体，在外来工群体中，青年人占多数，他们在求职时除关注企业所提供的工资与工作时间之外，还关注企业所在的地理位置，位于市区或靠近市区最好，同时企业提供的宿舍等生活设施也要齐备。因此，外来工在求职时不仅关注企业的工资水平，也关注企业的劳动与生活环境。在同一个地区，企业提供的工资待遇基本相差不大，但企业所提供的生活环境与企业福利却有一定的差别。此时，求职者更倾向于到那些能提供较好生活环境的企业工作。因此，企业在招工时力求以更好的生活环境、丰富的企业福利来吸引外来工，留住外来工。在这种招工竞争压力下，大中型企业的员工福利待遇有明显的提升，甚至出现招工过程的福利竞赛，希望通过有形的福利待遇来增加企业的吸引力，留住更多的员工。

泉州企业以轻工业为主，生产过程所造成的环境污染相对轻微，企业自建生活区都靠近生产区，基本上与生产区联为一体，方便员工上下班，也方便企业员工管理。企业生活区内主要有职工宿舍、员工食堂、职工文体娱乐场等。但十年前，企业生活区的职工宿舍只提供集体宿舍，且多为6~8人一间，甚至更多，室内也没有独立卫生间。生活区内文化设施也非常简单。现在企业生活区则有质的变化，职业宿舍开始有家庭公寓，员工在企业生活区有家庭生活，过去只有集体生活。集体宿舍由原来的 8 人间改为 4 人间，甚至 2 人间，还有卫生间、阳台等设施，另外，还有空调、热水器等，使员工生活更加方便。

福建泉州劳动密集型的制造业非常发达，这里的大中型企业都建有自己的职工宿舍，并以较好的企业福利招揽员工。企业在管理实践中发现，已婚员工特别是夫妻都在本企业工作的员工，他们的流动性较低，招来容易留得住。有关企业农民工的社会调查也发现，已婚员工、夫妻都在同一单位的员工、夫妻加子女都住在企业生活区的员工，其流动性相对较低，这些员工通常愿意选择长期为某一企业服务。[①] 为提高员工的稳定性，解决招工难问题，企业愿意为夫妻员工提供更好的福利待遇，如为夫妻员工提供套房，内部厨房、卫生间等设施齐全，还协助解决随迁未成年子女就近入学读书问题。夫妻双方都在同一家企业工作，他们不仅可以将自己的子女带来，还可以将他们的父母接来，这样在企业生活区中，就有很多员工家庭，而不是仅仅有单身员工。在很多规模较大的泉州民营企业中，夫妻员工数量要占到企业员工总数的 1/3，部分可以达到 1/2。

泉州 JM 公司为一家大型水暖卫浴生产企业。公司在 2010 年的招工广告中就提出十项福利：①各种社会保险；②带薪休年假；③年终绩效奖金；④免费住宿；⑤福利性食堂；⑥各种培训及内部晋升机会；⑦工龄工资、技能补贴；⑧互助基金（家庭困难员工可申请）；⑨员工活动室提供台球、乒乓球、羽毛球等，每天免费适时开放；⑩每月职工生日聚会。

泉州 XY 公司为一家大型卫浴生产企业。公司在 2012 年的招工广告中提出十二项福利：①国家法定五险一金福利；②免费住房福利，宿舍配空调、热水器等；③平价食堂，提供餐费补贴；④假日福利：带薪年假、带薪法定假日、带薪婚假、带薪丧假、带薪产假、节日值班补贴等；⑤春节开工福利：新老员工车费报销、募工奖（介绍新员工入厂有奖励）等；⑥生产型福利：满勤奖、绩效奖、超产奖、工龄奖、评优奖等；⑦员工生日会、结婚祝贺金、丧葬慰问金；⑧互助基金、意外伤害保险；⑨待料轮休补贴、机台补贴；⑩拓展培训晋升；⑪员工活动室提供台球、乒乓球、羽

---

① 甘满堂：《"用脚投票"压力下的企业工资调整机制》，《福建省行政学院学报》2013 年第 6 期。

毛球等，每天免费适时开放；⑫花园式厂房与生活区。①

通过以上两个企业的案例可以发现，企业招工广告对于企业工作与生活环境介绍很多，除了标明了工种、薪酬，还把生活条件、文化活动等"隐形福利"写得清清楚楚，以吸引务工者。广告上配的图片展示的是这样一番情景：花园式的厂房、井然有序的流水线、干净整洁的食堂和宿舍、丰富多彩的职工娱乐活动等。泉州地区企业员工福利基本可以覆盖员工工作生活的基本需求，让员工进厂后处处感受到生活的方便与舒适，企业社区力求打造"厂家合一"的生产与生活氛围。一家企业的人力资源部经理告诉笔者：

> 我们公司的企业福利项目在招工时起了很大的作用，今年不少务工者来应聘时就坦言自己喜欢这样的工作环境。并且我们公司也规定，新员工一进公司就签订正式的劳动合同，这也让他们更愿意留在这里工作。我们公司今年的招聘量并不大，老员工们在今年节后返工率很高，愿意继续为企业效力。

非法定福利又称企业自主福利，是指企业自主建立的，为满足职工的生活和工作需要，在工资收入之外，向雇员本人及其家属提供的一系列福利项目，包括货币津贴、实物和服务等形式。② 员工福利和工资共同构成员工的薪酬，在发达国家，企业在员工福利方面的支出占到企业薪酬总额的40%以上。上海贝尔有限公司的总裁谢贝尔曾说："深得人心的福利，比高薪更能有效地激励员工。"高薪只是短期内人才资源市场供求关系的体现，而福利则反映了企业对员工的长期承诺。在泉州地区，一些企业往往倾向于逃避为员工购买社会保险的义务，或者降低员工的保障标准；但建立起了一套比较完善的企业自主福利体系。因为农民工对养老保险等法定福利并不看重，这些对于他们这种流动性较强的农民工并不适用，他们更关注眼前的福利。

(1) 住房福利在提高。泉州企业提供给工人的宿舍与住房都是免费的，另外，还对员工宿舍水电费予以减免。XJ公司工人单身宿舍用水用电

---

① 参见郭蒙《泉州地区制造业企业员工福利状况调查报告》，硕士学位论文，福州大学，2013。
② 仇雨临、陈珊等：《员工福利》，中国人民大学出版社，2011。

都是免费的，公司还负责食堂所有的水电和煤气支出；TG公司给予工人每个月每人20元的水电补助；MF公司用水是免费的，用电则是给工人每人每月10度的补助，超过的部分要自付。

在调查的几家私营企业中，这一点做得较好的是晋江市LL公司。该公司给予工人的工作和生活环境是比较优越的，车间里安装了空调，在适当的位置还安放了饮水机；提供给工人6人一间的集体宿舍，宿舍里装有空调，并且有独立卫生间。南安市的几家公司因为是陶瓷加工、铝材加工等企业，工厂车间的环境改善不易，主要着力于改善工人的住宿条件。这几家公司都有职工公寓，XJ公司除了给工人提供集体宿舍外，还提供公寓，一般是2个人一间，并且公司正在筹划建设新公寓，以解决公司集体公寓拥挤问题；TG公司给工人提供的全部是三室一厅两卫的套房，根据工人工作时间的长短提供待遇不同的居住条件；而MF公司也新建了职工宿舍，给夫妻职工提供单间，并安装有线电视和宽带网络。

TG公司在招工广告上说，"后勤服务力求营造家的效果"，公司员工宿舍都是套间，分两室一厅一厨二卫与三室一厅三卫两种规格，如果是单身职工，要求4人一间；夫妻员工则可以独立享受一间，厨房与客厅要共用。公司宿舍管理制度还规定，工作满三年的夫妻员工，因为有子女或父母来公司同住，可以申请两室一厅的套间，多申请的一间交100元房租即可。因为这项政策，许多外来工夫妻带子女在公司工作，有的还把父母接来同住。

对于外来工家庭，若在外面租两室一厅的房子，租金每月没有1000元是租不下来的，现在住在厂里基本上是免费的，另外，公司还提供其他方面的免费待遇，如用电，每人每月6度免费用电额，超过则要交费。用水也是，每人每月是1吨免费自来水额度，超过则交费。

MF公司创办于1993年，企业刚刚兴办时，职工宿舍是8人间，配4张上下铺床，房间内并没有卫生间设施。当时员工也没有夫妻房，夫妻只能到厂外去租房子住。2004年以后，企业招工出现困难，企业开始为普通员工设置夫妻房，只是将原来的单身职工宿舍改为夫妻房，普通员工宿舍也由8人间改为6人间。2008年以后，企业新建厂房，职工宿舍开始改为4人间，房间内已有卫生间与阳台了。2012年以后，所有单身宿舍都配有空调。企业工龄在三年以上的员工可以申请2人间的待遇。MF公司员工宿舍条件改善快，这与周边其他企业宿舍改善快有关系，如果员工住宿条件不改善，招工与留工将会变得很困难。

十多年前在珠三角企业中，潘毅观察到：

> 无论工厂的产业类型、所在地区或者资本性质如何，外来工们——无论是男性还是女性、已婚还是未婚——大多居住在工厂内或者工厂附近的宿舍之中。工厂宿舍大部分是楼房，通常可以容纳数百名工人居住。宿舍房间都是集体居住的，比较典型的是每间房住 8~12 个工人，位于每间房、每层楼或者每个单元的厕所和洗漱间都是公用的。宿舍里除了工人自己的床铺之外（通常挂着床帘），没有任何可以容纳个人隐私的空间，生活的空间都是集体共用的。[①]

像上文所描述的住宿条件，现在泉州地区已很少见。一些条件较好的企业甚至都是普通工人两个人一个房间，如果是本科毕业的大学生，可以分到单人间宿舍。

（2）职工食堂、文化设施也在完善中。泉州企业大多是自办食堂，也采取外包制，但对员工发放伙食补贴，一般每月在 150 元左右。员工食堂听起来像是计划经济下的产物，只有国有企业才有，实际上，西方发达国家的大中型公司都有员工食堂，向员工提供优质低价的食品，作为重视员工的生活和个人健康的重要措施。员工食堂也被列为职工福利的重要组成部分，属于企业自愿性福利，不在强制性福利之列，企业可以选择办员工食堂，也可以选择不办。

企业对员工的餐饮费用发放补贴，分直接补贴员工和补贴食堂两种形式。补贴员工是指企业直接将伙食补贴打到员工工资卡或者餐卡；补贴食堂则是，企业按照每餐一定标准对员工食堂进行补贴，员工以较低的价格在食堂就餐。以 MF 企业为例，企业按照每餐 1.5 元的标准给予食堂补贴，员工需每餐自付 3 元在食堂就餐。如果到企业外的营业性餐厅就餐，每餐则需要 5~6 元，MF 企业通过福利性食堂这一福利项目为员工节省一半的就餐费用。位于南安市仑苍镇的 OL 卫浴则是直接向员工发放餐费补贴，标准为每月 250 元。OL 卫浴人力资源部的员工表示，"公司内部也有餐

[①] 任焰、潘毅：《宿舍劳动体制：劳动控制与抗争的另类空间》，《开放时代》2006 年第 3 期。

厅，发放餐费补贴是为了照顾员工不同的就餐方式"。

各个企业能够提供文体等休闲娱乐设施，一般规模越大的企业能够为员工提供的文化娱乐设施越齐全。以南安市仑苍镇的 ZY 建材为例，它提供篮球场、乒乓球室、台球室、图书馆、KTV 包房等设施。调查组走访多家大型企业社区发现，很多健身器材闲置，并没有员工使用。究其原因，员工加班时间太多，没有时间去运动。另外，在智能手机普及的时代，手机也能上网，企业免费网吧对员工也没有吸引力。

（3）协助解决子女就近入学读书问题。在农民工"举家迁徙"进厂打工的大背景下，子女读书成为企业必须面对的问题。尽管政府规定公办中小学要招收外来工子弟，并且像本地生那样，免收学费。但公办中小学在招收外来工子弟时，经常借班级生源已满，或发现外来工子弟难以管教等缘由予以拒收。在这种情况下，企业出面干预是最有效的解决办法。

M 公司为解决员工子弟就近读书问题，与附近中小学保持良好的关系，每年的六一儿童节都要给附近的一所公办小学赞助费，对附近公办中学则在每年的教师节给慰问费。企业因此也获得热心支教的美名，还可以顺利解决员工子弟读书问题。

当前中小城市的落户政策已相当宽松，但大多数外来工并不希望落户中小城市，他们仍然担心自己的工作收入不稳定，而现有的收入不能保障他们能在中小城市购置自有住房。中小城市吸引外来工落户的最大动力是孩子可以就地读初中，还有参加高考。一些打拼到企业中层管理干部层次的外来工比较倾向于将户口转到打工地，他们有能力购买住房，经济收入预期稳定，所以落户意愿比较强烈。但普通员工则没有这方面的动力，他们的孩子读书成绩并不好，通过将户口转到东部打工地，也不能让他们的子女考上一所比较好的大学。

（4）工作激励型补贴。经济型福利是企业在员工的工资收入之外，以货币形式向员工提供津贴或者补贴的一系列福利项目。在福建沿海地区，常见的经济型福利项目主要有满勤奖、年终绩效奖、高温补贴、工龄补贴、技能补贴等，其目的在于鼓励工人出满勤，多学技术，并长期为企业服务，达到稳定员工队伍的目的。

①满勤奖：当月未出现任何迟到、早退、请假、旷工者，或者迟到、请假低于一定时间的，公司给予满勤奖。需要指出的是，福建沿海地区制造业企业的满勤奖往往建立在每周 6 天工作制的基础上。满勤奖数额不等，

以 MF 企业为例，满勤奖为每月 60 元。

②年终绩效奖金：一般企业根据当年盈利状况一次性发放给员工的奖励。在 13 家企业中，JM 集团、XY 公司、OL 卫浴、HH 水暖等 4 家企业承诺为员工提供年终奖。

③工龄补贴：在一些企业也叫作工龄奖，企业根据员工在本企业工作时间的长短，每月或者每年给予员工货币补贴或者奖励。以 MF 企业为例，凡在公司服务满一年，每年奖励 150 元；凡在公司服务满两年，每年奖励 300 元；凡在公司服务满三年，每年奖励 500 元。服务时间超过三年的按照服务三年的标准发放。在 13 家企业中，JM 集团、XY 公司、HD 鞋业、OL 卫浴、HH 水暖等 5 家企业为员工提供工龄补贴。

MF 近年来都在年末（闽南农历十二月十五尾牙日前后）表彰大会除了评选优秀员工、优秀班组长、优秀管理干部外，还对达到一定工龄的员工进行表彰。孙副总经理宣读了老员工名单和奖励办法。其中，老员工名单设置了四个等级，分别为 5~10 年工龄 187 人，10~15 年工龄 69 人，15~20 年工龄 25 人，20 年工龄以上 8 人。公司下发的通知如下。

关于表彰五年以上工龄员工的决定

时光荏苒，岁月无声，风雨兼程二十载，MF 迎来了二十岁生日，为鼓励过去二十年时间里与公司风雨同舟、共同发展的老员工，公司决定对在闽发连续工作五年以上的员工给予一定的物质奖励。经公司总经理办公会议决定，表彰标准如下：

1. 连续工龄五年以上、十年以下的员工共 187 人，给予物质奖励 500 元/人；

2. 连续工龄十年以上、十五年以下的员工共 69 人，给予物质奖励 1500 元/人；

3. 连续工龄十五年以上、二十年以下的员工共 25 人，给予物质奖励 3000 元/人；

4. 连续工龄满二十年的员工共 8 人，给予物质奖励 8000 元/人。

人力资源部
2014 年 1 月 8 日

④技能补贴：企业向拥有专业技能证书的员工发放技能补贴，鼓励员工学习，提高技术水平。JM集团向员工提供技能补贴，OL卫浴向员工提供职称补贴。

（5）企业提高员工返厂率等福利。现在企业招工难，流失率高，为鼓励"老工人"及时返厂，并介绍新员工进厂，有些公司设有"开工奖"，按时返厂路费报销，以及新员工推荐奖等。

①开工红包。开工红包也叫"开工利"，企业在每年年初对过完春节后按时到企业报到的员工发放开工红包，不同企业金额不同，一般是50～200元。XY公司提供开工红包，而HD鞋业则是以返厂补贴和正月双倍工资的方式补贴员工。

②春节回乡车费报销。一般指企业为回家过年并在年后按时到企业报到的外来工报销务工地和家乡的车费，部分企业报销往返，部分企业仅报销单程。

③募工奖。募工奖又叫"推荐新员工奖"或"介绍新员工奖"，公司对能够介绍或推荐新员工到本公司工作的老员工发放奖金。采取员工推荐的方式招的新员工容易留住，也能节省招工成本。公司老员工往往会介绍自己的亲戚、朋友等到本企业工作，其就业稳定性一般比在劳务市场招聘的外来工要高，所以企业鼓励员工介绍新员工。在不同企业，募工奖总额300～800元不等，分期发放给员工。以MF企业为例，介绍一位新员工入职，给介绍的员工800元奖励。不过，800元要分三次发完，被介绍进来的员工如果工作满一个月后，发给介绍人100元；满3个月后再发给200元；工作满半年，再发给500元。之所以分三次发，是因为公司担心新入职的员工在半年不到的时间内离职，如果一次发给介绍人800元募工奖，会给公司带来损失。

（6）人文关怀类福利。有些公司还有人文关怀类奖金，如员工互助金、结婚贺金、过节费与生育补贴等。不过，过节费实质是加班补贴的替代金，生育补贴则为公司节省了女工产假基本工资。

①员工互助基金，也有公司叫爱心基金。公司成立员工互助基金，在员工遇到重大意外事故时提供紧急救助。以MF企业为例，员工互助基金的收入来源主要是每月从基层员工工资中扣取2元，管理层和办公室职员工资中扣取4元。当员工或其家属遭遇重大意外事故时可以申请互助基金救助。在调查的13家企业中，仅JM集团建立了员工互助基金。

②结婚贺金。员工结婚时，企业赠送礼金。以 MF 企业为例，礼金金额为 500 元。如果是公司中层干部结婚，礼金则是 1000 元，外送价值 1000 多元的家用电器一台。

③过节费。指企业在法定假日或者重大的民间节日向员工发放礼金。一般在福建沿海地区的企业中，过节费仅仅发给节假日仍在工作的员工。以 MF 企业为例，公司规定在以下法定假日给全体员工发放礼物或者奖金：元旦，每人发放奖金 50 元；春节，每人发放奖金 100 元；劳动节，每人发放奖金 50 元；中秋节，每人发放一份礼物；国庆节，每人发放奖金 50 元。仅笔者实习所在的 MF 企业向员工提供过节费，其他 13 家企业没有过节费。不过，公司在这些法定节假日并不放假，也没有 3 倍工资加班费。所以，这种过节费其实就是对员工节假日加班的补偿。

④生育补贴。服装类企业会给生育的女员工生育补贴，相当于产假补助。在很多闽南企业，女生如请生育假等于辞职，是没有任何补助的。一些以女工为主的服装企业，会给女工生育补贴，以激励员工在产后继续回公司上班。不过这种生育补贴，是等员工休完产假回公司后再发。

在以上六类企业福利中，多数属于非法定福利，部分属于法定福利，不过被企业包装成非法定福利，如过节费、生育补贴等。民营企业员工对直接发放现金、提供实物或服务等非法定福利较敏感，对于法定福利（主要是社会保险）则认为是可有可无的。企业在招工时更多也是打非法定福利牌，以期望招募与留住更多的员工。通过以上企业硬件与软件福利建设，企业社区已具规模，企业社区紧邻生产区而建立。在企业社区内，建有职工宿舍、职工食堂、员工超市、员工娱乐中心。在企业周边则有社会资本开设的超市、饭店、理发店、网吧、菜市场、幼儿园等。这个商业服务占有的房产主要是由企业投资，社会资本承租后经营。内部服务设施免费或低价收费，外部则以市场价收费运营。对比城市私人出租屋，企业社区宿舍具有明显的优势，一位在私人出租屋住过的员工这样介绍他的感受：

TG 公司 W 姓员工（采集时间 2011 年 10 月）：我以前与老婆在市区经营露天餐饮大排档，工作较自由，收入还可以，不过受天气影响收入也不稳定。我们一家三口挤在一间私人出租房内，每月房租与水电费花 500 多元。我们与当地人很少交流，有时家里还遭贼，感觉生活太奔波。后来经老乡介绍，我们两口子到 TG 公司工作，收入与原来差不多，但住得比前好得多，而且房租不用交，用水用电还有补贴，还有老乡可以串门聊天。公司还帮助孩子在附近公办小学读书，我现在才觉得还是进厂好。我现在唯一的希望就是公司效益好，全家的收入可以增加。

从以上农民工企业社区工作与生活情况来看，农民工城镇化是指农民工从农村转移到城镇，获得一份稳定的职业与职业收入，并将家庭也迁移至城镇，在城镇过上正常的家庭生活。考核农民工城镇化水平的指标，主要是就业、家庭成员整体随迁情况，以及家庭成员在迁入地城镇生活水平、生活时间长短。至于是否拥有流入地户籍并不是很重要的问题。

3. 企业非法定福利对于员工的意义

（1）降低员工生活成本，提高员工收入。在福建沿海的制造业企业中，员工是企业的主体，他们大多来自四川、重庆、湖北、湖南等中西部地区，每年往返于家乡和工作地，往往产生额外的工作成本。对福建沿海地区制造业企业员工调查的529个样本中，员工的月平均工资为2711元，而月生存消费仅为636.29元，大部分员工总是倾向于将个人的花费控制在较低的水平，以更多的收入回馈家庭。而企业对员工的补贴则对降低员工的工作成本有着积极的影响。如XY公司承诺对员工的车费报销就免去了员工每年往返家乡的交通成本。此外，企业通过建立福利性食堂或者直接发放餐费补贴的方式来降低员工的生活成本，间接提高员工收入。

（2）丰富员工生活。笔者调查发现，制造业企业大多位于工业园区，远离城市中心，周边公共文化设施缺乏，员工生活单调。企业通过举办文艺晚会、生日晚会的方式，表达对员工的精神关怀，可以减轻员工的工作压力和身心疲惫感，促进员工的身心健康，进而增进员工对企业的认同感和归属感。帮助员工调整身心状态，缓解劳动压力。此外，制造业企业员工长期处于超时工作、超负荷工作的状态，而人的精力总是有限的，连续长时间、超负荷的工作往往会造成人们身心疲劳、精神紧张。在这种状态下工作，员工很容易发生差错，产生工伤，给企业和员工均带来较大的损失。企业提供的篮球场、台球室、KTV等休闲娱乐设施能够帮助员工释放劳动压力，缓解精神紧张状态，降低工伤等事故发生的概率。

（3）为员工的自我实现提供机会和可能。马斯洛认为人的需要是分层次的，由低到高，它们是：生理需要、爱与安全的需要、社交的需要、尊重的需要、自我实现的需要。人较低级的需要一旦得到满足就会产生更高级别的需要。自我实现的需要属于较高层次的需要,当员工进入社会开始工作,有了一定的立身之本,收入稳定之后,同样会产生充分发挥自身能力、实现自己的理想抱负或人生价值的需要。企业向员工提供的培训机会、职业生涯规划、晋升空间等,一方面提高了员工的工作能力,满足了其被尊重的需要。另一方面,为员工创造了更好的发展机会和条件,为员工满足自我实现的需要提供了合理的途径。

(4) 降低员工流动率,提高员工就业稳定性。高离职率是员工就业的一个重要特征。笔者通过对泉州多家企业调查后发现,当地制造业企业的月离职率为7%~8%,年离职率为50%左右。一般来说,制造类企业月离职率在5%以下,年离职率在30%以下,属于正常水平。如果超过这个度就可以说该地企业员工队伍具有高度的不稳定性。[①] 员工就业不稳定对企业来说意味着企业人力资源的流失、招工成本的提高,甚至影响到企业生产的稳定性和生产规模的扩大。员工频繁流动的原因无非周边企业能够提供更好的薪酬和福利条件。近些年,随着手机等通信方式的普及,信息的传递越来越方便,各个企业的薪酬和福利水平通过互联网、老乡网、亲戚朋友同事关系网的传递成为公开的信息。因此,企业纷纷建立起员工福利制度,一些福利项目直接或间接地激励员工在本企业稳定就业。

工龄奖,在一些企业叫作工龄补贴,这里企业计算的工龄并非劳动者参加工作的时间,而是强调劳动者在本企业工作的时间,以员工工作时间的长短发放不同的奖金额度。以 MF 企业为例,凡在公司服务满一年,每年奖励 150 元;凡在公司服务满两年,每年奖励 300 元;凡在公司服务满三年,每年奖励 500 元。服务时间超过三年的按照服务三年的标准发放。

年终奖,在每年年终,企业根据盈利状况对员工发放一次性奖励,但是在绝大多数企业,这时候发放的奖励只是一个名义上的金额,真正的奖金要到第二年到公司报到以后才能开始领取,每月或者每两个月领取一部分,基本上到五月以后才能完全领取。如果员工跳槽,奖励等于自动放弃。到五月以后,大部分企业的生产进入稳定状态,招工需求降低,员工

[①] 甘满堂:《工荒:高离职率与无声的抗争——对当前农民工群体阶级意识的考察》,《中国农业大学学报》2010 年第 4 期。

跳槽难度变大，流动的意愿也减弱了。

根据"经济人"的假设，员工计算换工作给自己带来的工资的提高水平时，也需要衡量不再享有"工龄奖""年终奖"这些福利项目所带来的经济上的损失。因此，这些福利项目作为薪酬的补充，在提高员工收入水平的同时，也提高了员工跳槽的机会成本，降低了企业员工的离职率。

（5）丰富企业文化建设。企业提供的娱乐性福利项目是向员工灌输企业文化、传递企业价值观的重要方式。在工人相对短缺的背景下，提高企业员工对企业文化和价值观的认同度，对企业的可持续发展具有重要意义，而娱乐性的福利项目恰恰体现了企业的管理特色，表达了企业对员工价值的认可和对员工精神满足的关怀。在泉州的企业中，企业通过工作之余娱乐性的活动，在企业中塑造家庭式的氛围，强化员工的忠诚度。在企业组织的旅游活动或者晚会中，公司管理者、老板不再像平时工作中那样高高在上，严肃认真，而是和员工打成一片，营造了一个大家庭的氛围。

对企业来说，发展性福利项目是企业建立人才梯队，进行人才储备的重要方式。首先，企业对员工的培训能够提高员工的生产效率，为企业创造直接的经济效益。泉州地区制造业企业员工以农民工为主，受教育水平低，在家乡和到城市之后都缺少相应的岗位技术培训。企业将培训机会以福利的形式给予员工，提高员工的劳动技能和生产效率。其次，对员工系统化的培训有助于建立一支可靠的人才队伍。最后，对员工的培训也是企业向员工宣传企业文化、强化企业价值观的重要方式。

四　当前企业社区存在的员工生活问题

企业员工及员工家属工作与生活在企业社区中，他们的日常生活也面临着很多社会问题，单身员工与带家属的员工都有一些问题，相比较而言，带家属的员工的家庭问题要比单身员工多。这些社会问题是需要企业干预的，但企业目前没有注意到，或没有人力去干预，且企业所在的社区居委会更是无能为力。

1. 员工的不良嗜好与行为问题

（1）单身员工的社会问题。MF 公司的外来务工者来自五湖四海，但他们往往会因地缘、亲缘关系，比如老乡关系、亲戚关系，结合成较紧密的"初级群体"。在公司分配岗位和住宿时,他们更倾向于"团结"在一起。这样一来,吃、住以及工作都在一个区域让彼此有了较多的情感支持,容易获得更多的安全感。这种亚群体的长者即来工厂较久、较有资历的老员工会充分发挥"传、帮、带"的作用,将自己好的东西与坏的习惯倾囊相授,初来乍到、十几岁的小员工不懂选择性吸取,往往对其言听计从,于是很容易习得抽烟、酗酒、飙车等坏习惯。另外,在城市文明的熏陶下,年轻的农民工像城里人那样衣着时尚,懂文明讲礼貌,尽量让自己从衣着到言谈举止更加"城市化",改掉随地吐痰、乱扔垃圾纸屑等坏习惯,通过仿效城市人的方式来消退自身的乡土气息。尽管 MF 公司中的大部分农民工已经在城市中工作多年,但仍然无法与城市人建立起生活交往圈。总体来看,他们依然是游离于城市和农村之间的"边缘人",是很难融入城市的"陌生人"。青年期是个人生活习惯形塑的重要阶段。青年农民工在学习工厂的现代化技能的同时,也会沾染烟瘾、酒瘾、网瘾、赌博等不良嗜好,他们的生活习惯和生活方式比较糟糕,"月光族"不乏少数。[1]

抽烟。通过笔者的观察发现,在工余生活中,抽烟现象普遍存在,且烟民比例较高。年轻员工或多或少都会有抽烟的习惯。笔者在员工生活区的探访中发现,男工宿舍以及走廊都弥漫着烟味,水房和洗手间也有随处可见的烟头,车间外面走廊的垃圾桶和卫生间的垃圾桶中也可以发现不少烟头。访谈对象王某,来自 A 厂 LED 车间,21 岁,据他描述,抽烟是自然而然学会的,在农村的时候比较少抽,来到这里打工后渐渐抽的更多,主要是平时工作很乏味,就是单纯的重复性的动作,却要做一整天,抽烟可以提神,而且经常是与大家在一起的时候,朋友、工友、室友也会发烟,大家一起抽,慢慢也就抽得越来越凶。此外,在集体宿舍中,部分员工的抽烟行为也往往成为引起员工间矛盾的因素之一。一个 B 厂员工谈道:同住室友经常在宿舍抽烟,很反感,但自己也不好说什么,只能睁一只眼闭一只眼。

个案 20 是刚进厂几个月的新员工,年仅 18 岁的他平均一天要抽一包烟,当被问及是否知道烟瘾对身体有巨大伤害时,他满不在乎地说,车间

---

[1] 甘满堂:《新生代农民工的不良嗜好及企业社会工作介入策略》,《华南农业大学学报》(社会科学版) 2013 年第 1 期。

里的很多老员工的烟瘾比他大多了，他还算抽得比较少的。平时工作时间太长，身体受不了，抽烟可以减缓身体的劳累和疲乏。他一般买7~10元一包的香烟，每个月下来抽烟的消费就高达300元，加上自己的生活花销，以及每个月定期请师父聚餐的消费，他一个月的工资所剩无几，成了响当当的"月光族"。

喝酒。中青年男工大多喜欢喝酒，喝酒对于他们来说，不仅可以消乏，而且可以增进工友之间的关系，好处非常多。某些有酒瘾的员工基本中、晚餐都要喝酒。青年员工爱喝酒是由两方面造成的，一是随大流，二是酒有助于消除工作的疲乏。特别是夏天，员工爱喝啤酒，啤酒能解渴、解乏，下班时不喝一瓶就睡不着觉。偶尔中午也喝上一瓶，接着工作，有时影响工作。冬天下班后则喜欢喝几杯白酒，这样可以温暖身体。

一些员工下班后选择以酗酒的方式麻痹自身，酗酒增加了不少工作和人身安全隐患，其中一位青年男性员工就因酒后骑着摩托车撞向一辆大货车而造成人身伤亡事故，给家庭和社会带来无法估量的损失。据调查，MF公司最近几年发生过数次员工酒后骑摩托车发生车祸而死亡的事件。同时，酗酒者也会影响夫妻关系和谐，酗酒者借酒发疯，往往会成为家庭暴力中的施暴者，无辜的妻子则要忍受这种暴力伤害。

2014年10月，公司贵州毕节籍女员工，因醉酒从二楼跳下，摔成重伤。公司委托笔者去调查坠楼原因，丈夫与妻子说法一致，妻子平时喜欢喝酒，前一天胆结石病犯了，希望喝酒止痛，两人喝下售价6元一斤的白酒两斤，其中妻子喝下一斤半，老公出门找工友聊天后，妻子从宿舍楼上掉下，她也不知道为什么翻过一米高的护栏跳楼。总之，不是夫妻矛盾造成的。

未婚意外怀孕。某服装企业人事经理是女性，对女工方面的问题了解较多。据她讲述，一些女工爱慕虚荣，在交朋友过程中不够检点。来自江西的小花，初中文化程度，模样较清秀。两年前随父母来泉州打工，父母在一家机械厂上班，小花则在一家服装厂做车工。某天突然来请假要休息，人事经理发现她腹部有明显隆起，这才知道她又准备到医院做流产手术。

赌博。在泉州的工业集聚区每个月发工资的几天，彩票销售点总是挤满了人。青年农民工群体中有相当一部分人热衷于福利彩票，有些人甚至每天下班都会去买上几注，这与笔者2009年在南安一企业调研时看到的情况是一样的，居住于本地的企业管理层员工，也会参与购买彩票，还会与其他员工讨论买什么数字好。更严重的是聚赌，某企业员工工资发放不到一周就输光了，其余时间都要靠借钱度日。有时员工领到工资，马上请假外出赌博，直到将所有的工资输光才回厂上班，之后只得借债度日。为何热衷于赌博？有的员工赌博，一是想把输掉的钱赢回来，二是想发一笔横财，三是把赌博当成娱乐。青年员工如果有赌博等不良嗜好，每个月的工资一发下来就拿去赌博，往往负债累累，入不敷出，几乎没有余钱去谈恋爱。当然，与其建立恋爱关系的女性一旦发现他们有这些不良嗜好，肯定避之不及，马上与其断绝恋爱关系。青年员工的不良嗜好，不仅使他们在经济上变成"月光族"，身心上受到了损害，而且严重影响了他们常态化的恋爱择偶与成家立业的顺利实现。

　　网络成瘾。青年农民工另一个普遍的行为习惯是去网吧，这一行为的普遍程度高于赌博和彩票，且有一定的性别倾向性，男性员工去的多。男员工在网吧会联机打游戏，他们中的有些人经常通宵包夜地玩，这样不仅严重影响工作效率，而且可能造成出错率上升，甚至发生工伤事故。女性员工去网吧概率较小，但也会时不时去上网，通宵比较少，偶尔也会和男员工结伴通宵，大多是看电视、上网。最典型的一个案例是一个19岁的男性员工旷工一星期，埋头在员工宿舍里打游戏，被工厂发现后按规定立即辞退，可见网瘾对其工作和生活影响之大。

　　新生代"问题农民工"身上存在一系列不良嗜好，如抽烟、喝酒、赌博、网瘾等，这些不良嗜好对他们本身以及企业和整个社会都有很多不利影响。

　　首先，不良嗜好侵害青年农民工的身心健康。显然，抽烟、喝酒、网瘾等不良嗜好会严重影响新生代农民工的身体健康，使他们工作时不能集中精力，无精打采，严重的抽烟、酗酒及通宵上网极有可能将身体搞垮。同时，这些不良嗜好也不利于新生代农民工的心理健康，使他们形成不正确的价值观和人生观，以吃喝玩乐为追求，对自身修养的提高和自我完善无暇顾及，而社会对人才的高要求会加深他们的自卑感，从而使他产生孤僻、自闭、自卑的心理问题。因不良嗜好请假、旷工从而被扣薪水，以及无法集中精力导致工作效率不高而工资比别人低，或遭到领导和工友的排斥，这些也会导致新生代"问题农民工"产生自卑、焦虑等精神压力，从而极大地危害其心理健康。

其次，不良嗜好造成新生代"问题农民工"的经济问题。通过统计调查和前文的分析可知，新生代农民工虽没有较高的收入，但按照正常生活水平来说，他们的收入足以维持一定水平的生活，且会有一定的结余，而新生代"问题农民工"却面临"月光"问题，甚至需要使用信用卡超前消费来弥补亏空，这在很大程度上是受不良嗜好的影响。抽烟、喝酒、赌博、通宵上网、滥交友等不良嗜好，每一项都需要较大的开支，这对于做普工的新生代农民工来说，无疑是超出其收入负荷的。因此，大部分"问题农民工"每月入不敷出，产生经济问题，造成违法犯罪的隐患。据笔者的调查统计（2010年的调查资料），青年农民工的月平均收入是1878.2元，若按照以上开支计算的话，每月吃饭花销300~500元，抽烟、喝酒花销300~500元，上网花销100元，交通费和通信费100元，彩票、赌博花销100~200元，交际费用花销200~300元，再加上不提供住宿的A、C两厂中住宿费花销200~400元，则每个月的收入所剩无几，甚至还会有所亏空。

最后，不良嗜好增大了工伤事故的发生概率。不良嗜好影响员工的正常休息，使其上班时间经常打瞌睡，这极容易导致工伤事故的发生。尽管工伤事故多是工人操作不当引起的，但与上班时注意力不集中有关。企业对于工伤事故问题比较关注，往往归结为上岗前培训不够，但实际原因并不是这样的。

综上来看，民营企业中男性员工问题主要是网络成瘾问题，其次是赌博问题，再次是酒瘾问题；对于女工来说，有些女工交友随意，不注意个人性生活安全，产生意外怀孕等问题，不得不引产，这对女工身体本身就是一种伤害。

（2）员工随迁子女教育问题

根据"六普"数据统计，两代户、三代户家庭户分别占所有流动人口家庭户的38.52%、5.04%，表明中国流动人口以家庭为单位流动已成为常态。在企业生活区内，30岁左右的已婚员工大多将自己的未成年孩子带在身边。

在流动人口家庭教育方面，随父母流动的外来工子女很容易失去正常的管教。流动人口主要以打工为生，他们劳动时间长，很少有休息时间，没有时间去管教自己的子女，子女很容易在流入地被"放任自流"。这就很容易导致未成年人出现心理压抑、性情暴躁、行为莽撞等不良心理特征。由于外来务工人员子女文化程度普遍较低，且没有正当职业，或者从事的多是低层次、低收入的行业，缺乏明辨是非的能力，受酒吧、网吧、色情服务等社会环境负面影响，容易铤而走险，以致违法犯罪。[1]

在流动人口教育方面，外来工子女在公办学校容易受到排斥，而所谓的民办农民工子弟学校普遍教育质量差，外来工子女很容易失学。外来工子女随打工的父母来到城市学习和生活，由于之前学校的教学质量较低，经常迁移也导致学习生活无法正常化，再加上家长忙于工作无法督导孩子读书，他们的学习成绩普遍比本地生差，他们往往被公办学校教师贴上"差生"的标签。这种不公平的对待方式极易造成外来工子女的自卑心理，导致其学习成绩越来越差。教师的态度也会影响本地学生与家长，使公办学校外来工子女总是处于一种被排斥于群体之外、受歧视的状态，导致一些外来工子女在公办学校中就学一段时间后，因为受不了歧视而要求转学到农民工子弟学校学习。在农民工子弟学校中就学的都是外来工子女，他们有着相同的身份、相同的地位，因而能够平等相处，而不用担心会受到老师的歧视。现在外来工子女被"污名化"已成为事实，导致许多公办学校也不再想招收外来工子女，或设置许多附加条件，导致外来工子女在移入地读书越来越困难，他们只能在办学条件较差的民办学校求学。[2] 学校经常用成绩作为评价一个学生好坏的标准，成绩较差的学生往往会被老师忽视，也会受到同学的歧视，甚至得到不公平待遇。在这样的学校环境下成长的青少年，很容易会对学校教育失望，并产生憎恶感，常常选择逃课，到社会中用不正当的方式寻求心灵的慰藉。

课题组在福州一所公办小学了解到一个案例。一名农民工子女，名叫阿翔，在五年前跟随父母进城，现在就读于一所位于城郊的小学六年级，由于好动顽皮，成绩也不好，受到本地同学的歧视，授课老师对他的态度也不好，后来阿翔多次逃课，去网吧、游戏厅玩，父母知道后对其进行打骂，但这让阿翔更加难过，不仅逃课还经常夜不归宿，混迹于网吧。此后，阿翔的班主任才知道事态的严重性。其实，阿翔逃离学校、逃离家庭，原因就在于学校没有平等对待学生，往往给农民工子女贴标签，认定

---

[1] 金小红：《陈薇越轨理论视角下的城市流动犯罪青少年调查》，《理论研究》2011 年第 3 期。

[2] 甘满堂、赵越：《"差生"：外来工子弟正在被"污名化"——对公办学校外来工子弟学生形象的实证研究》，《石家庄学院学报》2009 年第 5 期。

其为差生，老师的评价标准也发生偏差，并对农民工子女不闻不问，导致农民工子女丧失学习热情，只能通过在类似于网吧这种娱乐场所发泄自己的情绪，逐步流入社会。

青年流动人口失业，有时并不是工作不好找，而是他们不愿意工作，属于自愿失业。当前很多劳动密集型企业招工难，却出现青年农民工失业问题，主要原因在于企业的工资待遇不能满足其要求，或他们本身好逸恶劳，不愿意就业。新生代农民工渴望"工作在城市，生活也在城市"，他们不希望做一架劳动机器，他们也渴望有城市居民所拥有的休息与休闲时间。他们在招工时提出宿舍要空调，每周要有一个休息日，其实这些都是正常的要求。对于员工来说，职工宿舍就是他们的家，他们当然希望家能更舒适一点。如果每天都要加班，每月没有休息日，那么他们连谈恋爱的时间都没有，那谈什么生活在城市呢？很多青年工人希望在工资不降低的情况下，每天工作8小时，加班不超过2小时，每周能有一个休息日。这是属于劳动法规定的要求，但在实际生产管理中很多企业做不到。现代企业员工流动率非常高，他们以"用脚投票"的方式来表达对资方的不满。

MF公司住厂员工以夫妻员工居多，他们将家也安在公司内，大孩子可以在附近的中小学就读，小孩子可以选择读幼儿园。MF公司的外围社区就有家私立幼儿园，是有人租用公司场地办的，员工子女与本地儿童一样交学费，没有优惠待遇。孩子入园每人每月需交400元的学费，这对职工家庭而言已是不小的开支，因此一些员工宁可让自己的妻子、父母照看子女，也不愿送孩子去幼儿园，从而导致儿童入园的年龄往往偏大。MF公司附近的村子里有一所小学，镇上有初中和高中，随着国家对农民工子女就学问题重视程度的增加，政策扶持力度不断加大，而且逢年过节，MF公司都会为附近的学校捐赠数额不等的"赞助费"，农民工随迁子女的就学问题也迎刃而解。然而农民工整日忙于工作，很少顾及孩子的学业和精神感受，存在家庭教育缺失问题，工厂不少农民工子女处于"放养"状态，寒暑假期间父母工作，他们就结群玩耍，往往会产生不少的安全问题，令家长十分担忧。家长大部分文化水平比较低，无法辅导小孩学习，再加上要上班根本没时间来照看小孩。为了防止小孩到处乱跑，有些家长只能将小孩锁在家里，小孩单独在家危险仍不可忽视，但也没办法，毕竟农民工家长能力有限，没有机会让孩子上暑假班。有的小孩自制力较弱，在家整天玩电脑、看电视。有些小孩会成群结队地跑到工作车间去玩，这是相当危险的行为,可是小孩又很调皮不听劝,仍旧会趁大人不注意偷偷去"冒险"。有些小孩会跑到成品库进行"冒险",所到之处一片狼藉,给公司带来不少损失。这不仅给家长带来不少困扰,也让公司管理人员很伤脑筋。

(3) 员工家庭关系紧张问题

个案04 A家庭夫妻加子女共4人,来自湖北随州。丈夫在公司成品库上班,每天的工作就是将加工好的铝型材搬到货车上,妻子今年仅19岁,但已经是两个孩子的母亲,没有工作,全职带孩子,她老公的父母和亲戚也在这个厂里打工。她与老公是同乡,在打工过程中认识并结婚,夫妻两个人的感情基础并不牢固,经常出现吵架甚至家暴行为。

个案04向笔者讲述了她和老公的关系问题。

> 因为我老公知道自己的经济状况不好,担心我出去打工后,跟着别人跑了。因为我们村子里的一些已经结婚了的年轻女人出去打工后,跟打工地的人好上了,有的再也没回来,有的回来了也是以离婚收场。平日里我俩的关系时好时坏,他平常爱喝酒,生气起来特别可怕,有时候还会动手打我呢!

个案04还向笔者抱怨她和婆婆难以相处的关系问题。

> 我老公的父母和亲戚也在这个厂里打工,平日里繁重的工作已经让大家精疲力竭,虽说一家人都在一个厂工作生活,但很少联络走动。特别是我的第二胎还是女儿,婆婆一心想抱孙子,一听说是女孩,从孩子出生的那一刻起就很嫌弃,现在孩子6个多月了,她还没有过来抱过我的小女儿。对于我被老公打骂,他们也不过问。(我觉得)我的命不好,我妈妈生我们的时候我奶奶对她细心照顾,我怎么没有遇到一个像我奶奶那样的好婆婆呀?[1]

---

[1] 转引自张璐璐《企业社会工作干预青年农民工婚恋家庭问题探索》,硕士学位论文,福建师范大学,2013。

A家庭的社会问题表现：早婚问题，孩子也无法落户；夫妻关系紧张；重男轻女，导致生育两个女儿的儿媳妇被公公婆婆冷落。

个案05 D家庭来自贵州毕节，一家7口人挤在工厂一间10平方米的宿舍内，家庭成员有40多岁的父亲与母亲、大儿子一家3口，以及未成年的女儿与次子，他们在工厂附近中小学读书。大儿子今年18岁，但已当上孩子爸了，属于未婚生子，孩子不到1周岁。大儿子两年前一个人在晋江打工时，通过QQ聊天认识了一个晋江本地的农村女孩，年龄也只有16岁，当年他们就未婚同居，女孩怀孕后，女方父母才知道女儿有了男朋友，坚决反对这桩姻缘，但女孩子坚持，于是孩子生下来，女方父母因此就不过问他们小两口的生活。由于没有达到法定结婚年龄，他们在一起，既没有婚姻登记，孩子也没有上户口。大儿子自老婆生孩子后，就没有再出去找工作。父亲平时爱喝酒玩牌，不怎么拿钱回家，一家人的日常生活支出都由在挤压车间工作的母亲负担。平日里母亲需要工作12个小时，还要照顾只有几个月大的小孙子，生活非常疲惫，苦不堪言。18岁的大儿子及儿媳整日窝在宿舍，除了带孩子，就是上网打游戏、聊天。父母多次忠告大儿子与媳妇要出去找工作，然后搬离这个职工宿舍，孙子可由他们代养。然而五个月过去了，大儿子还是沉溺于网络游戏，不顾家也不照看自己的孩子，令其父母感到无奈无助。儿媳妇也没有找工作，主要任务是带孩子和为全家人做饭，当被问及丈夫这种不挣钱养家的行为时，她表示暂时只能这样，他们一家三口寄居婆婆的员工宿舍也是没有办法，她和丈夫目前还买不起房子。对于未来的打算，她说还没有想好，可能等孩子大些了会继续打工，或者摆地摊做些小生意。

这个家庭可谓问题重重，大儿子没有到法定结婚年龄就未婚生子，孙子也没有户口登记；大儿子有网瘾，不肯工作，啃老；父亲喜欢喝酒赌博，没有多少钱养家；一家7口人生活在10平方米的员工宿舍里，过度拥挤。对于该家庭的特殊困难，企业方面提出欢迎大儿子与儿媳到公司就业，如果大儿子能到公司上班，公司就再分配一间夫妻房给他们家，房租全免。如果大儿子不肯来公司就业，企业提出只要每月付200元房租也可以分配一间房子给他们家。但大儿子觉得在MF公司上班太辛苦，不愿意。

母亲觉得每月200元的房租太高了，一家7口人只好这样挤着过日子。

个案12 G家有两代4口人都在MF公司工作，爸爸妈妈与儿子、儿媳分居两间夫妻房性质的职工宿舍，但吃饭都在一起。儿媳妇反映道："刚来到他家，其他人我都喜欢，而且相处得很好，除了我的婆婆。我婆婆经常很懒，吃完饭碗都不洗干净，夏天衣服穿很久也不换，再加上她听不懂我说普通话，对我这个爱干净的儿媳妇特别不满，就开始耍婆婆的威风，甚至冲我发脾气。还好有我老公在，他站在我这边，并悄悄告诉他妈，只有对我好，我俩才会在她晚年更孝敬她。结果这招真好使，现在婆婆对我可好啦！饭也主动做，衣服也主动帮助我们洗，我还经常和婆婆一起去逛街呢！"

G家庭存在婆媳不和问题，幸好通过内部磨合，解决了问题。但据笔者的社工研究生在MF公司的调查，这种婆媳关系不和的案例在企业社区中并不是少数。

企业针对有问题的员工，如不上班的，都是辞退处理。员工家庭问题不属于生产性问题，企业并不过问。只有发生打架事件，公司保安才过来干预调解，但调解工作很粗糙，不能解决问题。笔者就MF公司社区发生的早婚早育、计划外生育等问题征求MF公司所在村的干部意见时，他们说这些事他们管不了，因为他们是外来人口，流动性强，还是归流出地政府管。企业所在地政府对于企业社区的管理，仅仅是地方派出所要求外来工办暂住证、居住证，此外并无其他实质性行动。

五 结论与讨论

亚当·斯密在他的《道德情操论》中说："如果一个社会的经济发展成果不能真正分流到大众手中，那么它在道义上将是不得人心的，并且是有风险的，因为它注定会威胁到社会的稳定。"在工业化进程中，英美等西方国家的工人待遇逐步得到提升，工人最终得以共享工业文明带来的财富增长，其原因主要是工人群体抗争与工会运动、国家立法支持劳资协商解决冲突，以及企业主的自觉。而中国工人待遇提升主要依靠"用脚投票"，这是中国工人运动的特色。

受全球产业链分工与转移影响，与英美国家工业化相比，中国工业化呈现明显的区域递度推进式发展。东南沿海因改革开放先行政策的优势，制造业得到迅猛发展，由于本地劳动力供给相对短缺，出现中西部地区劳动力向东南沿海集中的现象。长期的劳动力生产体制的分离，使企业得到相对廉价的劳动力，但这种低成本劳动力水平具有不可持续性。那种只承担劳动力生产，而不愿意承担劳动力再生产的雇用体制必然无法实行。中国制造越来越需要素质较高、相对稳定的工人队伍，企业社区作为承载劳工城镇化生活的平台显然越来越重要。

1. 相对封闭的企业社区

郊区企业、大中型企业偏向于建立企业社区，为员工提供一揽子企业福利方案。在城区的企业受地价限制，无法建立企业社区，只能提供集体宿舍，或为员工提供住房补贴，让工在外租房来解决住宿问题。企业社区员工以外来工为主，通常占企业员工总数的一半。

企业员工在选择是由企业资本还是社会资本提供的住宿时，更多倾向于由企业资本提供的住宿，这样可以节约生活开支，除房租之外，还有水费、电费的优惠，以及相对安全的居住环境。宿舍分为集体宿舍与家庭公寓两种形式。企业职工宿舍不仅能为员工提供住房，而且能为他们的家庭提供住房，员工可以将家庭安置在企业社区中。

企业社区在生产区周边，进出都有保安守卫，这造成企业社区相对封闭，也导致企业社区居民难以享受到社会服务。

2. 企业社区只是临时庇护所

企业社区为员工及其家属的工作与生活提供了良好的空间，提升了农民工城镇化生活水平。但企业社区对于员工来说，只是一个临时的庇护所，员工与企业之间的关系是依靠劳动关系维系的，一旦劳动关系解除，工人就不能再住在企业提供的宿舍里了，就必须离开企业社区。如果工人已届退休，他们很可能就要回乡养老了。因为他们在城市里没有购房，租房成本太高，回乡安度晚年是很多农民工的归宿，能做到60岁算是很不错了。很多员工觉得自己做不到60岁，55岁时就回乡种地去了。可见劳动力生命周期结束，大多数农民工仍要回乡定居。另一种可能是，如果子女孝顺，他们也可以跟随子女住。但男性老年人没有这种乐观的想法。老母亲可以帮子女带孩子做饭，而老父亲跟子女过，显然不受子女欢迎。这种劳动力生命周期结束就回农村的城镇化只是"半城镇化"，退休金并不能维持在流入地的生活，主要是没有房子住，房租就是一笔很大的支出。面对高昂的房价与生活成本，企业社区的存在降低了农民工的生活成本，提升了他们的适应能力与生活品质。

3. 企业不合理的工作时间规定影响员工的生活品质

2014年，某机构发布的一篇名为《90后毕业生饭碗报告》的文章在网上流传，报告基于35余万份来自"90后"就业情况的调研数据，称2014年大学毕业生平均期望月薪为2606元，而国家统计局2013年调查全国农民工平均月薪为2609元，由此引发大学生工资如何才能超过农民工工资的讨论。大学生工资真的比农民工工资低？如果仅从月工资比较角度，也许是事实。但如果要科学准确地比较两个群体的工资水平，除了用月工资标准之外，还需要用小时工资标准。仅用月工资标准，掩盖了农民工月工资背后普遍超时加班的事实。

当前虽然农民工月工资有所增长，但很大部分是需要通过超时加班来换取的。员工每天要加班两个小时以上，每周休息也不到一天。这也导致企业投资建设的文化体育等娱乐休闲设施利用率不高。社会保险仍存在问题，养老保险与医疗保险并非所有员工都能拥有。单身员工宿舍条件有待改进，6人制的宿舍比较拥挤，也缺乏隐私保护。尽管夫妻员工在住房方面的待遇比单身员工好得多，但较长的劳动时间使他们也很少有时间照顾随迁的孩子。民营企业工资集体协商制度还没有建立起来，为寻求工资待遇的提高，员工主要通过离职跳槽来实现。[①]

4. 企业社区也需要社会工作干预

民营企业为稳定员工队伍，兴办企业社区，提升了外来工的生活质量，承担了推进农民工城镇化的重要任务，但企业社区中也存在员工家庭问题，如随迁子女教育问题、早婚早育问题、夫妻关系紧张与家庭暴力问题。针对员工家属与员工家庭问题，企业并没有专门派出人手负责解决，既影响外来工的生活质量，也影响到社会稳定。在中国计划经济时代，国营企业中的工会、青年团、妇联等机构都从事员工辅助类的工作，为本企业员工解决个人问题，如婚恋、家庭纠纷等，其职能如同我们现在说的企业社会工作。改革开放后，国企改革，经济利益至上，企业工会、青年

---

① 甘满堂：《"用脚投票"压力下的企业工资调整机制》，《福建行政学院学报》2013年第6期。

团、妇联等机构作用开始虚置。当前学界与政府也看到了企业社区所存在的社会问题,开始往企业社区派驻职业社工,通过社会工作服务来解决员工及其家属遇到的社会问题,但目前在广东的企业社会工作试点工作只能解决一些员工的个人发展问题。

目前,企业社工推行较好的地方是深圳市,一些企业主愿意接受社工入厂,因为专业社工驻厂后能实现劳资双赢,为资方创造价值。深圳市冠旭电子有限公司董事长吴海全是深圳市龙岗区第一个出资聘请专业社工驻厂的企业主,他希望专业社工运用专业的社工方法解决企业员工流失、职工精神健康等问题。职业社工在企业建立社工服务中心后,积极搜集员工需求信息,并向企业方转达。员工流动率过高,与企业工资待遇有关,当企业认真改进工资待遇后,员工也在专业社工的帮助与教育下,改变了一些不良习惯,提高了工作热情与工作效率。最终结果是,企业员工工资增加,企业生产效率也得到提高,实现了劳资双赢。笔者以在企业做管理博士后的经验来看,如果改进管理,当前企业工人的工作效率仍有提升空间,至少可以提升30%,工人的工资也可以相应上调30%左右。劳动力成本上升是大势所趋,专业社工要积极参与现代工业管理体系建设,协助培养专业、高效且敬业的产业工人。

从企业社工发展阶段来看,需走政府扶持、政府和企业共同分担,直至企业出资购买之路。在国外,企业工会出资聘请社工为企业员工服务,中国企业工会也可以借鉴这种方式,地方市县级工会在此过程中要加强引导工作,也可以拨出一部分工会会费购买社工服务,定向提供给急需社工服务的企业。

5. 发挥企业在农民工城镇化过程中的积极作用

促进农民工城市化、市民化,深入推动农村劳动力转移,对促进城乡一体化、遏制城乡收入差距扩大、扭转经济发展的增长方式等具有十分重要的作用。农民工市民化,需要政府、企业协同努力。过去我们更多强调政府责任,如改革户籍管理制度,但如果解决不了农民工的就业保障与住房问题,即使给了农民工城市户籍,他们也无法立足于城市社会。现在许多城市的流动人口户籍管理和居住证制度与劳动关系挂钩,这在客观上也要求企业在农民工市民化过程中发挥积极作用。民营企业社区的兴起,为农民工城镇化提供了较好的平台。一些企业积极履行企业社会责任,与政府共同分担农民工市民化的成本,为农民工提供稳定的就业岗位,以及收入增长预期,提供养老、医疗等社会保障,以及住房、培训等员工福利,增强农民工的城市适应性。农民工先融入就业企业，再融入城市社区，这样农民工市民化才有坚实的经济基础。政府可以通过落实法制和使用经济与社会手段，积极引导企业在农民工市民化过程中履行企业社会责任。法制手段就是认真贯彻执行劳动法，推动企业工会组建工资集体协商制度，维护农民工权益。经济与社会手段就是对积极履行企业社会责任的用工企业减免税收或进行财政补贴，以及表彰宣传等。

第九章 新生代农民工的不良嗜好及企业社会工作介入策略[*]

通过对新生代农民工进行问卷调查以及对企业人力资源部主管进行访谈，我们发现新生代农民工存在一些不良嗜好，如赌博、抽烟、喝酒、网络成瘾等，这些不良嗜好的形成是企业忽视员工工作之外的生活、员工亚群体思维以及不适当的休闲生活方式等造成的，而新生代农民工在社会化未完成的阶段，企业有责任帮助其树立正确的价值观。作为社会福利的企业社会工作服务需要被引入民营企业，以帮助青年员工矫正不良嗜好。

一　研究背景和问题的提出

在西方国家，作为专业化、科学化的助人事业——社会工作介入工业领域由来已久。20世纪初，美国工业界酗酒风气严重，严重损害工人健康，并带来怠工现象、意外事件等，严重影响企业的生产效率。于是，在企业的赞助下，一些专家开始帮助员工解决这些问题，实施"工业酗酒干预方案"。20世纪60年代，随着工业化的快速发展，企业员工的工作压力问题、酗酒问题、婚姻与家庭问题越来越影响到员工的工作绩效和企业的生产效率。心理学家及社会工作者推行了一系列的服务方案，其中影响最大的就是"员工帮助计划"（Employee Assistance Program，EAP）。20世纪六七十年代，中国台湾、香港地区经济起飞，也引发了诸多的工人问题。为满足员工需要，社会机构开始参与处理员工工作和生活上的问题，其针对的不仅是工人个体层面的发展需求，如就业培训辅导、心理健康咨询

---

[*] 本章为笔者与所指导的2009级研究生赵越、2010级研究生攸雨阳合著。

等；还积极参与工人群体层面的权益维护，介入工潮，为劳动争议解决提供辅导，有效促进了劳资关系和谐。① 从中国台湾与香港经验来看，企业社会工作不仅做 EAP，还兼做劳动关系，这就使企业社会工作与企业人力资源管理有机地结合在一起。②

在中国计划经济时代，国有企业中的工会、青年团、妇联等机构都从事员工辅助类的工作，为企业员工解决个人问题，如婚恋、家庭纠纷等，其职能如同我们现在说的企业社会工作。③ 改革开放后，国企改革，经济利益至上，企业工会、青年团、妇联等机构作用开始虚置。在此时成长起来的非国有企业，企业工会等机构很不健全，长期以来，很多企业只注重对员工进行单方面的物质激励，忽视员工的精神福利，不关注他们下班之后的生活，引发的员工生活问题特别多。④ 2010 年富士康发生的 13 起员工跳楼事件引发社会各界的广泛关注，据调查，这些出事的员工都是"80 后"的年轻农民工。关于富士康事件的调查报告称，这些员工是由于工作强度过大、工作时间过长、与人交流偏少以及遭人歧视等选择跳楼。⑤ 富士康事件引发人们对新生代农民工精神健康的关注。中山大学刘林平课题组对珠三角与长三角地区的企业农民工进行调查发现，10.16% 的珠三角农民工有精神健康问题，需要进行心理干预，比长三角高 1.26 个百分点；有 1.21% 的农民工精神健康问题较为严重，需要进行重点干预；"90 后"农民工出现精神健康问题的概率比"80 后"稍高。调查还发现，新生代农民工的精神状况并不像此前社会舆论认为的那么严重，甚至比大学生群体还要好些。⑥ 由此看来，富士康事件只是极端的个案。但如果从农民工消费角度来看，也有些现象需要注意。老一辈农民工中，有九成会把工资通通寄回家；新一代农民工中，有七成会把

---

① 谢鸿钧：《工业社会工作实务——员工协助方案》，台湾桂冠图书股份有限公司，1996，第 111 页。
② 高钟：《企业社会工作概论》，社会科学文献出版社，2007。
③ 方舒：《工业社会工作与员工精神福利》，《华东理工大学学报》（社会科学版）2010 年第 6 期。
④ 王春光：《对新生代农民工城市融合问题的认识》，《人口研究》2010 年第 2 期。
⑤ 徐道稳：《生存境遇、心理压力与生活满意度——来自深圳富士康员工的调查》，《中国人口科学》2010 年第 4 期。
⑥ 姜金霞、李俊涛、孙鹏：《企业员工援助计划在我国企业中的有效运用研究》，《中国证券期货》2012 年第 6 期。

工资花在吃穿玩上。① 笔者在研究新生代农民工资收入与消费问题时发现，许多青年员工有抽烟、喝酒、上网、购买彩票、赌博等爱好，有的甚至存在严重的烟瘾、酒瘾、网瘾以及赌瘾等问题，结果不仅花光了所有工资，还会引发工作问题，如上班注意力不集中，容易出现工作差错，导致成品率低，有的甚至会造成工伤事故，影响企业正常生产。这些员工的不良嗜好不仅影响个人成长与社会化，也会对企业生产经营产生不良影响，亟须企业与社会干预。②

本章通过对福州、泉州等地10余家劳动密集型制造企业员工的调查和访问，了解新生代农民工有哪些不良嗜好，讨论这些不良嗜好形成的原因和造成的危害，并从企业社会工作的角度出发，把EAP应用于干预新生代农民工的不良嗜好，从而促进新生代农民工健康成长，企业也可以因此而增强自身的管理效能，创造一个双赢的局面。本次调研笔者采用问卷调查和典型个案访谈相结合的方式。问卷的发放根据便利原则，共涉及6家制造业企业，分布状况是福州市福兴开发区2家、南安市3家和厦门市1家，共回收182份有效问卷。此外，抽取了一些典型个案，对10家企业的人力资源部主管进行了访问，并重点对两家女工占多数的服装企业以及一家男工占多数的重工业企业的部分员工进行了个案访谈。

二 新生代农民工不良嗜好的表现及危害

笔者通过访谈以及问卷调查，获得了丰富的新生代农民工生活信息。此次调查样本的平均年龄为24岁，来到所在城市的平均时间为5.3年。他们大多数不到20岁便来到城市打工，更有一些是从小就跟随打工的父母在城市长大。通过对问卷和访谈资料的整理以及实地观察，笔者发现新生代农民工的不良嗜好主要表现在抽烟、喝酒、打牌（赌博）、买彩票、玩电子游戏几个方面，见表9-1。

---

① 全国总工会新生代农民工问题课题组：《农民工调查报告·摘要》（2010），腾讯新闻，http://news.qq.com/a/20100621/001705_1.htm。
② 郑广怀、刘焱：《"扩展的临床视角"下企业社会工作的干预策略——以广东D厂的新员工为目标群体》，《社会学研究》2011年第6期。

表 9-1　调查对象生活习惯统计

单位：人

	经常			偶尔			从不			合计
	总数	男	女	总数	男	女	总数	男	女	
抽烟	22	20	2	31	30	1	129	53	76	182
喝酒	13	11	2	105	83	22	64	9	55	182
打牌（赌博）	7	5	2	74	57	17	101	41	60	182
买彩票	5	3	2	56	51	5	121	49	72	182
玩电子游戏	10	8	2	100	70	30	72	25	47	182

1. 烟瘾

通过笔者的观察发现，在生活中，抽烟现象普遍存在，且烟民比例较高。问卷调查结果显示，有抽烟习惯的男员工数接近男员工总数的 50%，其中经常抽烟的男员工数占男员工总数的 19.4%。笔者在员工生活区的探访中发现男工宿舍以及走廊都弥漫着烟味，水房和洗手间也随处可见吸剩的烟头，车间外面走廊的垃圾桶和卫生间的垃圾桶中也可以发现不少烟头。员工抽烟多是自然而然学会的，在农村的时候比较少抽，来到厂里打工后渐渐抽得更多，主要是平时工作很乏味，就是单纯的重复性的动作，却要做一整天，抽烟可以提神，而且朋友、工友、室友也会发烟，大家一起抽，慢慢也就抽得越来越凶。此外，在集体宿舍中，部分员工的抽烟行为也往往成为引起员工间矛盾的因素之一。

2. 酗酒

调查结果显示，经常喝酒的男员工数占男员工总数的 10.7%，偶尔来一杯的男员工数则占到男员工总数的 80.6%。笔者在企业调查时发现，多数喝酒的员工认为，喜欢喝酒主要是干活太累了，酒可以消乏，喝上一杯好睡觉；其次是朋友在一起吃饭，无酒不欢，无酒不能表达热情；另外，在夏天喝啤酒，还可以解渴。很多青年员工在夏天基本上中晚餐都要喝一瓶啤酒，某些有酒瘾的员工一年四季中晚餐都要喝酒。冬天下班后，员工们喜欢喝几杯白酒。受男工请客喝饭影响，也有近 30% 的女工偶尔会饮酒。公司宿舍管理员普遍认为，公司中个别员工有酗酒的不良嗜好，有的酒后闹事，有的喝酒后去上班，容易发生工伤事故。

3. 买彩票与打牌（赌博）

现在的福彩与体彩，中奖率是相当低的，但有些员工幻想能中大奖，非常喜欢买彩票,有些人甚至每天下班都会去买上几注。调查发现,有33.5%的员工会"经常"或"偶尔"去试试手气。经常购买的员工都因为中过小奖,渴望能中到大奖,结果资金投入越来越多,却没有什么收获。闽南地区地下六合彩泛滥,有些员工会偶尔购买地下六合彩。有些青年员工喜欢赌博,经常玩赌博性质的扑克牌来消闲,一次性输赢金额通常在数百元,这已超过"小赌怡情"的范围了,是真正的赌博。甚至有些有赌瘾的青年员工在领到工资后,马上请假外出赌博,直到将所有的工资输光才回厂上班,之后只得借债度日。

4. 玩电子游戏

新生代农民工另一个普遍的行为习惯是去网吧,这一行为的普遍程度高于赌博和彩票,且有一定的性别倾向性,男性员工去的多,男员工在网吧会联机打游戏,他们中的有些人经常通宵包夜地玩,严重影响第二天的工作和生活。女性员工去网吧概率较小,但也会时不时去上网,通宵比较少,偶尔也会和男员工结伴通宵,大多是看电视、上网。现在手机也具有上网与玩游戏的功能,员工经常在休息时间玩手机,有的甚至在工作岗位上玩手机。

(二) 新生代农民工不良嗜好的危害

新生代"问题农民工"存在一系列不良嗜好,如抽烟、喝酒、赌博、网瘾等,这些不良嗜好对他们本身以及企业和整个社会都有很多不利影响。

首先,不良嗜好伤害新生代农民工的身心健康。显然,抽烟、喝酒、网瘾等不良嗜好会严重影响新生代农民工的身体健康,使他们工作时不能集中精力,过度的抽烟、酗酒及通宵上网极有可能将他们的身体搞垮。同时,这些不良嗜好也不利于新生代农民工的心理健康,使他们形成不正确的价值观和人生观,以吃喝玩乐为追求,对自身修养的提高和自我完善无暇顾及,而社会对人才的高要求会加深他们的自卑感,从而使他们产生孤僻、自闭、自卑的心理问题。因不良嗜好请假、旷工而被扣工资,以及无法集中精力导致工作效率不高、工资比别人低,或遭到领导和工友的排斥,这些也会导致新生代"问题农民工"产生自卑、焦虑等精神问题,从而极大地危害其心理健康。

其次,不良嗜好造成新生代"问题农民工"的经济问题。通过统计和前文的分析可知，新生代农民工虽没有较高的收入，但他们的收入足以维持一定水平的生活，且会有一定结余（见表9-2）。而新生代"问题农民工"却面临"月光"问题，甚至需要使用信用卡超前消费来弥补亏空，这在很大程度上是受不良嗜好的影响。抽烟、喝酒、赌博、通宵上网等不良嗜好，都是消费性质的，需要大量工资支出才可以进行。因此，大部分"问题农民工"每月入不敷出，产生经济问题，带来违法犯罪的隐患。

表9-2 调查对象每月结余情况统计

单位：人，%

性别	较多结余	有些结余	几乎没有结余	挣得不够花	合计
男	6，5.8	67，65.0	22，21.4	8，7.8	103，100
女	5，6.3	49，62.0	16，20.3	9，11.4	79，100
合计	11，6.0	116，67.3	38，20.9	17，9.3	182，100

最后，不良嗜好增大了工伤事故的发生概率。中国制造类企业发生工伤事故多与员工培训不够有关系，但也与员工疲劳工作相关。员工的不良嗜好容易导致员工无法正常休息，如打牌、上网等活动过多，都会挤占休息时间。某些休息不够的员工经常在上班时间打瞌睡，这极易导致工伤事故的发生。饮酒后上班也极易导致工伤事故的发生。

三 新生代农民工不良嗜好的形成原因

（一）企业对于工作之外的员工生活不关注，放任自流

在笔者所访问的三家工厂中，对于一线普工，A厂不提供宿舍和食堂，员工需要自己解决吃住问题，B厂提供宿舍和三餐，C厂不提供宿舍，只提供一顿午餐，但大多数员工不在厂里用餐。

笔者对A、B两厂人事主管进行了访谈，A厂普工不在工厂吃饭和住宿，租房子由他们自由选择室友和地段，只要将住址在人事部门登记备案即可，这样也是为了保证有突发事件时能找到他们。但据笔者了解，员工说住在哪，人事部门不会去核查是否属实，员工如果搬迁且未去登记更改，人事部门也不得而知，这方面存在较大的疏漏。企业尚且无法确保知道员工的住所，更不用说关注员工生活问题了。A工厂的人事主管说，他

们对员工的绩效考核主要分为工作件数、出勤天数、迟到早退情况、请假情况等,通过这些指标来核算员工每月的工资和奖金。公司不会干涉员工下班后干什么,以及有一些什么生活恶习,公司也无从知道,只是他们规定在厂区内不能抽烟,而其他如喝酒、上网、玩游戏等生活习惯和他们的消费状况、交友状况、心理状况等,公司都不予干涉和过问。

  B厂普工大部分住在厂内宿舍,约30%的人在外面租房子或者借住亲戚朋友家,大多是一些情侣和已婚员工。然而,即使大部分员工在厂内宿舍住,人事部门也很少过问员工的生活问题;虽然规定禁止在宿舍内吸烟,但是宿舍区只有做卫生的阿姨负责打扫,也难以约束他们抽烟的习惯。年轻人学别的东西不快,学抽烟倒很快。公司对员工抽烟行为一般不干涉,只要员工不在车间抽烟造成安全隐患就行。企业人事部门的工作人员说,提供宿舍是企业老总为了提升企业形象,近几年才有的举措,并没有因员工住宿舍而进行集中管理,只要他们不在宿舍干违法乱纪的事情,企业一般不会干预,譬如抽烟、喝酒之类的生活问题,属于他们的私事,只要不过分影响别人,一般就不会过问。同时,管理层平时也不经常到宿舍视察,因此,他们对员工的私生活也不是十分了解。调查期间,笔者也到员工宿舍走访过,当然是在厂区主管和员工不知情的情况下,员工宿舍没有楼管值班,可以随便出入,平日是清扫厂区和办公大楼的阿姨顺带负责宿舍楼道的清洁工作,宿舍上下铺每间住8人,男女宿舍在同一栋楼的不同楼层,每层楼两个盥洗室和公共洗手间,宿舍内部只有床、铁皮柜和一张不大的方桌,其他东西如被褥、生活用品等都是需要自备的,男女宿舍都比较杂乱。

  综上所述,A、B两厂虽说食宿条件不同,企业管理员工的程度也不同,但是两厂对员工的行为习惯、生活恶习、交友状况等了解较少,也没有将他们生活上的一些表现纳入考核绩效,这样会忽略对年轻员工不良行为的管理、预防和矫正,使员工和企业之间的关系只有雇用和被雇用的关系。虽然这些并不是明文规定的企业责任和义务,但是新生代农民工不同于其他群体,他们独特的身份和特征决定了其需要外界的帮助来形成一些良好的行为习惯和健康、积极、向上的人生观。企业是新生代农民工来到城市后接触最为密切的对象,若企业忽视对他们生活问题的关心、管理和一定的限制,他们就如同脱了缰的野马,无拘无束,以致形成不好的生活习惯以及不正确的人生观,甚至有违法犯罪的可能。

（二）新生代农民工群体亚文化的影响

根据笔者对新生代农民工的访谈得知，他们普遍认为抽烟是成熟的象征，喝酒是交友的需要，有人认为抽烟、喝酒都是为了排解压力、放松身心。青年员工下班后一般没有比较好的休闲娱乐，他们通常搭伙结伴去周边喝酒，或者去网吧上网玩游戏。青年员工的同伴群体大多会抽烟和喝酒，即使他起初不会，和同伴在一起玩多了也就学会了，否则就难以融入同伴群体。

新生代农民工还处于青年阶段，同伴群体对于这个年龄段的人影响是非常大的。一个人的行为在群体行为中就会显得没有那么突出，当一群人都在做同一件事情的时候它似乎就显得比较合理。面子问题也是一个影响因素，新生代农民工会因为担心不会抽烟、不会喝酒在朋友圈中没有面子，而沾染上抽烟、喝酒的不良嗜好。

（三）休闲娱乐方式单一、匮乏

企业对新生代农民工的干预一般只在工作的那几个小时，而下班后的生活则是他们自己的事情了，这样就造成他们工作之余缺乏健康的业余活动，企业也没有在这方面加以正确的引导，从而使新生代农民工受别人影响发展出一些不太健康的休闲活动，如沉迷于网络、滥交朋友等。

在笔者调查的 10 家企业中，有 3 家企业没有开展任何业余娱乐活动，它们都是员工不足 200 人的小企业；另外 7 家规模较大的企业都开展了娱乐活动，但每月只有一次。由于没有开展正式的、由企业引导的互动联谊等活动，员工都是在私底下互相熟悉的。如果企业能开展一系列的业余活动，既能增进员工之间的了解、沟通和协作，又能丰富员工工作之余的闲暇时间，是一举两得的事情。如果能开展些互动类的培训班，更是一举三得，可以丰富新生代农民工的知识储备，使其提高个人素养，而不是花大把时间在一些不良的嗜好上。

四 企业社会工作介入策略

企业社会工作是社会工作专业理念与方法在企业管理中的介入与运用，是社会工作的一个重要领域。其目的是在维护员工权益、增进职工福利的基础上，激发劳动者积极性，进而提高企业效率。"以人为本，助人自助"是社会工作的价值观，也是企业社会工作者介入员工帮助的实践区别于企业人力资源管理和一般企业管理的独特之处。社会工作者具有的独特的价值观念，系统的问题分析视角和解决框架，以及专业的个案、小组、社区等工作方法和技巧使其在介入员工不良嗜好的预防和矫正工作中有着独特的优势。

1. 对问题员工进行个案干预和治疗

结合社会工作实践的成功经验，笔者认为，社会工作三大传统工作方法中的个案工作适用于对新生代农民工不良嗜好的干预和治疗。个案工作是专业社会工作者以科学知识和专业技巧为基础，通过一对一的专业关系，帮助服务对象处理其与环境之间的关系，从而增进服务对象的社会福祉。[①] 对于沾染不良嗜好的新生代农民工，个案工作的重点在于心理层面的辅导与帮助。企业社工要与案主"结对子"，开展一对一的帮扶活动。首先，帮助案主澄清对自身不良嗜好及其危害的认识。其次，引导和增强服务对象寻求改变的动机。再次，激发服务对象自我知觉、选择、判断、行为的能力，帮助服务对象制定科学合理的行动方案。最后，监督服务对象执行行动方案，为行动方案的执行提供资源，为改变过程中服务对象解决遇到的困难提供心理和资源上的支持。个案服务过程中的服务内容主要有以下几种：引导服务对象情感表达与自我宣泄；帮助案主重塑对自我健康发展、对家庭的责任感；调动服务对象对报偿的期待；帮助服务对象认识周边的资源；正确调动资源的技巧辅导。需要指出的是，新生代农民工群体的不良嗜好基本上是比较轻微的，大部分表现为从众行为，或者是不良情绪和错误观念引起的，还没有形成严重的心理和精神依赖。新生代农民工正处于人生发展的关键时期，可塑性强，因此，社会工作者的介入能够有效地矫正其不良嗜好。但更重要的是，社会工作者要帮助服务对象学会正确的情绪、心理调适方法，使其形成健康积极的心理状态。

2. 帮助员工制定个人职业生涯规划

通过与工厂部分青年民工的交谈，笔者了解到他们大部分人有着对未来更加富裕和体面生活的期待，却很少有人有明确的职业目标，更缺乏长远可行的职业生涯规划。特别是那些沉溺于网络、彩票和赌博的青年农民

[①] 王思斌：《社会工作导论》，高等教育出版社，2004。

工,他们充满了对未来的无目标感和无力感,大多数人认为目前的生活就是过一天算一天。一位在 LED 厂打工的民工朋友告诉笔者,他的目标是做生意,当被问到做什么方面的生意时,他说还没想那么多,也可能会回家乡做生意。对于"做生意"这个目标,他并没有具体的方向和时间规划,更没有准备,如积累资金,他花钱依旧大手大脚的。社会工作者可以通过个人职业生涯规划来帮助员工避免因职业停滞带来的无目标感和无力感,如养成良好的生活习惯、适度节制消费等,都可以帮助员工戒除不良嗜好。

3. 朋辈群体与社会支持网络的建构

社会工作者可以帮助员工建立社会支持网络,以企业为平台,建立一种可以利用员工的家庭和社会资源进行介入的工作模式,帮助员工更好地工作和生活。在企业内部,企业社会工作者可以组建各种工作兴趣小组、互动小组,运用专业的方法有效地动员组织里的非正式社会支持网络的力量,为员工服务。比如,可以开展各种员工拓展训练、兴趣小组、竞赛小组,也可以开展一些联谊活动,一方面提高员工个人素质、能力,培养团队合作精神,另一方面可以在活动中使组织内部关系融洽。还可以充分发挥家属对员工的支持作用,经常组织员工家属参与企业组织的一些联谊活动,或者在员工与家庭之间设立联谊组织,来赢得家属对员工工作的支持。家庭、企业、社会资源的联结和支持系统的建立,能够帮助陷入危机的员工能够迅速地从周边环境中获得支持,而不是陷入孤立无助,从烟、酒、网络中寻求逃避和寄托,进而增强员工的安全感和归属感。

4. 开展丰富多彩的娱乐活动,引导员工过健康向上的休闲生活

不良嗜好的形成与休闲方式单一也有一定关联。针对这种情况,社会工作者可以在企业里多举办团体活动,如竞技活动、联谊活动、素质拓展活动等,来丰富新生代农民工的业余生活,使他们摆脱"上班时无精打采,下班后无所事事"的生活状态。丰富的业余生活不仅可以避免他们因枯燥、无聊而去发展一些不良嗜好,还可以帮助其建立新的社会关系网,通过协作、竞技来结交更多的朋友,在这些团体活动中也可以发现新生代农民工特殊的才能和潜质,使他们将闪光点运用到工作、生活中。常见的服务除了为员工及家属举办文艺活动、室内讲座外,还包括举办运动会、眷属联谊、社区服务、公益活动等。其目的在于使员工在工作之余,通过适当的休闲活动,缓和精神紧张,恢复体力,并充实生活内容,增加生活的意义。

5. 企业引进社工还需要政府推动

企业社会工作还是新生事物，让企业接受社工入驻，还需要政府引导，通过项目示范，让企业看到引进社工的好处。目前，企业社工推行较好的地方是深圳市，一些企业主愿意接受社工入厂，希望专业社工能帮助企业解决职工精神健康问题，并协助企业解决员工高流动率问题。首批引进社工入驻的企业都得到了政府资助，专业社工驻厂后，配合企业人力资源管理等部门工作，有针对性地开展个案与团体活动，引导员工树立正确的人生观，过健康向上的休闲生活。通过企业社会工作者的努力，有问题的员工通常会改变一些不良习惯，提高工作热情与工作效率，也会增强对企业的归属感，从而降低企业员工流动率。

从企业社工发展阶段来看，需走政府扶持、政府和企业共同分担，直至企业出资购买之路。在国外，企业工会出资聘请社工为企业员工服务，中国企业工会也可以借鉴这种方式，地方市县级工会在此过程中要加强引导工作，也可以拨出一部分工会会费购买社工服务，提供给急需社工服务的企业。[①]

[①] 甘满堂：《引进专业社工解决员工精神健康问题》，《福建日报》2012年9月4日。

第十章　政府干预企业工资分配的社会政策变迁与展望

工资问题不仅关系到劳动者及其家庭基本生存与企业利润分配，还关系到国家的经济长远发展和社会的稳定，因而工资管理制度的完善具有十分重要的意义。从政府干预企业工资分配的社会政策发展进程来看，主要分为计划经济时代的政府行政直接干预，改革开放后的以市场调节为主、以政府间接干预为辅两个阶段。当前工资分配存在的问题有：国企平均工资水平高于民营企业；企业内部工资分配差距较大，普通员工工资收入水平较低，社会职业声望也较低。依法保护工人权利，提高工人职业声望之路任重而道远。

一　计划经济时代的企业工资管理

计划经济时代，中国实施单一的公有制，企业只分国营与集体两种所有制形式，其中以国营企业为主，集体所有制企业比较少，国家对企业工资实施直接干预的社会管理政策，那时也没有制定劳动法，政府行政指令就是法律规章。

1953~1957年发展国民经济的计划是中国的第一个五年计划。"一五"时期是我国社会主义计划经济体制初步形成和建立的时期。在所有制方面，基本形成以公有制为主的格局，实行计划经济管理体制，对于企业管理采取"劳资大统一"的管理模式，行政指令代替法律，国家直接对企业工资分配进行干预管理。在劳动工资管理方面，用工形式逐渐向单一化发展，全国实行统一的行政三十级、技术十八级与企业八级工资制度等。在计划经济时代，企业的工资管理很简单，总额由劳动部门确定，企业按照政府部门规定的工资等级进行工资分配，工会则负责工人福利。

1. 行政与技术级别工资分配制度

工资分为政治系列工资与技术系列工资两种。其中政治系列按行政级别，从国家主席、全国人大常委会委员长、政协主席到基层办事员共分为30档。行政系列中的8~12级为司局、部委办、省府办公厅主任；11~14级为处级；15~18级为科长级；17~21级为科员级；22~30级为办事员级。

1级（国家主席、全国人大常委会委员长、政协主席、党中央主席）月工资644元，4级（秘书长、委员、部长、省长）460元；9级（上述职位副职及党中央、国务院、中央军委各部委办的司局长）253元；13级（处长、副处长）155.5元；16级（副处、科长）110.5元；19级（1级办事员）78元；22级（4级办事员）56元（大学生转正）；30级（12级办事员）23元。

技术级工资1~3级为院士、总工、一级教授与研究员、主任医师的工资；4~6级为上述技术副职的工资；7~9级为工程师；10~13级为技术员；14~15级为助理技术员；16~18级为实习生。当时大部分技术工资等级为10~15级。定级标准采用一职数级、等级线上下交叉的做法，依据职务，参考德才和资历进行评定。每个级别与工资相对应，技术最高1级相当于行政7级。技术最高1级工资与最低18级工资的比例为12∶1。考虑大多数技术人员以10~15级为主，因此最高工资与平均工资一般差5倍，见表10-1。

表10-1 技术级别工资

单位：元

级别	月工资	级别	月工资
1	322（工资额与行政7级副部级相同）	10	86.5（工资额与行政17级副科级相同）
2	278.5	11	73.5
3	240.5	12	62
4	207	13	55（大学生转正）
5	178	14	48.5（大学生实习）
6	154	15	42.5（中专生转正）
7	133.5	16	37（中专生实习）
8	115	17	31
9	102（相当于正科）	18	27.5

从 1956 年开始,全国国营企业统一开始实行"八级工资制"。"八级工资制"是指依照工人的工龄、技术等因素将工资分为八个等级,一级最低,八级最高。[1] 比如福建煤炭企业,井下工人,一级工每月工资 33 元,二级工 38.97 元,三级工 46.04 元,最高是八级工,每月 105.60 元,见表 10-2。当时企业的中层干部正职工资 99 元,八级工的工资高于中层干部正职,低于厂级干部副职。与行政工资相比,八级工的工资相当于县局级副职的工资水平,即相当于副县长的工资水平。这种工资制度使得技术工人与企业领导层工资待遇差别不大,有利于激发工人的工作积极性,促进生产发展和人民的生活改善。[2]

表 10-2 福建省属煤炭企业工人工资标准（八级制）

单位：元/月

级别	一级	二级	三级	四级	五级	六级	七级	八级
井上	31	36.27	42.44	49.66	58.09	69.98	79.59	93.00
井下	33	38.97	46.04	54.35	64.19	75.80	89.53	105.60

针对当前企业工资分配差距过大的问题,一些学者认为实行计划经济时代的"八级工资制"有一定的科学性和合理性：一是企业内部工资差别不大,与机关事业单位人员的工资差别也不大,让国企员工都成为社会的中间层；二是工资按工龄增长而调级（三年一考级,三年一晋级）,让员工有盼头,安心于工作,有利于"工匠精神"的培养；三是最高级别技术工人收入一定要比较高,使获得这个级别的工人自豪,让别人羡慕,才能使工人钻研技术常态化,技能人才结构也会因此更加合理,技能人才也一定会脱颖而出。[3]

由于 1985 年前的企业工资制度未脱离计划经济的轨道,与经济体制改革要求实行的商品经济很不适应,"八级工资制"的弊端也越来越突出,如平均主义"大锅饭"很明显、企业缺乏工资分配自主权、工资标准过多过繁等,严重影响职工积极性。1985 年以后,"八级工资制"逐步被废除。

---

[1] 黄岭峻、王作懋：《"八级工资制"引发的两次批评》,《武汉理工大学学报》（社会科学版）2004 年第 4 期。
[2] 赵东宛：《1985 年起的工资制度改革（下）》,《中国人力资源社会保障》2013 年第 2 期。
[3] 李强：《为什么农民工"有技术无地位"——技术工人转向中间阶层社会结构的战略探索》,《江苏社会科学》2010 年第 6 期。

二 改革开放后的工资管理规定

1. 企业工资管理体制改革过程

党的十一届三中全会以来，我国逐步实行社会主义市场经济，经济所有制由单一的公有制转变为国有、集体、私营、外资以及混合所有制。市场经济崇尚法治，要求通过法治来进行劳动关系调整，政府对企业工资分配由直接干预转变为依靠劳动法来进行间接干预。因此，法律调整手段在劳动法领域的地位得以确立，以《中华人民共和国劳动法》为核心的劳动法体系改变了以往劳动关系的行政调整模式和按照用人单位所有制性质管理劳动关系的模式，形成了市场经济条件下劳动关系调整的基本模式。关于企业工资分配，按劳分配的社会主义分配原则得到重新确认。1985年，我国实行企业工资制度改革，确立了政企分开、分类管理的体制。政企分开、分类管理体制有三个方面：一是政企分开，二是分级管理，三是工资分类管理。企业工资管理体制改革的目标要求市场机制调节、企业自主分配、职工民主参与和政府监控指导。

打破计划经济时代僵化的工资分配体制的改革始于1985年，当年国营企业先后实施了与工效挂钩的分配制度。1992年，国务院下发《全民所有制工业企业转换经营机制条例》，将非公有企业的工资分配权全部下放给企业自定。虽然中国已从计划经济中走出来，但政府仍通过多种政策手段对工资分配进行干预。1997年，劳动部提出在"九五"期末初步建立起以按劳分配为主体的"市场机制决定、企业自主分配、政府监督调控"的企业工资分配体制。1994年颁布的《中华人民共和国劳动法》中有关签订集体合同的规定，使"集体协商"的概念初次被知晓。1996年始，中华全国总工会正式下达文件要求有计划地推广集体协商制度和谈判工资制试点工作。2000年4月6日，全国工资工作会议提出，要按照"市场机制调节、企业自主分配、职工民主参与、国家监控指导"的要求，逐步建立现代企业工资收入制度。由于国有、私营、外资以及多种所有制混合的企业存在，有关企业工资分配并没有统一的制度，但国家机关与事业单位有全国统一的工资等级分配制度，可以参考。

根据中国第四次有关国家机关与事业单位工资改革文件[①]，机关与事

[①] 参见国务院办公厅转发人事部、财政部《关于从2001年10月1日起调整机关事业单位工作人员工资标准和增加离退休人员离退休费三个实施方案的通知》。

业单位工资制度实行分离，实施不同形式的工资等级制度。机关实行职级工资制，其中，基本工资由职务工资、级别工资、基础工资、工龄工资四部分构成。国家公务员级别分为15个等级，最高为一级，国家主席，最低为办事员；每个等级工资中，再分1~14挡不等的职务工资。

事业单位专业技术人员按五大行业实行不同形式的工资等级制，教科文卫农林等实行专业技术职务等级工资制，野外地质、水上等艰苦行业实行专业技术职务岗位工资制，文化艺术表演团体实行艺术结构工资制，体育运动队等实行体育津贴奖金制，金融机构实行银行等级工资制。

如表10-3所示，事业单位实行技术岗位等级工资制，技术工人分为五个等级，有初级工、中级工、高级工、技师与高级技师等，每个级别中再分1~13级不等的岗位工资。工程技术人员按职务等级分为四级，有技术员、助理工程师、工程师和高级工程师，每个等级各有1~17级职务工资。机关工人实行1~16级岗位工资标准，但没有分技术等级。国有企业参照事业单位进行工资改革，也是五级工资制。民营企业中没有参照五级工资制，因为企业内部没有对员工进行"五级技工"认证，企业给薪模式主要还是以计件为考核标准，有技术，却没有技术职称，当然也没有相应的荣誉，正如清华大学社会科学院院长李强教授所说，农民工"有技术无地位"[①]。

表10-3　事业单位技术工人与工程技术人员等级工资比较

单位：元/月

| 技术工人岗位技术等级工资 || 工程技术人员专业技术职务等级工资 ||
技术等级	岗位工资1级标准（各有1~13级）	职务等级	职务工资1级标准（各有1~17级）
高级技师	349	高级工程师	576
技师	305	工程师	438
高级工	278	助理工程师	363
中级工	259	技术员	324
初级工	250		

资料来源：《关于从2001年10月1日起调整机关事业单位工作人员工资标准和增加离退休人员离退休费三个实施方案的通知》（国办发〔2001〕70号）。

---

① 李强：《为什么农民工"有技术无地位"——技术工人转向中间阶层社会结构的战略探索》，《江苏社会科学》2010年第6期。

2. 国家对于企业工资管理的社会政策

工资管理制度主要包括工资指导线制度、劳动力市场工资指导价位制度、人工成本预测预警制度、最低工资规定、工资集体谈判制度等。在这几个调控制度中，最后两项对农民工工资收入有直接影响，其他政策都影响较少。

（1）工资指导线制度。工资指导线制度是在社会主义市场经济体制下，政府调控企业工资问题、调节工资分配关系、规划工资水平增长、指导企业工资分配所采用的一种制度，其目的是使企业的工资微观决策与政府的宏观调控政策保持协调统一，以达到稳定物价、促进充分就业与提高职工生活水平的目标。以下根据1997年1月劳动部发布的《试点地区工资指导线制度试行办法》，对工资指导线制度进行说明。

工资指导线水平包括本年度企业货币工资水平增长基准线、上线、下线。工资增长预警线是政府依据对宏观经济形势和社会收入分配关系的分析，对工资水平较高企业提出的工资增长的预警提示。企业工资增长如已达到当地政府提出的工资增长预警线，就应自我约束，以免工资增长过快，超过本企业经济效益和劳动生产率的提高幅度，对整个社会分配秩序产生冲击。工资增长基准线是政府对大多数生产发展、经济效益正常的企业工资正常增长的基本要求。工资增长下线是政府对经济效益下降或亏损企业工资增长的基本要求，明确规定这类企业的实际工资可以是零增长或负增长，但支付给提供正常劳动的职工的工资不得低于当地最低工资标准。

工资指导线制度对完善工资宏观调控体系，引导企业工资适度增长，促进劳动力市场均衡价格的逐步形成，具有十分积极的作用，为企业进行集体协商决定工资水平提供主要依据。

（2）劳动力市场工资指导价位制度。劳动力市场工资指导价位制度是市场经济下，国家对企业工资分配进行指导和间接调控的一种方式。劳动保障行政部门按照国家统一规定要求，定期对各类企业中的不同职业（工种）的工资水平进行调查、分析、汇总、加工，形成各类职业（工种）的工资价位，向社会发布，用以指导企业合理确定职工工资水平和工资关系，调节劳动力市场价格。

劳动力市场工资指导价位制度总的目标是，建立以中心城市为依托，广泛覆盖各类职业（工种），国家、省（自治区、直辖市）、市多层次汇总发布的劳动力市场工资指导价位，使之成为科学化、规范化、现代化的劳动力市场的有机组成部分。具体目标是：①建立规范化的信息采集制度，保证统计调查资料的及时性、准确性；②采取科学化的工资指导价位制定方法，保证工资指导价位能真实反映劳动力价格，并体现政府宏观指导意图；③建立现代化的信息发布手段，使工资指导价位直接、及时、便捷地服务于企业和劳动者。如泉州市人力资源和社会保障局发布的《2015年度泉州市部分行业部分工种（职位）工资指导价位》包含职位400多种，每个职位给出高中低三种价位标准工资，给企业制定员工工资标准做参考，见表10-4。由于普通工人没有"议价能力"，这种参考标准只能对专业技术人员有帮助。

表10-4 2015年度泉州市部分行业部分工种（职位）工资指导价位（以农、林、牧、渔业为例）

单位：元/（人·月）

职业（工种）	高位数	中位数	低位数
企业经理	12480	6360	4320
企业职能部门经理或主管	6700	4500	3500
财务经理	7280	5300	3940
行政经理	6760	4770	3700
人事经理	6760	4770	3700
园林绿化工程技术人员	5277	4510	2916
其他水利工程技术人员	5858	4636	2916
其他海洋工程技术人员	5858	4636	2916
水产养殖工程技术人员	5858	4636	2916
其他统计人员	6760	3990	3006
会计	6968	5156	3006
出纳	6864	4081	2868
档案业务人员	4805	3552	3006
行政业务人员	4805	3552	3006
其他行政事务人员	4805	3552	3006
保安员	3360	2833	2201
保管员	3637	2836	2274
商品储运员	3637	2836	2274
蔬菜园艺工	4405	3679	2688
果、茶、桑园艺工	4405	3679	2688

续表

职业（工种）	高位数	中位数	低位数
蔬菜加工工	4405	3679	2688
林木种苗工	4405	3679	2688
造林更新工	4405	3679	2688
抚育采伐工	4405	3679	2688
简单体力劳动人员	3231	2673	1760

（3）人工成本预测预警制度。人工成本的预警是劳动保障部门和行业管理部门为促进企业建立人工成本自我约束机制而采取的指导性监控措施。建立人工成本预测预警制度是宏观人工成本管理和企业微观工资分配制度相结合的需要，主要预警方法包括两个方面，一是发布行业人工成本状况，二是企业人工成本预警。

发布行业人工成本状况。地方劳动保障行政部门于每年年初对地方所属企业上一年度人工成本状况进行调查，在整理、汇总、分析的基础上，于当年6月底前向全社会发布包括平均人工成本、人工成本占总成本比重、劳动分配率、人事费用率等指标在内的行业人工成本基础数据。为使企业更全面地了解行业人工成本状况，劳动保障部门将在行业管理部门的协助下，探索发布行业先进的人工成本状况以及一定时期内行业人工成本状况的变动情况。同时，还向企业提供周边地区和国外的人工成本状况资料，为企业进行科学合理的工资决策提供更详细的参考依据。

企业人工成本预警。企业人工成本预警是宏观人工成本管理工作的重要内容，市、区、县劳动保障部门每年向管辖范围内人工成本占总成本比重、劳动分配率、人事费用率等项指标超过行业平均水平的企业发出预警通知。同时，市劳动保障部门将在行业管理部门的协助下，研究制定更加完善的人工成本预警线，以便进一步提高人工成本预警的科学性。

（4）最低工资规定。最低工资规定，又称"最低工资标准"，它是指劳动者在法定工作时间或依法签订的劳动合同约定的工作时间内提供了正常劳动的前提下，用人单位依法应支付的最低劳动报酬。最低工资标准制度的设立，目的是保护体力劳动者与非技术工作劳动力的合法权益，使他们得到维持生活的基本工资。1989年，珠海市率先提出当地的最低工资标准并加以实施。1994年，《中华人民共和国劳动法》规定"国家实行最低工资保障制度"，正式以法律形式确立了这项制度。劳动部颁布的《企业最低工资规定》，第一次将最低工资制度列入法律保障范围。制度实施以来，中国最低工资标准每年增长10%～15%，这主要是因为通货膨胀率高，以及企业招工难。

最低工资制度最早起源于19世纪末20世纪初的新西兰、澳大利亚，后被许多国家所效仿。最低工资制度是市场经济和现代工资制度发展到一定阶段的必然产物。它建立的初衷是解决劳资纠纷、消灭血汗工厂、保护弱势群体。美国的《公平劳动基准法》，日本、韩国的《劳动基准法》《最低工资法》等都规定了有关最低工资的条款和内容。国际工人组织的《确定最低工资公约》和《确定最低工资建议书》规定：确定最低工资的主要目的是保证满足工人及其家庭的基本需要；确定最低工资的要素主要是基本生活需要、工资水平和物价水平等；确定最低工资的办法主要是通过立法、政府决策、集体协议。①

（5）工资集体谈判制度。工资集体谈判也称"工资集体协商"，它是由雇主代表组织一方同劳动者代表组织一方，就劳动者的年度工资增长水平及其他工资福利问题进行平等协商、谈判，最后达成一致意见，并将一致意见签订为专门的工资契约或作为专门条款列入集体合同，作为约定期限内签约双方处理工资分配的行为准则。工资集体谈判制度起源于西方工业化国家，为工人三权之一。

《中华人民共和国劳动法》第三十三条、《中华人民共和国工会法》与《中华人民共和国劳动合同法》等都有关于工资集体协商的规定。劳动和社会保障部制定的《工资集体协商试行办法》（劳动和社会保障部部务会议2000年10月10日通过，11月8日以第9号令发布施行），是工资集体协商的主要依据。

工资集体协商的程序。职工和企业任何一方均可提出进行工资集体协商的要求。在不违反有关法律、法规的前提下，协商双方有义务按照对方要求，在协商开始5日内，提供与工资集体协商有关的真实情况和资料。工资协议草案应提交职工代表大会或职工大会讨论审议。工资集体协商双方达成一致意见后，由企业行政方制作工资协议文件。工资协议签订后，应于7日内由企业将工资协议一式三份及说明，报送劳动保障行政部门审查。协商双方应于5日内将已经生效的工资协议以适当形式向本方全体人

---

① 刘燕斌：《部分国家政府工资管理职能介绍》，《国际劳动》2008年第8期。

员公布。

2004年"工荒"袭来，劳动保障部门要求企业推行工资集体协商，但当时并没有得到企业的响应。2007年5月14日，劳动和社会保障部劳动工资司司长邱小平在天津表示，中国将力争在未来5年内使各类企业都建立工资集体协商制度，形成正常的工资增长机制。2011年5月，全国总工会出台《中华全国总工会2011－2013年深入推进工资集体协商工作规划》（以下简称《规划》），计划用3年时间全面推进企业建立工资集体协商制度。《规划》强调，将着重抓好区域性、行业性工资集体协商，非公有制企业工资集体协商建制，世界500强在华企业建制工作。特别是在产业集群、中小企业、劳动密集型企业相对集中的地区和行业，重点推行区域性、行业性工资集体协商，着力解决一线职工劳动报酬偏低的问题，促进劳动关系和谐发展。

根据《规划》提出的目标，全国总工会从2011年起，用3年时间，全面推进企业建立工资集体协商制度，努力实现2011年底全国已建工会组织的企业工资集体协商建制率达到60%，2012年底已建工会组织的企业工资集体协商建制率达到70%，2013年底已建工会组织的企业工资集体协商建制率达到80%，其中世界500强在华企业全部建立工资集体协商制度的目标。但直至2015年底，这个良好愿景也没有得到实现，因为企业工会组织过于弱小，工资集体协商出现"老板不愿谈，工会不会谈，工人不敢谈"的局面。

三 起草中的"工资条例"与工资管理制度发展方向

根据劳动法系列法规制定规划，2008年初，"工资条例"起草列入有关政府有关部门议事日程。"工资条例"将是一个高于一般部门文件的法律规定，法律适用对象除包括公务员等特殊群体之外，还有央企、民企与外企等，立法目的在于重点解决一线职工工资偏低、工资增长缓慢、底层工人欠薪等问题，同时建立工资正常增长机制、工资协商机制等。但这部法律由于力图解决诸多存留的工资问题，以及涉及国企的利益，到现在还没有正式出台。

1. 当前企业工资分配过程中的差距问题

网易财经发布的《2013 年央企职工及高管薪酬报告》[1] 显示，2013 年 284 家央企及其上市子公司在职员工平均薪酬为 121578 元，相比 2012 年平均工资 111357 元增长了 9%。2012 年央企职工薪酬是城镇非私营单位在职员工年平均工资的 2.4 倍，是城镇私营单位在职员工年平均工资的 3.75 倍。

2013 年，央企在职职工平均薪酬和非私营单位在职员工年平均薪酬存在差距，差距最大的行业是交通运输、仓储和邮政业，央企在职员工年平均薪酬是非私营单位在职员工年平均薪酬的 3.3 倍，差距最小的行业是科学研究、技术服务业，央企在职员工年平均薪酬是非私营单位在职员工年平均工资的 1.2 倍。

除了和社会整体行业之间有差距，央企职工年平均薪酬在央企内部不同行业之间也存在差别，平均薪酬最高的是金融业，高达 296059 元，其次是交通运输业，为 193110 元，排在第三的是信息传输和软件业，为 192609 元。平均薪酬最低的是农林牧渔业，为 84698 元。

2013 年央企高管薪酬和职工薪酬差距最大的行业是房地产业，央企高管年均薪酬是员工年均薪酬的 13.17 倍；差距最小的行业是信息传输、计算机服务和软件业，相差 2.51 倍。

综上来看，中国企业分配存在国企收入高于民营企业，国家企业本身收入差距过大问题，还存在滥用劳务派遣工、"一厂两制"、劳务派遣工的工资收入低等问题。

2. "工资条例"制定过程中的困境

"工资条例"从提出到全国人大会议讨论经历了一个漫长而曲折的制定过程。20 世纪 90 年代被列入国务院立法规划后，2003～2007 年为"条例"调研论证阶段[2]；2007 年，负责起草工作的原劳动和社会保障部正式会同财政部、国家税务总局、国资委、全国总工会等有关单位研究工资立法[3]。2008 年 1 月，原劳动和社会保障部发言人表示，"工资条例"草案

---

[1] 《2013 央企职工及高管薪酬报告》，网易财经，http://money.163.com/special/wagereport2013/。

[2] 肖京、朱洵：《我国当前工资立法的困境与出路》，《中国劳动关系学院学报》2012 年第 1 期。

[3] 王丽丽：《国家抓紧起草〈工资条例〉》，《江苏经济报》2007 年 12 月 28 日。

已经形成，并将报送国务院法制办。到 2015 年底，"工资条例"草案依然在"不断完善中"，陷入难产状态。① 为何难产？主要是"工资条例"的一些具体规章涉及多方利益群体，特别是涉及国有企业的利益。

在"工资条例"起草过程中，参与立法的各方利益集体主要包括：代表工人的全国总工会，代表民营企业的全国工商联，主要代表国有企业的中国企业联合会，代表政府的人社部、财政部、国税总局、国家发改委、国资委。人社部提交给国务院的"工资条例"草稿共分 10 章 95 条。主要包括工资决定、最低工资、工资支付、特殊情况下的工资支付、工资支付的保障、工资支付的宏观调控、特殊行业的工资管理、工资监察、法律责任等内容。其中，最低工资制度、同工同酬是重点研究的内容，也是争论的焦点。有观点反对最低工资以法律的形式确定，认为这将增加企业负担，甚至压垮企业，导致更严重的就业问题。同工同酬关系到企业劳务派遣工与正式工的工资问题，而使用劳务派遣工较多的就是大型国有企业。这两项制度如果正式实施，人力成本上升必将会对企业经营带来冲击。据参与"工资条例"草案制定的专家表示，反对同工同酬的压力主要来自国有企业，对将福利待遇纳入工资范畴等内容，感到"不舒服"，特别对"劳务派遣工与本企业员工享有同等收入"的规定更是"很感冒"。关于"工资"到底包括哪些内容，财政部、国税总局、人社部、国家发改委以及国家统计局还没有形成统一的意见。

也有人借口经济下行，不希望"工资条例"出台实施。从社会收入分配角度来看，目前贫富差距日益扩大，"工资条例"早日出台有利于维护普通劳动者的利益。现在的企业内部工资改革缺乏依据，职工对工资增长有期待，希望条例出台之后能够明确促进工资的正常增长。但政府宏观管理部门则认为关于调整工资分配的法律出台，也要有好的经济形势做基础，要能促进就业。2008 年，《劳动合同法》颁布实施，适逢美国金融危机引发全世界经济危机，中国经济也受到严重影响，影响了其贯彻落实。一些法律与社会人士据此认为，《劳动合同法》颁布实施的时机不是很好。其实，这种观点值得商榷，经济越是下行，越是要保护劳动者的利益，从而做到以消费促进生产。如美国政府在应对 1928～1932 年的经济危机时，就出台了很多保护工人的法律，从而为经济与社会稳定提供了有力的法律

---

① 佘宗明：《〈工资条例〉难产与权利"画饼"化》，《沈阳日报》2011 年 8 月 23 日。

保障。

3. 强有力的工会是工资管理制度得到贯彻的保证

中国劳动者最缺的并不是法律。从最初的《劳动法》到《劳动合同法》，法律一部比一部好，一部比一部"偏向劳动者"。但再好的法律文本也要有人来执行，如果缺乏执行力，再好的劳动法，也无法保护劳动者的利益。劳动法在制度设计上，需要工人群体有谈判博弈能力，即有较强的企业工会组织。在法理上，劳动者有"三权"，一为团结权，即组织和参加工会的权利；二为集体谈判权，如工资集体协商权；三为行使团体行动权。这三项权利都需要劳动者通过工会来实现，如果没有工会，劳动者的"三权"将难以落实。我国《宪法》与《劳动法》已对劳动者的"三权"进行了确认。如关于工资集体协商，《劳动合同法》《工会法》《工资集体协商试行办法》等都对集体合同制度、工资集体协商制度有所规定，并规定代表工人与资方进行协商的主体是企业工会组织，个别工人无法代表企业所有工人进行工资集体协商。有关同工同酬，《劳动法》第四十六条，《劳动合同法》第十一条、第十八条等，也都做过详细的规定。由此看来，在劳动者权益的保障中，工会始终处于关键的地位。如果保护劳动者利益的"工资条例"出台，但工会在维护劳动者博弈地位时缺席，或依附于企业主，缺乏独立性，那么，"工资协商"与"同工同酬"等要求，仍将是"空中楼阁"。

当前工人维权诉求已从"底线型"利益向"增长型"利益转变。所谓"底线型"利益就是企业不能克扣拖欠工资，劳动合同约定的工资福利要兑现；"增长型"利益就是因为物价与生活水平上涨，员工要求企业增加工资福利。"底线型"利益纠纷，劳动者个体可以通过申请仲裁和法律诉讼来解决，而"增长型"利益纠纷没有前两种渠道，只能依靠集体行动的力量来解决，但目前罢工类的集体行动的合法性还没有得到承认。面对"底线型"利益纠纷，政府需要扮演监督者和执法者的角色，面对"增长型"利益纠纷，政府需要扮演协调者的角色。[①]

民营企业工会发挥作用难，这需要各级工会组织去督导，也需要对现有工会组织体制进行改革。长期以来，各级工会组织基本上属于政府行政

---

① 蔡禾：《从"底线型"利益到"增长型"利益——农民工利益诉求的转变与劳资关系秩序》，《开放时代》2010年第9期。

机构，没有与各企业工会组织形成有效联系机制，如各级工会干部都是公务员编制，各级工会负责人都是从其他政府部门调任，并没有从企业工会中选拔。各级政府从发展经济角度考虑，并不支持工会组织开展维权类活动，各级工会组织通常只开展经济困难救助、技能比赛表彰、劳动模范评选等活动。因此，工会组织若想为企业员工提供维权服务，还需要进行组织体制改革，其身份需要转变，各级工会干部也需要从企业中选拔。

四 总结与展望

政府干预企业工资分配的社会政策发展进程，主要分为计划经济时代的政府直接干预和改革开放后的间接干预两个阶段。计划经济时代，政府实施全国统一的企业八级工资分配制度，虽然有平均主义与制度僵化等问题，但这种工资管理制度有利于提高技术工人的社会地位。改革开放后，政府主要通过劳动法规进行劳动者权益保护，工资分配主要由企业自行决定，政府则通过工资指导线、最低工资以及工资集体协商等制度进行间接干预。当前工资分配存在的主要问题有：国企平均工资水平高于民营企业；企业内部工资分配差距较大，普通员工工资收入水平较低，社会声望也较低，产生"有技术无地位"的现象。

在社会主义市场经济体制下，尽管有关工人保护的社会政策在不断完善，但在弱劳动与强资本的格局下，缺乏强有力的工会支持，很多劳动者保护方面的法律与社会政策难以落实，"工资条例"的难产也说明劳动者保护之路任重而道远。普通劳动者，特别是农民工群体需要有尊严的工作与生活，工资保障要立足于既能提高农民工的工资水平，也能提高农民工群体的职业声望，增强他们对企业的归属感，保证"中国制造"在全球市场中具有强大的产业竞争力。

附录

附录1　关注农民工的工资福利问题系列评论[①]

期盼带薪工休不再是梦

随着农历春节结束，一年一度的节后企业招工大战在即，可以说今年企业缺工将比去年更严重。泉州企业早在春节前就开展招工行动，回乡过年的员工都得到一份招工启事，与往年不同的是，今年介绍一个新员工来企业工作可获得500元奖励，而去年是200元。另外，有的企业员工还得到一份"白条红包"，企业承诺春节后按时回来上班的可得到数百元不等的过节费奖励。有奖招工与"白条红包"反映了当下泉州企业用工的紧张状态。

当前东南沿海制造类企业不仅面临着招工难的问题，而且处于企业员工离职率过高，留住工人困难的境地。由于企业工人离职率过高，企业需要常年招工，加之招工难，"工荒"现象更为突出。东南沿海一带劳动力较紧缺，企业不得不随同当地政府劳动部门走出去招工，而不是坐等工人上门求职。如泉州企业常年组团到中西部地区招工，现在中部地区已招不到工人，不得不到西部，如四川、重庆、云南、甘肃等地招工。但也有的企业工资待遇在区域内没有竞争力，新招来的工人往往留不住，西部来的新员工在熟悉环境后很快会跳槽到工资待遇较好的公司，企业为此付出的招工成本越来越高。

为解决沿海企业缺工问题，泉州企业在如何留住员工方面也下足了功

[①] 附录1中7篇有关农民工问题的系列评论为本书作者在《福建日报》等媒体上发表的文章。

夫，如提高基本工资，改善员工住宿条件，给集体员工宿舍配空调、彩电、热水器，给夫妻员工提供夫妻房等。但有一点变化不大，就是工人的月劳动时间没有明显缩短，有的企业因缺工，其月劳动时间反而增加，企业希望有限的人手能做更多的事，虽然月工资有所增长，但小时工资并没有增长多少。现在新生代农民工大多直接从学校直接走向工厂，他们与老一辈农民工相比较，除希望得到一份不错的工资报酬之外，还希望有更多的休闲娱乐时间，工厂最好在城镇附近，他们要吃得好，也要玩得好。面对新的用工形势，企业需要变革现有工资制度，给员工带薪假期，让员工有更多的体面的休息时间，而不是使其成为一架纯粹的"劳动机器"，不要只在招工环节投入，还应当在改善员工工资待遇方面下功夫。

目前企业实行的工资制度是计件为主，计时为辅的工资制度，即干一天活得一天工资，不做不得。一般每天工作10小时，每月只可以休息两天，这两天是没有工资拿的，出满勤的标准是28天。为了奖励工人出满勤，企业还有满勤奖。在这种工资制度下，员工当然舍不得休息，"自愿加班"。《劳动法》规定节假日加班要给双薪，但这项制度规定并没有得到有效执行。每月休息两天时间对多数员工是不够的，他们需要有时间处理个人必要的生活事务，或做身心调整，以面对新一周的工作。一般来说，已婚员工且夫妇都在同一家公司上班的愿意多加班，而青年员工则不愿意加班，他们需要有休息时间交朋友、谈恋爱，有的还希望利用业余时间参加学习班来提高自己。企业在制定生产作息制度时，既要考虑中年已婚员工，也要考虑青年未婚员工的需求。据笔者在企业调查发现，青年员工希望每月不少于四个休息日，最好是带薪休息。他们理解的带薪休息是每周两天的休息日能有基本工资拿，而不是国家《职工带薪年休假条例》中所规定的法定节假日之外的带薪休假。《劳动法》第三十八条规定："用人单位应当保证劳动者每周至少休息1日。"每个月享有四个休息日，员工会休息得更好，也更容易投入下一个阶段的工作。有些企业借口缺工，限制工休，更不用谈工休日还有基本工资可言。现在有些企业主还持老眼光看待新一代员工，他们认为，这些人就是打工挣钱，给时间他们也不会玩的。新一代农民工可并不是这么想的。对于老一代农民工而言，如果工资水平足够高，他们愿意休息而不是放弃休息继续加班工作。

网上有个两个矿主的故事，一个矿主将收益的10%留给自己，将90%的收益作为工资发给工人，工人有钱生活与消费，会带动当地服务业的发展，结果50年后，等矿山资源枯竭后，矿山附近留下一个人口超过10万的城市。另一个矿主将收益的90%留给自己，把收益的10%发给员工，员工工资较低，只能勉强养活自己。结果50年后，等矿山资源枯竭后，矿山附近除留下几幢别墅与工棚外，什么也没有。这个小故事告诉我们，改善员工的工资待遇，将助于地方产业转型。以福建省沿海城市晋江为例，晋江拥有近百万外来工，但这些外来工还没有将消费完全放在晋江。现在众多企业通过超时劳动将工人困在车间与宿舍里，工人无闲暇时间消费娱乐，导致他们更愿意将钱积攒下来回乡消费。如果他们工作在晋江，消费也在晋江，这对晋江第三产业的发展无疑具有重大的促进作用。晋江现在的第二产业比重已超过60%，"十二五"期间晋江将由制造业城市向服务业城市转型，需要消费来拉动。

劳动力成本上升是大势所趋，东南沿海制造业多是劳动密集型行业，利润率较低，劳动力成本上升必将给用工企业带来沉重的成本压力。目前企业税负比较沉重，政府应当通过减税方式让企业消化劳动力成本上升带来的压力。对于企业来说，面对缺工问题，应对措施不是简单地加工资，而是更多人性化的管理与更符合劳动法规定的作息时间制度，当然，前提要保证月劳动时间缩短，月工资不能减少。春节期间的"白条红包"也可以改革成带薪假期的工资，这样更符合劳动法的原则，也表明节假日期间员工仍是公司的员工，而不是"社会人"，这样能收住员工的心，企业也不必担心节后员工不回企业工作。

《福建日报》2011年2月15日

大学毕业生工资真的比农民工工资低？

最近某机构发布的一篇名为《90后毕业生饭碗报告》的文章在网上流传，报告基于35余万份来自"90后"就业情况的调研数据，称2014年大学毕业生平均期望月薪为2606元，而国家统计局2013年调查全国农民工平均月薪为2609元，由此引发了大学生工资如何才能超过农民工工资的讨论。大学生工资真的比农民工工资低？如果仅从月工资比较角度，也许是事实。但如果科学准确地比较两个群体的工资水平时，除用月工资标准之外，还需要用小时工资标准。仅用月工资标准，掩盖了农民工月工资背后的普遍超时加班的事实。

许多城市调查都发现，超时加班在农民工就业的劳动密集型的企业是普遍存在的现象。我们在东南沿海企业调查发现，90%以上的被调查者平时都要加班，其中57%以上的每天工作要10~12个小时。许多劳动密集型企业以当地最低工资标准作为员工基本工资，然后诱导工人超时工作。最低工资是保障劳动者获得最基本的生活水平所要求的最低收入水平，不是劳动者的实际工资，也不是企业工资指导线和劳动力市场工资指导价。但因为缺乏有效的集体协商工资机制，很多企业将最低工资视为基本工资，以此来压低员工工资收入水平，这样员工为追求工资收入提高，不得不接受企业加班要求。有些企业借实行计件工资，不愿意执行《劳动法》有关加班工资翻倍的规定。因员工普遍有加班工资收入，月工资一般是当地最低工资的1倍，看似企业有"良心"，但通过计算，发现很多企业是用最低工资标准作为员工的基本工资，想要工资高，就得接受企业加班的要求。

2014年春，郑州市某台资企业在招工时，给出的月薪标准是1800元，即每月完成法定的21个工作日（扣除周末与法定节假日，全年每月平均劳动日为21天，折合168个小时）就可获得1800元工资，当地最低工资标准为1400元。该企业月工资标准超过当地最低工资标准400元，但考虑到2013年郑州市城镇职工平均月工资水平为3163元，1800元的月工资在郑州当地仍然偏低，工人想要提高工资收入，就得接受该企业的加班要求。有时企业因生产业务量不足，不安排工人加班，结果出现工人集体抗议，要求企业安排他们加班。2014年春季，泉州某家企业在招工广告中宣传月工资3000元，看起来工资标准较高，但企业要求员工每月工作28天，每天加班2小时。当地最低工资标准是1170元。对比最低工资标准，工人月工资水平高近一倍，看似企业主很有良心。但如果我们按照《劳动法》的条文来计算一下，该家企业是否遵守劳动法，且富有良心？

如果该企业员工每月工作28天，每天加班2小时，月总劳动时间为280小时，工资收入为3000元，在不考虑加班工资翻倍的情况下，小时工资为10.7元；若考虑工作日加班给1.5倍工资，休息日加班给2倍工资的计算办法，则小时工资更低。由此来看，这家企业的工资标准只是符合劳动法规定的最低工资标准。这家企业提供免费住宿，这是企业福利，不能折算成工资收入。企业以最低工资标准给工人开工资，合法但不合乎道德,表明企业没有积极承担社会责任。

民营企业员工文化程度较低,对于劳动法掌握较少,有些员工甚至连加班概念也不了解。我们调查发现,有些企业采取两班倒的工作制度,即每天要工作 12 小时,问他们有没有加班,他们多数回答没有加班。这种情况很怪异。工人不认为每天工作 10 小时以上是"加班",主要是企业采取计件方式给员工计算工资,"多劳多得",而且他们对劳动法了解很少,对于有关加班工资翻倍的计算方法,他们很少知道。因此,如果再追问,他们会说与平常工资计算办法一样。

大学生入职企业后,通常在办公室做管理岗位工作,加班时间比一线工人时间要少。很多劳动密集型制造类企业人事经理认为,现在招收一个坐办公室的大学生最容易,而招一个能下车间的熟练工人却很难。在泉州地区,民营企业中的非生产管理部门周六加班是常规,且没有所谓的加班工资的说法。即使这样,如果他们的月工资是 2600 元,月劳动时间为 200 小时,折算成小时工资约为 13 元,比农民工的 10.7 元的小时工资仍高。

《福建日报》2014 年 11 月 12 日,题为《比收入还得看小时工资标准》。

最低工资标准多少才合适

十八大提出国民收入倍增计划,其中重要目标是增加工薪阶层的收入。如何增加工薪阶层的收入,在政府主导下的工资收入分配调节工具中主要有最低工资制度、工资指导线制度和工资集体协商制度等干预手段,其中最有效的调节工具是最低工资制度。近年来,由于物价不断上涨,最低工资难以偿付生活成本,每个省区市每年都调高最低工资标准,但是大家总感觉到工资标准过低,那么什么样的比例才合适呢?

根据 1993 年 11 月 24 日原劳动部发布的《企业最低工资规定》,最低工资标准是指劳动者在法定工作时间或依法签订的劳动合同约定的工作时间内提供了正常劳动的前提下,用人单位依法应支付的最低劳动报酬,不包括社会保险等员工福利。最低工资标准一般采取月最低工资标准和小时最低工资标准的形式,前者适用于全日制就业劳动者,后者适用于非全日制就业劳动者。从现有企业工资调查来看，劳动密集型企业多以最低工资标准作为员工的基本工资，即每月法定工作时间内（通常是21天，合168小时）的工资按最低工资标准计算，员工如果想提高自己的月工资收入水平，那么必须通过加班获得。这类劳动密集型企业的员工多是农民工，他们平均每个月要加班80小时以上。因此，最低工资标准关系到最基层劳动群众的切身利益。如果标准过低，对农民工群体损害最大。

目前，国际通用的计算月最低工资和小时最低工资的方法有：比重法、恩格尔系数法与社会平均工资法。比重法就是根据城镇居民家计调查资料，确定一定比例的最低人均收入户为贫困户，统计出贫困户的人均生活费用支出水平，乘以每一就业者的赡养系数，再加上一个调整数。恩格尔系数法就是根据国家营养学会提供的年度标准食物谱及标准食物摄取量，结合标准食物的市场价格，计算出最低食物支出标准，除以恩格尔系数，得出最低生活费用标准，再乘以每一就业者的赡养系数，再加上一个调整数。这两种方法的所考虑的调整因素主要考虑当地个人缴纳养老、失业、医疗保险费和住房公积金等费用。这两个公式的缺点是由于调整数可以取正负值或零，同时现阶段，各地区调整数的取值没有统一的标准，所以存在较大的随意性。社会平均工资法就是参考社会平均工资水平，规定最低工资标准相当于社会平均工资的40%~60%。2013年福州市区的最低工资标准是1170元，而2012年福州市城区在职职工月平均工资为4292元，最低工资标准只相当于社会平均工资的27.3%；再如深圳市，2012年深圳市城镇职工月平均工资为4918元，2013年深圳市最低工资标准为1600元，全国最高，相当于2012年职工平均工资的30.7%。由此看来，中国地方政府在制定最低工资时，主要采用的是比重法或恩格尔系数法，而不是第三种方法——社会平均工资法。

目前世界上绝大多数国家有最低工资标准制度，且多采取社会平均工资法确定最低工资标准，最低工资标准在社会平均工资的40%~60%浮动，其中西方发达国家通常要求最低工资标不得低于社会平均工资的50%。中国《劳动法》第48条对于最低工资标准制定应当参考社会平均工资也有特别的规定，即"最低工资标准由各省市劳动部门根据当地职工平均工资与生活水平等情况而制定，并每年随经济发展水平而做适当的调整"，但这项规定没有具体的操作标准，对于各级政府在制定当地最低工资标准时没有约束力。我国作为刚进入中等收入行列的国家，面对贫富差距日益扩大的趋势，提高工薪阶层的工资收入具有非常重要的社会意义。在制定最低工资标准时，应当参考社会平均工资法，确保最低工资标准在社会平均工资水平的40%以上，以保障最基层的劳动者收入能正常增长。

《福建日报》2013年10月29日

员工食堂与职工福利

员工食堂听起来像是计划经济下的产物，只有国有企业才有。实际上，这种传统来自西方，我们只不过向人家学习。当代西方发达国家的大中型公司都办有员工食堂，向员工提供优质低价的食品，作为重视员工的生活和个人健康的重要措施。员工食堂是企业职工福利的重要组成部分，属于企业自愿性福利，不在强制性福利之列，企业可以选择办员工食堂，也可以选择不办。

好的合理的员工福利可以调动员工的积极性，提升员工的凝聚力，可以提高企业的竞争力，也可以帮助企业吸引员工，帮助企业保持员工，还可以强化企业在员工和其他企业心目中的美好形象。企业提供高薪是吸引人才的一个重要手段，但良好的福利待遇也是吸引人才和保留人才的一个关键。国内大多数的国有企业，其薪资水平与很多民营企业及外资企业相比都不具有竞争力，但由于其健全而又丰厚的福利待遇仍然成为大多数人的首选。相反，一些薪资高而福利很一般的企业，尽管初期靠高薪吸引了一些优秀的人才，但因为福利水平不到位，这些优秀的人才也还是陆续选择了离开。

拿破仑曾说，"我的军队是在它的胃上行进的"，意思是要士兵打好仗，必须尽可能让士兵先吃饱吃好。中国也有类似的话："兵马未动，粮草先行。"在企业管理中，能否以优质廉价的食堂满足员工的胃，使他们以健康的身体和满足的心情投入工作，如今成为衡量企业是否具有竞争力的新标准。知名企业管理咨询师项立刚先生很关注企业食堂，他说："我一直相信做企业就是做文化，企业要长远发展，一定需要有一个适合它发展的文化。'先生活后工作'，如果生活不好，工作就没有意义。如果有实力解决食堂，却将其办成一个从员工手里获益的工具，这个企业必然没有希望。"

真正关心员工生活，为员工创造好的工作条件，这样的公司才有吸引力和凝聚力。在管理界有这样一个经典的故事：前卡夫食品公司 CEO 罗伯特·埃克特临危受命，空降到玩具制造商美泰公司，他希望能与员工交流意见，以打消员工顾虑、赢得信任。于是他选择到员工食堂和大家一起进餐。在餐桌上，他与员工无拘无束地交流和分享意见，畅所欲言，以诚相待，讨论公司的各种问题。这便是罗伯特提出的"进餐时间"概念。在初步取得成功后，他把公司食堂变成了走动式管理的"据点"，带动公司管理层和员工们充分融入，与不同部门不同团队聚餐，在餐桌上定下了公司的经营新策略，后来一举取得成功。可见，员工食堂不仅是用餐的地点，也可以是公司管理的前沿阵地。在员工食堂，同事们可以互相交流、畅所欲言，不仅有利于营造好的工作气氛，而且能在轻松的交流中形成公司文化。中国人喜欢将饭桌作为工作的自然延伸，餐桌上更容易谈工作，更容易交流与沟通。

笔者在企业员工调查中，谈及职工食堂与企业归属感之间的关系，不少员工说，公司有食堂才有家的感觉，如果没有职工食堂，感觉不到家的温馨，特别是单身员工这种感觉较强。没有职工食堂，整天为三餐而在外面打游击，有种吃上顿没下顿的感觉。"民以食为天"，家首先是为人们提供吃住的生活场所，其次才是人口生产、休闲娱乐的场所。如果公司没有自办的职工食堂，家的温馨确实也难以寻觅。企业不办食堂，让员工去外面饭店或自己做饭，也可以理解为"服务外包"，但由于企业与外面的饭店没有正式的委托与监管协议，因此，饭店提供公司员工的饭菜往往质次价高，有时因食品卫生差，引发员工拉肚子生病，影响企业正常生产秩序。现在很多劳动密集型企业为了提高员工福利，解决招工难等问题，推出包住包吃的福利政策，即不仅住宿是免费的，吃饭也是免费的，这很好地解决了外来工基本生活需求问题，同时间接也提高了外来工的工资收入水平，有利于员工稳定，对于不在公司住宿与吃饭的员工还发一些补贴，以示一律平等。有的公司虽然对在本公司食堂吃饭采取不免费的政策，但多采取价格补贴政策，使员工能吃到比外面饭店相对便宜的饭菜。这些策略既有效降低了员工生活成本，也间接提高了员工收入水平。

其实许多公司都想办职工食堂，但由于一次性投入较高，运营管理更是麻烦，一些公司不想办食堂。有职工食堂，但职工对食堂饭菜不满意，有抱怨，这是正常现象。因为众口难调，想要让每个员工都满意是难以做到的。但综合利弊，开办员工食堂是值得企业投入的福利事业，也是搞好后勤保障的关键举措。

《闽发铝业报》2012 年第 6 期

企业社会工作不能回避劳资关系问题

当前新生代农民工在城市社会融合过程中，存在收入、保障、身份及公共服务的四大现实困境，严重影响青年农民工城市化。笔者认为，收入与保障困境主要是企业责任的欠缺，而身份与公共服务则主要是政府责任的欠缺。近年来，广东省政府为了加强社会服务体系建设，通过政府购买服务的方式，引导职业社会工作师进入企业，为农民工提供专业化的服务，取得很好的社会效果。社会工作师进企业是广东省政府探索加强社会建设的创新之举。从企业社会工作模式来看，向来有"个人发展取向模式"和"社群权益取向"两种模式，前者关注员工个人发展问题，后者则关注员工整体权益维护问题。从农民工生存现状来看，企业社会工作需要采取两者兼顾的综合模式，即在解决员工个人发展问题的同时，也要积极维护员工整体的权益。

西方国家企业社会工作大发展是建立在企业社会责任制度已健全的背景下，企业社会工作重点是 EAP（员工援助计划），着重解决员工精神健康问题，如酗酒、吸毒、工作责任心不强等。而我国引进企业社会工作时，企业社会责任还不健全，社工入驻企业时，遇到许多员工反映的工资、劳动时间与福利待遇问题，而不是精神层面的问题时，我们社工应当怎么对待？他们是否可以回避这些问题，转而解决诸如员工关系、恋爱与婚姻等精神层面的问题呢？如果社会工作师仅仅能解决这些问题，那么，企业只用聘请心理咨询师入厂就可以了，根本就不需要社会工作师介入。富士康员工自杀问题，如果我们将之归结为心理问题导致的，那解决问题的手段岂不是很简单？从西方企业社会工作经验来看，企业社会工作除了制订员工援助计划、处理企业与社区关系外，还需要介入员工整体权益维护问题，协助解决企业劳资关系问题。

新生代农民工渴望"工作在城市，生活也在城市"，他们不希望做一台劳动机器，他们也渴望有城市居民所拥有的休息与休闲时间。他们在招工时提出宿舍有没有空调，每周要有一个休息日。其实这些都是正常的要求。对于员工来说，职工宿舍就是他们的家，他们当然希望家能更舒适一点。如果每天都要加班，每月没有休息日，那么他们连谈恋爱的时间都没有，那谈什么生活在城市呢？很多青年员希望在工资不降低的情况下，每天工作8小时，加班不超过2小时，每周能有一个休息日。这是属于劳动法规定的要求，但在实际生产管理中很多企业做不到。现代企业员工流动率非常高，他们"用脚投票"来表达对资方的不满。企业主方面则抱怨工人只想加工资，却不愿意多付出，爱岗敬业精神差，工作效率低等。有位企业主曾向笔者抱怨，中国工人职业素质与职业技术和日本工人相比差远了。笔者承认中国工人与日本工人之间存在差距，但我们的企业主为其员工提供了什么样的工资待遇呢？劳资双方互相抱怨，这需要第三方做调停工作。企业工会由于是企业工作人员兼任，无法扮演劳资关系协调人的角色，而作为社会第三方的社会工作者具有独立性，可以承担此责任。专业社工介入企业劳资关系，要本着劳资双赢的原则，提升员工职业素质与工作效率，进而推进员工物质福利与精神福利的同步改进。

从社会工作价值观角度来看，关注弱势群体，为弱势群体服务，为弱势群体赋权也是社会工作的内容之一。当然在现在的劳资关系中，并不主张以冲突的方式解决，力求劳资两利，劳资和谐，在劳资关系中寻求一种平衡点。如果回避劳资关系问题，我们的社会工作效果要打折扣，或者将无法达到预期的工作目标。例如针对"两班倒"生产的企业，或每天加班2小时以上的员工，他们下班后最大的愿望是休息，没有多少时间接受社工的专业辅导。这时，专业社工在做员工帮助计划时，则需要把员工物质性需求告诉企业管理方，以及企业工会，协助推进员工物质福利的提高。

在劳资关系和谐的基础上，企业社工主要工作可放在员工援助上。受亚文化群体影响，青年员工养成了一些不良嗜好，要采取个案帮扶手段消除。如青年员工很多人有烟瘾、酒瘾、网瘾等。这些不良嗜好的形成，与他们精神上的困惑有关，如借酒消愁，结果不知不觉染上酒瘾，这不仅让青年员工成为"月光族"，而且严重影响其身心健康，也影响正常工作，对企业正常生产也有不利影响。一些染上网瘾的员工，由于休息不好，很容易发生工伤事故，对企业与员工都有损失。帮助他们戒除不良嗜好，需要通过个案工作，予以重点帮扶。员工人际关系方面的问题，如工友关系、室友关系以及恋爱中的困扰也需要社工关注，良好的社会关系网，也有助于新生代农民工融入城市生活。当然在这个过程中，要加强员工职业素质教育，如爱岗敬业意识、生产节约意识等。如果员工职业素质得到提高，其所服务的企业生产效率也必将得到提升。

目前，企业社工推行较好的地方是深圳市，一些企业主愿意接受社工入厂，因为专业社工驻厂后能实现劳资双赢，能为资方创造价值。深圳市冠旭电子有限公司董事长吴海全是深圳市龙岗区第一个出资聘请专业社工驻厂的企业主，希望专业社工运用专业的社工方法解决企业员工流失、职工精神健康等问题。职业社工在企业建立社工服务中心后，积极搜集员工需求信息，并向企业方转达。员工流动率过高，与企业工资待遇低有关，当企业认真提高工资待遇后，员工也在专业社工的帮助与教育下，改正了一些不良习惯，提高了工作热情与工作效率。最终结果是，企业员工工资增加，企业生产效率也得到了提高，实现了劳资双赢。笔者以在企业做管理博士后的经验来看，如果改进管理，当前企业工人工作效率仍有提升空间，至少可以提升30%的空间，工资也可以再上调30%以上。劳动力成本上升是大势所趋，专业社工要积极参与现代工业管理体系建设，协助培养专业、高效且敬业的产业工人。

从企业社工发展阶段来看，需走政府扶持、政府和企业共同分担，直至企业出资购买之路。在国外，企业工会出资聘请社工为企业员工服务，中国企业工会也可以借鉴这种方式，地方市县级工会在此过程中要加强引导工作，也可以拨出一部分工会会费购买社工服务，定向提供给急需社工服务的企业。

对于企业社工来说，则必须提升自身素质与服务创新能力，针对不同企业提供不同类型的服务，这样才能提升双方的结合点，社工进企业才有作为。对于我们的专业社工来说，在大学学习阶段，要多参与企业社会工作与人力资源管理实习，不仅要掌握社会工作理论与工作技能，还要掌握劳资关系方面的法规以及企业人力资源管理的基本知识，做一个复合型的人才。就服务创新而言，要针对不同企业，设计出不同的服务产品，以满足企业与员工的双向需求，不断推进企业社会工作深入发展。

《中国社会工作》2012年第10期

流动人口积分制管理值得我省借鉴

近日福建公安厅针对流动人口出台更宽松的落户政策，政策规定：有稳定住所或办工商执照的可落户县（市）城区以外建制镇；居住证满2年或在居住地纳税满1年的可落户县（市）城区；劳模、见义勇为者或高职称、高技能人才准入门槛更低。但同时又规定，以上落户政策不包括福州与厦门市。在中国，城市越大，行政级别越高，意味着工作机会与收入水平越高，社会福利与教育水平也越高，因此，大多数人要到大城市落户。因此，这项新政对于渴望落户福州厦门两大城市的流动人口则没有积极意义。如何适应流动人口这种需求？受承载力限制，福州、厦门两市暂不可能实施"低门槛"的落户政策，借鉴广东省的流动人口积分落户管理制度，有选择地吸收流动人口落户则是可行的。

广东省是中国拥有外来工最多的省区，广东省经济持续发展离不开外来工。为了能使优秀外来工长期为地方经济发展做贡献，自2009年以来，拥有110多万外来人口的中山市在全国率先推行流动人员积分入户制度，累积的分值可以换得"城镇户口"或"子女入学指标"。这项"积分入户"制度现已在广东全省推开，得到各方面的好评。中山市流动人口积分制管理制度就是制定一个指标体系，给外来工评分，积分达到一定的标准就可以落户中山市或得到子女享受义务教育的权利。积分入户管理指标是由三个一级指标构成，即基础分、附加分和扣减分。这三个一级指标又可以细化为20个二级指标，基础分指标包括个人素质、工作经验和居住情况三项内容；附加分指标包括个人基本情况、急需人才、专利创新、奖励荣誉、慈善公益、投资纳税等十项内容；扣减分指标包括违法犯罪和其他违法行为两项内容。从指标体系来看，其作用不仅在于吸纳优秀的外来工享受地方社会保障与子女义务教育待遇，而且可以引导外来工做一个遵守纪律、乐于奉献的好公民。另外，流动人口加入"积分制"管理，可以密切与社区联系，促进流动人口融入地方社会。

"积分入户"制度不能解决所有流动人口市民权问题，但这项制度的重要突破就是使我们的户籍制度由整体性排他变成选择性排他，让高素质、高技能人口才落户，也符合社会进步所需。虽然这项制度不是最好的制度选择，但除了此项制度，目前还没有更好的选择。现在北京、上海等超级大城市都在尝试推行这种积分入户制度，但仍存在大城市门槛过高，而中等城市则存在吸引力不足等问题。如北京每年向400多万外来工开放100多个入户指标，但广东省中山市每年则有3000多个入户指标。在中山市，外来工凭积分申请子女享受义务教育的非常多，指标供不应求，但申请入户指标则非常宽裕，申请者较少。究其原因，有些外来工怕落户中山市后失去家乡农村的承包地。

近年来，福建省在流动人口管理与外来工子女教育问题也做了有益的探索。福建省县级市对于流动人口落户条件相对宽松，但地级市区则相对较高。以福建省县域经济最发达的泉州晋江市为例，2009年初，晋江市政府就规定，符合以下条件的，准予办理落户："进城务工、就业人员在晋江市连续居住并办理暂住证满五年，与企事业单位依法签订三年以上劳动合同或实际在企事业单位工作已满三年，无违法犯罪记录；大中专以上学历人员，在晋江就业并与企事业单位签订三年以上劳动合同或实际工作满三年的。"对于晋江近百万流动人口来说，大多数暂时还不想落户晋江，他们更希望以流动人口身份享受更多的市民待遇。为顺应这种人口流动形势，2011年7月，晋江市出台全新的流动人口居住证制度，规定持有该证的流动人口可享受22项市民待遇，其享有市民待遇之多，超过广东省流动人口居住证制度所规定的10项待遇。不过，晋江市申领门槛稍高，要求申领人"在本市参加社会保险3年以上"。对于不符合申报申领居住证的，可领取"临时居住证"。广东省则没有"临时居住证"制度。福建省针对外来工子弟入读公办学校的政策是采取就近入学的办法，但前提是公办学校要优先解决本地学生入读，有空余指标再向外来工子弟开放。在市区公办学校中，由于空余的指标少，申请入读的外来工子弟多，则采取电脑派位的方法，全凭运气，没有考虑学生家长的受教育程度、职业与技能情况。虽然这项办法也较公平，但对于促进外来人口遵守法律、乐于奉献没有多大帮助。

据"六普"资料，福建省拥有430多万外省籍流动人口，大多数分布在福州、泉州与厦门等沿海大城市，受僵化的户籍管理制度的制约，他们大都无法享受到当地市民所拥有的社会保障与子女义务教育等方面的权利。在当前创新社会管理进程中，为吸引外来人口为福建经济社会发展做贡献，福建省也需要积极借鉴兄弟省市有益的流动人口管理经验，消化吸收，为经济社会发展服务。

《福建日报》2012年6月1日

有效应对小城镇"空城化"

当前，我省各地加快推进小城镇建设步伐，在经济社会管理权限、财税金融政策、建设用地供应、户籍管理制度等方面相继出台具体的扶持措施。但是，应该看到，在各地推进小城镇建设的背景下，一个隐藏在背后的新问题已经显露：在一些地方，小城镇相对较低的土地价格和劳动成本，使当地大规模进行基础设施建设具有可能，容易促使地方政府过量规划和过度投资，从而出现小城镇基础设施过度超前，而新城的人气和影响力低迷的现象，其主要特征是人口流失，缺乏主导产业支撑，即所谓的"空城化"，这与城镇化的发展目标相悖。为此，应采取有效措施加以应对，推进城镇化健康、有序发展。

当前，我省一些地方小城镇建设"空城化"现象的表现形式是房地产项目无序扩张，但教育、医疗卫生等公益事业发展水平较低，就业机会少，导致人口外流严重，形成"有城无市"现象，给小城镇建设带来明显的负面效应，主要表现为：一是导致支撑小城镇可持续发展的资金、人才等优质资源面临流失风险，使产业结构升级转型和新兴项目的培育面临严峻挑战。二是造成城镇化发展的无效率消耗，以致土地和资金等稀缺资源浪费严重，大大提高农民进城镇的门槛，拉大了城乡差距，与城镇化的发展目标相背离。三是加重地方政府的财力负担。四是损害所在地的投资环境。

小城镇建设的首要目标是改善环保与交通基础设施，其次是提升以中小学教育为核心的社会公益事业发展水平，再次是解决就业问题，房地产开发仅仅是实现小城镇建设的形式之一，不可以作为小城镇发展的支柱产业。有鉴于此，小城镇建设应以发展特色产业为支撑，提高居民就业水平和就业质量，以提高中小学教育事业发展水平为基础，提升社会公益事业发展水平，不断提升人口和产业的集聚能力，以有效应对"空城化"现象，推进城镇化健康、有序发展。

以发展特色产业为支撑，提升小城镇发展的内涵。做大做强特色产业是小城镇持续发展的内在动力和支撑，一个小城镇必须有一至两个强大的产业作支撑才具有充足的活力和后劲。为防止出现小城镇"空城化"现象，要把发展特色经济、培育支柱产业摆到突出的战略位置。如立足本地资源优势和条件，培植特色产业，打造工业带动型、商贸流通型、旅游拉动型、交通枢纽型、资源开发型等各具特色的小城镇。

以稳定就业为核心，提升小城镇发展的内聚力。就业问题能否得到实质性解决，是衡量城镇化发展质量和效率的首要标准。在以发展特色产业为支撑的基础上，需要着力解决农村劳动力转移就业问题。推动现有企业可持续发展，是稳定现有劳动力和人口规模、扩大就业的重要渠道。为此，地方政府应紧紧围绕骨干企业和拳头产品，做大做强现有企业，建设新企业，以企业规模增加促进就业容量的扩大。以自主创业带动就业，也是提升农村转移劳动力就业水平的重要措施，这需要着力营造鼓励创业、支持创业、促进就业的社会氛围，重点扶持返乡农民工、本地技能型人员、本地籍高校毕业生等三类人员在小城镇进行自主创业，从而带动更大范围的就业。

提升以中小学教育为核心的社会公益事业发展水平。在当前大中城市磁吸效应显著的背景下，要保持小城镇的活力，小城镇建设应着重强化小城镇的宜居性，环境卫生等基础设施建设水平、教育事业发展水平要与周边大中城市接近，这样才能吸引居民到小城镇安居乐业。要做到这一点，当前需要在提升中小学教育质量上下功夫，特别要提高小城镇中小学教师的待遇，使他们安心在小城镇工作，从而保证中小学教育水平得到提升。

提升小城镇对于外来工的吸引力。让外来工落户小城镇，融入小城镇，是提高小城镇人气的重要措施。目前，我省小城镇户籍已放开，外来工落户小城镇的门槛较低，关键的问题是让外来工在小城镇拥有自己的住房。为此，需要解决外来工购房难问题，让外来工通过住房公积金贷款，申购本地经济适用房。镇政府或村集体可集中建设外来人口公寓，向外来工提供廉租房。营造吸引外来工落户小城镇的政策环境，如提高外来工参保率，让社会保障覆盖全体外来工，解决外来工落户小城镇在养老、医疗等方面的后顾之忧。

《福建日报》2012 年 10 月 16 日

附录 2　外来务工人员工作与生活调查问卷

问卷编号：☐☐☐

外来务工人员工作与生活调查问卷

亲爱的朋友：

您好！为了了解您的工作与生活状况，以进行学术研究并向政府有关部门提出改进性的政策建设，我们通过这份问卷向您了解情况。调查不涉及隐私，且是不记名的，对问题的回答没有对错之分，只要真实就好。所有资料只进行统计汇总，用于学术研究。同时我们将对您所填写的内容绝对保密，请您不必担心。

在填答问卷时请您注意以下事项：

1. 填写时请将您所要选择的项目前的序号打√，有横线的选项则属自填；

2. 如果题目未特殊注明"可多选"，则只可以选择一个答案。

衷心感谢您的支持和合作！

福州大学社会学系课题组

本问卷调查的访问对象是目前正在处于工作状态的外来工。

本问卷调查不访问的对象为：

(1) 正在城里找工作的

(2) 企业管理层人员

(3) 国有企业、行政单位、事业单位的正式工人

_____市_____（公司）

调查员_____

调查开始时间（24 小时制） ____日____时____分

复检员_____

录入员_____

A. 个人基本情况

A1 性别： [   ]

1. 男　　　　　　　　　　2. 女

A2 您的出生年份：_____年 [   ]

A3 您的出生地（请填写省或市）：_____ [   ]

A4 您的文化程度： [   ]

1. 不识字　　　　　　　　2. 小学

3. 初中　　　　　　　　　4. 高中

5. 中专、中技　　　　　　6. 大专及大专以上

A5 您的户口性质： [   ]

1. 农业

2. 非农业

3. 不清楚

A6 您的婚姻情况： [   ]

1. 未婚（请跳至 A8）　　　2. 已婚

3. 离异　　　　　　　　　4. 丧偶

A7 您有几个孩子？_____个 [   ]

A8 您外出后，家里的承包田地如何处理： [   ]

1. 抛荒

2. 家里人代为耕种

3. 农忙时自己回家耕种

4. 以收取一定的租金方式转包给亲友或邻居

5. 无偿转让给亲友或邻居

6. 无承包地

A9 您是否获得过国家承认的职业资格证书，技术等级证书：［　］

1. 没有

2. 有，_____个

分别是_____，_____，_____

A10 2011 年您的家庭年总收入是：_____元　［　］

A11 您认为您的经济状况在家乡属于什么水平：［　］

1. 上等　　　　　　　　　2. 中等偏上

3. 中等　　　　　　　　　4. 中等偏下

5. 下等　　　　　　　　　6. 不清楚

A12 您相信这个世界有神（菩萨、上帝、真主或超自然的力量）存在吗？

1. 相信

2. 不相信

3. 不清楚

A13 您经常到宗教场所，如村庙、寺庙、教堂等场所拜拜神明、菩萨或上帝吗？

1. 经常去

2. 偶尔去

3. 从不去

A14 您的宗教信仰是：　　　　　　　　　　　　　　［　］

1. 佛教　　　　　　　　　2. 道教

3. 拜神（民间信仰）　　　4. 天主教

5. 基督教　　　　　　　　6. 伊斯兰教

7. 其他宗教　　　　　　　8. 无宗教信仰

9. 不清楚

B. 当前工作情况

B1 您是第一次外出打工吗？　　　　　　　　　　　［　］

1. 是　　　　　　　　　　2. 不是

B2 您选择外出打工的主要原因有（可选 2 项）：［　］［　］

1. 多挣钱

2. 出来见世面

3. 通过打工成为城里人

4. 没有什么原因，见别人出来也就出来了

5. 学习技术，积累经验

6. 其他（请注明）_____

B3 您主要是通过什么关系在外地找工作的？　　　　　[　　]

1. 职业介绍所

2. 报纸电视等媒体招聘启事

3. 亲友、同乡、同事关系较密切人的介绍

4. 人才交流中心，人才招聘会

5. 家乡政府组织的劳务输出

6. 看街头贴的招工启事

7. 自己单干

8. 自己找的

9. 其他（请注明）

B4 您第一次外出打工是什么时候？_____年 [　　]

B5 到目前为止，您已经换了_____次工作？　　　　[　　]

B6 到目前为止，总共打工____月　　　　　　　　　[　　]

B7 从事当前这份工作共____年　　　　　　　　　　[　　]

B8 请根据目前自身的条件，设想下目前合适的月薪应该是____元/月。

B9 您目前工作的职业是：　　　　　　　　　　　　　[　　]

1. 农业工人

2. 产业工人

3. 零散工（什么都干，主要是体力劳动）

4. 家政工人（保姆、钟点工）

5. 商业服务人员、餐饮服务人员

6. 保安人员

7. 高级专业技术人员

8. 公司、企业领导或管理人员

9. 个体户（有属于自己的相对稳定的摊点、店铺）

10. 私营企业主（有自己的家的公司、雇佣8人以上雇员）

11. 回收废品人员

12. 临时工

B10 您的工作单位性质是： [ ]

1. 党政机关

2. 事业单位

3. 国有企业

4. 集体企业

5. 私营企业

6. 三资企业

7. 群众组织

8. 受雇于他人摊点、店铺

9. 个体工商户（有属于自己相对稳定的摊点）

10. 无单位，在不固定地点揽零活

11. 无工作

12. 其他（请注明）_____

B11 您工作的企业行业类别是____（可填服装厂、电子厂等）[ ]

B12 您工作的企业规模是： [ ]

1. 100 人以下　　　　　　2. 100～499 人

3. 500～999 人　　　　　　4. 1000～2999 人

5. 3000 人以上

B13 您在企业工工作期间否接受过企业组织的职业培训？ [ ]

1. 是　　　　　　　　　　2. 否

B14 您认为自己目前对工作的熟练程度如何？ [ ]

1. 非常熟练　　　　　　　2. 很熟练

3. 一般　　　　　　　　　4. 有点生疏

5. 十分不熟练

B15 您大概每天要工作_____小时？ [ ]

B16 您每个月的休假时间大概是_____天？ [ ]

B17 您目前每个月的收入（包括奖金等）大概是_____元？ [ ]

其中，基本工资_____元，

加班工资_____元，

其他收入_____元

B18 您的工资计算方式是： [ ]

1. 计件   2. 计时
3. 提成   4. 底薪加提成
5. 按天计算   6. 月薪制
7. 有时候计时，有时计件   8. 其他_____

B19 您的工资标准是如何确定的： [   ]

1. 完全由企业决定
2. 工人集体和企业谈判
3. 工会参与协商
4. 政府参与确定
5. 由劳务带头人和企业商定
6. 其他，_____
7. 不清楚

B20 请您回忆一下，去年一年中，您将打工收入的多少寄回家？
_____% [   ]

B21 您是否了解当地与您相同类型的工人工资？ [   ][   ]

1. 了解，是_____元/月
2. 不了解

B22 您所在的企业有没有克扣或少给您发过工资？ [   ]

1. 有   2. 没有

B23 您所在的企业经常加班吗？ [   ]

1. 经常
2. 偶尔
3. 旺季加班，平时没有
4. 其他_____

B24.1 请问你们企业加班有加班工资吗？ [   ]

1. 没有
2. 有
3. 不清楚

B24.2 如果有加班工作工资， [   ][   ]
请问平常加班每小时_____元，节假日加班每小时_____元

B25 您对自己目前的健康状况评估如何： [   ]

1. 很不好   2. 不大好

3. 一般 　　　　　　　　　　4. 比较好

5. 非常好 　　　　　　　　　6. 不清楚

B26 您知道本市的最低工资标准吗？　　　[　　][　　][　　]

1. 不知道

2. 知道＿＿＿＿元/月，＿＿＿＿元/小时

B27 您认为最低工资标准对您的工资水平是否产生影响：

1. 没有影响 　　　　　　　　2. 有点影响

3. 影响很大 　　　　　　　　4. 不知道

B28 您现在的企业是否提供以下待遇：

	1. 有	2. 没有	3. 不清楚	
A 病假工资				[　　]
B 带薪休假				[　　]
C 工伤保险				[　　]
D 医疗保险				[　　]
E 养老保险				[　　]
F 产假工资				[　　]

B29 你现在企业的医疗待遇是：

	1. 全部报销	2. 部分报销	3. 无报销	4. 不知道	
A 工伤费用					[　　]
B 小病费用					[　　]
C 大病费用					[　　]

B30 您所在的车间或班组中，是否存在下列现象？

	现象	1 有	2 没有	3. 不清楚
1	老员工不愿意教新员工技术			
2	老员工欺负，甚至打骂新员工			
3	新员工比老员工流失率高			
4	班、组长工资与普通员工工资差别较大			

C. 企业生活情况

C1 您的企业在吃住方面的安排是（选择适当的项打圈，如果吃住情况为"1，2，3"选项且不需要扣除费用的请在费用栏对应位置上写0）

C1.1 吃住情况		C1.2 其中，单位扣除吃住费用（合计）
包吃包住	1	元
只包吃	2	元
只包住	3	元
不管吃住	4	元

C2 请问您一年来每个月自己要开支_____元（如果是集体住，则分摊到个人身上）。

其中平均每个月，住宿_____元

通信_____元

交通费_____元

请客送礼_____元

生活日用品_____元

服装_____元

文化娱乐_____元

其他_____元

C3 请问 2011 年您寄回家：_____元

C4 请问 2011 年您花在子女身上的生活、抚养、教育和医疗费用大约是_____元

其中由学校收取教育费用：_____元

C5.1 请问 2011 年来您一般每个月收入有没有结余：

1. 没有（跳至题 C6）

2. 有，一般结余_____元

C5.2 您是否把这些钱存入银行？

1. 是   2. 否

C6 您目前的居住情况是（可多选）：

1. 员工集体宿舍
2. 出租屋
3. 借住亲友家
4. 借住亲友单位宿舍
5. 临时工棚
6. 工作场所
7. 自购房
8. 其他（请注明）

如果目前是员工宿舍，请回答 C7 题，目前住出租屋，回答 C8 题。如果目前没有住员工宿或出租屋，请答 C9 题。

C7 如果您现在住员工宿舍，请回答：

C7.1 你们的员工宿舍是_____人/间

C7.2 您住的员工宿舍是：

1. 企业建的　　　　　　　　2. 企业买的

3. 单位统一租来的　　　　　4. 其他_____

5. 不知道

C7.3 您的个人物品大多放置在：

1. 床铺上　　　　　　　　　2. 床底下

3. 储物架　　　　　　　　　4. 其他_____

C8 如果您现在住出租屋，请回答：

C8.1 您现在租的这一套房子是：

1. 一个人租房

2. 几个人合租（_____人）

C8.2 如果是合租的，他（她）们是您的（可多选）：

1. 家人　　　　　　　　　　2. 恋人

3. 亲戚　　　　　　　　　　4. 老乡

5. 朋友　　　　　　　　　　6. 工友

7. 不相识的人　　　　　　　8. 其他

C8.3 您所住的出租屋是：

1. 城市商品房

2. 城主存的私人出租屋

3. 村镇的私人出租屋

4. 村镇集体出租屋

5. 当地政府的廉租房

6. 其他_____

C8.4 您租房居住的原因是（可多选）：

1. 工作单位不提供宿舍

2. 离工作地点近

3. 生活便利

4. 价格比较便宜

5. 工作单位所提供的住宿条件太差

6. 能够和家人朋友住在一起

7. 其他_____

C9 能否估算下您现在的住处面积约是_____平方米/人

C10 您居住的地方是否有下列各项设施（如是集体宿舍，问同一层楼有没有冲凉房）（可多选）？

热水器	冲凉房	厕所	阳台	厨房	洗衣机	电视机	电风扇	衣柜	饮水机	空调	电冰箱
1	2	3	4	5	6	7	8	9	10	11	12

C11 您平时吃饭主要是（可多选）：

1. 自己煮　　　　　　　　　　　　　　　　[　]

2. 单位饭堂（包括单位包伙食的）　　　　　[　]

3. 食档　　　　　　　　　　　　　　　　　[　]

4. 快餐外卖　　　　　　　　　　　　　　　[　]

5. 与家人一起煮　　　　　　　　　　　　　[　]

6. 与同住者一起煮　　　　　　　　　　　　[　]

7. 非本单位饭堂　　　　　　　　　　　　　[　]

8. 其他_____　　　　　　　[　]

C12 您所在的企业是否有组织休闲活动？

1. 经常组织

2. 偶尔组织

3. 从不组织

C13 您平常有无以下习惯（在相应的空格里打钩即可）？

		经常	偶尔	从不
1	抽烟			
2	喝酒			
3	打牌或麻将（有赌博性质）			
4	买体育或福利彩票			
5	买地下六合彩			
6	用手机玩游戏或上网			
7	用自己电脑玩游戏或上网			
8	到网吧上网或玩游戏			

D. 企业与地方环境

D1 您进本企业是否有签订正式的劳动合同？　　　　　　　[　　　]

1. 有

2. 没有

3. 不清楚

D2 如果有合同，这份合同是企业准备好了的，您只要签字就行：

1. 是　　　　　　　　　　　　2. 否

D3 您对这份合同修改了吗：　　　　　　　　　　　　　　[　　　]

1. 是　　　　　　　　　　　　2. 否

D4 您这份合同的期限是：　　　　　　　　　　　　　　　[　　　]

1. 有固定期限，期限_____年

2. 无固定期限

3. 不清楚

D5 您对这份合同的评价如何：　　　　　　　　　　　　　[　　　]

1. 体现了双方平等，我很满意

2. 基本平等，比较满意

3. 有些不平等，但是可以接受

4. 不平等，我只能忍受

5. 说不清楚

D6 下面哪种情况使得您和企业没有签订合同：　　　　　　[　　　]

1. 企业没有和我签

2. 我不想和企业签，原因是_____

D7 外出打工前，家乡政府有没有对您提供过技能培训？　　[　　　]

1. 有，_____次

2. 没有

D8 2010年以来，你在打工的地方是否接受过技能培训：　 [　　　]

1. 没有　2. 有，_____次

D9 您参加的技能培训是谁出钱的（可多选）？　　　　　　[　　　]

1. 自己出钱　　　　　　　　　　　　　　　　　　　　　[　　　]

2. 企业　　　　　　　　　　　　　　　　　　　　　　　[　　　]

3. 工作所在地政府 [ ]

4. 家乡政府 [ ]

5. 非政府组织 [ ]

6. 免费 [ ]

7. 其他 [ ]

8. 不清楚 [ ]

D10 您最近一次参加职业培训的时间是_____年_____月，共培训了_____天

D11 您觉得参加这种培训对您的工作帮助多大： [ ]

1. 非常有用　　　　　　　2. 比较有用

3. 一般　　　　　　　　　4. 没太大作用

5. 完全没有用　　　　　　6. 很难说

D12 就您目前所知，下列保护工人权益的相关法律你是否了解？

	1. 很熟悉	2. 了解一点	3. 听说过	4. 没听说过	
A 劳动法					[ ]
B 工资支付条例					[ ]
C 劳动仲裁条例					[ ]
D 社会保险条例					[ ]
E 安全生产监督法					[ ]
F 工伤保险条例					[ ]
G 职业病防治法					[ ]
H 消防法					[ ]
I 妇女权益保障法					[ ]

D13 您打工的企业是否有下列组织？

	1. 有，我也参加了	2. 有，我没有参加	3. 没有	4. 不清楚	
中国共产党					[ ]
工会					[ ]
共青团					[ ]
同乡会					[ ]

D14 在您打工过的企业中，出现过招工不足或者缺工的现象吗？ [ ]

1. 出现过，且招工严重不足或缺工很多

2. 出现过，但后基本上能正常开工

3. 没有出现，能正常开工

4. 没有出现，还多了很多工人

D15 如果有缺工，那么情况是： [　　]

1. 季节性缺工

2. 全年都缺工

3. 不清楚

D16 缺少哪一类型的工人： [　　]

1. 技术工　　　　　　　2. 普工

3. 二者都缺　　　　　　4. 不清楚

D17 从性别角度看，缺少工人主要是： [　　]

1. 女工　　　　　　　　2. 男工

3. 男女差不多　　　　　4. 不清楚

D18 您认为自己在外地找工作难不难？ [　　]

1. 很容易　　　　　　　2. 比较容易

3. 一般　　　　　　　　4. 比较困难

5. 很困难

D19 与在家乡时候相比，进城打工后您觉得现在自己的社会地位：

[　　]

1. 提高了很多　　　　　2. 提高了一点

3. 没有变化　　　　　　4. 降低了一点

5. 降低了很多　　　　　6. 说不清

D20 您觉得自己的身份属于： [　　]

1. 农民

2. 农民工

3. 不清楚

4. 其他，是_____

D21 您是否遇到过劳资纠纷？ [　　]

1. 有（请回答的第 D22 题和 D23 题）

2. 没有

D22 您是因为什么发生劳资纠纷的（可多选）？

1. 工资太低，还经常拖欠

2. 工作时间长，加班费太少

3. 工作环境差，反映没有结果

4. 老板或工头态度太差，经常欺负工人

5. 其他（请注明）_____

D23 当遇到劳资纠纷时，您会采取哪种方式解决？　　[　　]

1. 寻求工会的帮助，和雇主谈判

2. 通过相关法律和行政部门解决

3. 找几个老乡或朋友去教训雇主

4. 忍气吞声

5. 其他（请注明）_____

E. 未来打算及其他

E1 您有考虑到其他的地方（企业）工作吗？　　　　　[　　]

1. 有（请回答第 61 题）

2. 没有

E2 如果您考虑到其他地方（企业）工作，您主要考虑的原因是（可选 2 项）？　　　　　　　　　　　　　　　　[　　][　　]

1. 工资高

2. 福利待遇好

3. 工作环境好

4. 老板人好，大方，不欺负工人

5. 有熟人在厂里上班

6. 其他（请说明）_____

E3 您会把本地作为最终的迁移地吗？　　　　　　　　[　　]

1. 会，希望自己和后代可以留在当地继续生活

2. 不会，在这里工作是暂时的，在自己年老的时候会回到家乡

3. 不一定，只要别的地方（家乡除外）有更好的工作机会就会离开

E4 请评价您所在的企业和地方情况：

	非常好	好	一般	不好	非常不好	
A 企业待遇						[　　]
B 企业对相关劳动法规的执行情况						[　　]
C 地方的法制环境						[　　]
D 地方对农民工的政策						[　　]

E5 您通过哪些渠道了解自身权益相关信息（可多选）？　　[　　]

1. 读书看报

2. 看电视

3. 上网

4. 听收音机

5. 参加政府、企业和工青妇组织的宣传教育讲座

6. 参加街头咨询活动

7. 参加 NGO 组织

8. 找律师咨询

9. 周围工友、朋友等

10. 其他_____

E6 您在以后职务提升和加薪的可能性有多大？　　[　　]

1. 很有可能　　　　　　　　2. 有可能

3. 不清楚　　　　　　　　　4. 基本没有可能

5. 没有可能

E7 您对目前的工作环境满意吗？　　[　　]

1. 满意

2. 无所谓

3. 不满意

E8 您对目前这份工作的看法是：

1. 这份工作对我非常重要

2. 无所谓

3. 很不喜欢，想换新工作

4. 其他，_____

E9 您认为重新找工作容易吗？　　[　　]

1. 很容易　　　　　　　　　2. 比较容易

3. 一般　　　　　　　　　　4. 比较困难
5. 很困难　　　　　　　　　6. 说不清楚

E10 你最希望政府提供哪些帮助（可多选）？　　　[　　]
1. 可以迁户口　　　　　　　2. 招工信息和就业公平
3. 住房、医疗、保险　　　　4. 解决子女上学问题
5. 提供相应的技能培训　　　6. 提供生活补助
7. 法律援助　　　　　　　　8. 不想要帮助
9. 其他_____

E11 您对未来的打算是：　　　　　　　　　　　　[　　]
1. 决不回家乡，争取在大中城市定居
2. 城市不能发展了，就回家乡发展
3. 只是在外面打工，将来一定回家乡

再次感谢您的支持和配合，祝您工作顺利！

参考文献

边燕杰：《找回强关系：中国的间接关系、网络桥梁和求职》，《国外社会学》1998年第2期。

边燕杰等：《经济体制、社会网络与职业流动》，《中国社会科学》2001年第2期。

蔡禾、朱建刚：《广东劳工维权组织的现状与发展趋势——基于珠三角的调查报告》，《社会发展研究》2015年第3期。

蔡禾、李超海：《农民工工资增长背后的不平等现象研究》，《武汉大学学报》（哲学社会科学版）2015年第3期。

蔡禾、刘林平、万向东等：《城市化进程中的农民工——来自珠江三角洲的研究》，社会科学文献出版社，2009。

蔡禾、史宇婷：《劳动过程的去技术化、空间生产政治与超时加班——基于2012年中国劳动力动态调查数据的分析》，《西北师大学报》（社会科学版）2016年第1期。

蔡禾：《城市社会学：理论与视野》，中山大学出版社，2003。

蔡禾：《从"底线型"利益到"增长型"利益——农民工利益诉求的转变与劳资关系秩序》，《开放时代》2010年第9期。

常凯：《中国劳动关系报告——当代中国劳动关系的特点和趋向》，中国劳动社会保障出版社，2009。

陈峰：《国家、制度与工人阶级的形成——西方文献及其对中国劳工问题研究的意义》，《社会学研究》2009年第5期。

陈土新：《社会福利企业与残疾人就业》，《中国残疾人》2011年第9期。

陈文星：《论西方工资决定理论与我国次级劳动力市场工资决定机制的完善》，《改革与战略》2007年第3期。

程延园：《劳动关系》，中国人民大学出版社，2009。

仇雨临、陈珊等：《员工福利》，中国人民大学出版社，2011。

董晓杰：《从〈全国工业复兴法〉到〈国家劳工关系法〉：浅析罗斯福"新政"时期的劳工立法》，硕士学位论文，浙江大学，2014。

段成荣、吕利丹、邹湘江：《当前我国流动人口面临的主要问题和对策——基于2010年第六次全国人口普查数据的分析》，《人口研究》2013年第5期。

方舒：《工业社会工作与员工精神福利》，《华东理工大学学报》（社会科学版）2010年第6期。

房光宇：《工作场所的秩序何以可能——从"制造同意"到员工自觉》，《社科纵横》2011年第6期。

恩格斯：《英国工人阶级状况》，人民出版社，1956。

福建省统计局：《2006年第二次全国残疾人抽样调查福建省主要数据公报》，2006。

甘满堂、赵越：《"差生"：外来工子弟正在被"污名化"——对公办学校外来工子弟学生形象的实证研究》，《石家庄学院学报》2009年第5期。

甘满堂：《"用脚投票"压力下的企业工资调整机制——以泉州民营企业为例》，《福建行政学院学报》2013年第6期。

甘满堂：《低成本劳动力时代的终结》，《福建论坛》2010年第2期。

甘满堂：《工荒：高离职率与无声的抗争——对当前农民工群体阶级意识的考察》，《中国农业大学学报》2010年第4期。

甘满堂：《农民工改变中国：农村劳动力转移与城乡协调发展》，社会科学文献出版社，2011。

甘满堂：《社会学"内卷化"理论与城市农民工问题》，《福州大学学报》2005年第1期。

甘满堂：《新生代农民工的不良嗜好及企业社会工作介入策略》，《华南农业大学学报》（社会科学版）2013年第1期。

甘满堂：《引进专业社工解决员工精神健康问题》，《福建日报》2012年9月4日。

高钟：《企业社会工作概论》，社会科学文献出版社，2007。

郭凤鸣、张世伟：《教育和户籍歧视对城镇工和农民工工资差异的影响》，《农业经济问题》2011年第6期。

韩福国等：《新型产业工人与中国工会——"义乌工会社会化维权模式"研究》，上海人民出版社，2008。

韩兆洲、魏章进：《我国最低工资标准实证研究》，《统计研究》2006年第1期。

黄春燕：《择业渠道、就业经历对农民工工资影响分析》，《求索》2010年第4期。

黄岭峻、王作懋：《"八级工资制"引发的两次批评》，《武汉理工大学学报》（社会科学版）2004年第4期。

黄岩：《工厂外的赶工游戏——以珠三角地区的赶货生产为例》，《社会学研究》2012年第4期。

黄英忠：《现代人力资源管理》，华泰书局，1998。

姜金霞、李俊涛、孙鹏：《企业员工援助计划在我国企业中的有效运用研究》，《中国证券期货》2012年第6期。

金小红、陈薇：《越轨理论视角下的城市流动犯罪青少年调查》，《理论研究》2011年第3期。

康士勇：《工资理论与工资管理》，中国劳动社会保障出版社，2006。

赖德胜等：《我国残疾人就业及其影响因素分析》，《中国人民大学学报》2008年第1期。

李培林：《流动民工的社会网络和社会地位》，《社会学研究》1996年第4期。

李强：《社会学的"剥夺"理论与我国农民工问题》，《学术界》2004年第4期。

李强：《为什么农民工"有技术无地位"——技术工人转向中间阶层社会结构的战略探索》，《江苏社会科学》2010年第6期。

李强：《转型时期冲突性的职业声望评价》，《中国社会科学》2000年第4期。

李亚青、吴连灿、申曙光：《企业社会保险福利对农民工流动性的影响——来自广东珠三角地区的证据》，《中国农村经济》2012年第9期。

廖慧卿、罗观翠：《从国家到市场——中国大陆残疾人集中就业政策变迁》，《学习与实践》2010年第10期。

林惠雅：《我国企业员工福利浅》，《民营科技》2012年第7期。

刘精明：《劳动力市场结构变迁与人力资本收益》，《社会学研究》

2006年第6期。

刘丽丽：《基于马斯洛需求层次理论分析员工福利管理》，《中国科技信息》2010年第7期。

刘林平、万向东等：《制度短缺与劳工短缺》，社会科学文献出版社，2007。

刘林平、雍昕：《宿舍劳动体制、计件制、权益侵害与农民工的剥削感——基于珠三角问卷数据的分析》，《华东理工大学学报》（社会科学版）2014年第2期。

刘林平、张春泥：《农民工工资：人力资本、社会资本、企业制度还是社会环境？——珠江三角洲农民工工资的决定模型》，《社会学研究》2007年第6期。

刘林平、郑广怀、孙中伟：《劳动权益与精神健康——基于对长三角和珠三角外来工的问卷调查》，《社会学研究》2011年第4期。

刘雅惠：《浅析我国中小民营企业的员工福利政策》，《中国商贸》2011年第7期。

刘燕斌：《部分国家政府工资管理职能介绍》，《国际劳动》2008年第8期。

鲁运庚：《英国早期工厂立法背景初探》，《山东师范大学学报》（人文社会科学版）2006年第4期。

罗润东、周敏：《最低工资制度对农民工就业的影响研究》，《山东社会科学》2012年第9期。

罗小兰：《我国最低工资标准农民工就业效应分析——对全国、地区及行业的实证研究》，《财经研究》2007年第11期。

马克思：《资本论（第一卷）》，人民出版社，1975。

迈克尔·布若威：《制造同意——垄断资本主义劳动过程的变迁》，李荣荣译，商务印书馆，2008。

民政部：《中国民政统计年鉴》，中国统计出版社，2011。

潘毅、任焰：《国家与农民工：无法完成的无产阶级化》，《21世纪双月刊》2008年第6期。

裴宜理、刘平译：《上海罢工——中国工人政治研究》，江苏人民出版社，2001。

钱乘旦：《工业革命与英国工人阶级》，南京出版社，1992。

钱乘旦：《论工业革命造成的英国社会结构变化》，三联书店，1982。

任焰、梁宏：《跨国劳动过程的空间政治：全球化时代的宿舍劳动体制》，《社会学研究》2006年第4期。

任焰、梁宏：《资本主导与社会主导——珠三角农民工居住状况分析》，《人口研究》2009年第2期。

任焰、潘毅：《宿舍劳动体制：劳动控制与抗争的另类空间》，《开放时代》2006年第3期。

佘宗明：《〈工资条例〉难产与权利"画饼"化》，《沈阳日报》2011年8月23日。

沈原：《社会转型与工人阶级的再形成》，《社会学研究》2006年第2期。

宋湛：《集体协商与集体合同》，中国劳动社会保障出版社，2008。

隋永舜：《刍议美国劳工立法的历史演进》，《工会论坛：山东省工会管理干部学院学报》2002年第2期。

汤普森：《英国工人阶级的形成（上）》，钱乘旦等译，译林出版社，2001。

唐茂华：《工资差异、城市生活能力与劳动力转移——一个基于中国背景的分析框架》，《财经科学》2005年第4期。

田北海、雷华：《人力资本、权利意识、维权行动与福利获得》，《中南民族大学学报》2011年第11期。

途景一：《新型城镇化背景下的最低工资立法问题》，《社会科学家》2014年第12期。

万向东、孙中伟：《农民工工资剪刀差及其影响因素的初步探索》，《中山大学学报》（社会科学版）2011年第3期。

王春光：《对新生代农民工城市融合问题的认识》，《人口研究》2010年第2期。

王春光：《农村流动人口的"半城市化"问题研究》，《社会学研究》2006年第5期。

王弟海：《从收入分配和经济发展的角度看我国的最低工资制度》，《浙江社会科学》2011年第2期。

王丽丽：《国家抓紧起草〈工资条例〉》，《江苏经济报》2007年12月28日。

王宁：《消费与认同——对消费社会学的一个分析框架的探索》，《社会学研究》2001年第1期。

王思斌：《社会工作导论》，高等教育出版社，2004。

王婷、陈静慈：《最低工资制度的社会学分析》，《中国工人》2013年第8期。

魏万清：《劳工宿舍：企业社会责任还是经济理性，一项基于珠三角企业的调查》，《社会》2011年第2期。

温效仪：《集体谈判的内部国家机制——以温岭羊毛衫行业工价集体谈判为例》，《社会》2011年第1期。

肖京、朱洵：《我国当前工资立法的困境与出路》，《中国劳动关系学院学报》2012年第1期。

谢国雄：《纯劳动：台湾劳动体制诸论》，中研院社会学研究所，1997。

谢国雄：《外包制度：比较历史的回顾》，《台湾社会研究季刊》1989年第2期春季号。

谢鸿钧：《工业社会工作实务——员工协助方案》，桂冠图书股份有限公司，1996。

徐道稳：《生存境遇、心理压力与生活满意度——来自深圳富士康员工的调查》，《中国人口科学》2010年第4期。

许琳等：《残疾人就业难与残疾人就业促进政策的完善》，《西北大学学报》2010年第1期。

许巧仙：《我国城镇残疾人就业问题研究综述》，《河海大学学报》2010年第3期。

严云龙、赵锦辉、沈纳：《影响农民工收入的因素分析及对策》，《中国财政》2007年第3期。

杨聪敏：《外来务工者的权利平等与政府的责任：宁波外来农民工权利平等实证考察》，《浙江社会科学》2008年第6期。

杨树人：《1897-1906年日本的工人运动和社会主义运动》，《外国问题研究》1981年第4期。

杨晓民、周翼虎：《中国单位制度》，中国经济出版社，1996。

游正林：《管理控制与工人抗争》，《社会学研究》2006年第4期。

约翰·P.温德姆勒：《工业化市场经济国家的集体谈判》，中国劳动出版社，1994。

岳经纶、庄文嘉:《全球化时代下劳资关系网络化与中国劳工团结——来自中国沿海地区的个案研究》,《中山大学学报》(社会科学版)2010年第1期。

詹姆斯·S. 科尔曼:《社会学理论的基础》,社科文献出版社,1990。

张开发:《评析英国1802年〈学徒健康与道德法〉:兼论英国早期工厂法起源》,硕士学位论文,苏州大学,2014。

张友伦、陆镜生:《美国工人运动史》,天津人民出版社,1993。

赵东宛:《1985年起的工资制度改革(下)》,《中国人力资源社会保障》2013年第2期。

赵虹、田志勇:《英国工业革命时期工人阶级的生活水平——从实际工资的角度看》,《北京师范大学学报》(社会科学版)2003年第3期。

郑秉文:《如何从经济学角度看待"用工荒"》,《经济学动态》2010年第3期。

郑广怀、刘焱:《"扩展的临床视角"下企业社会工作的干预策略——以广东D厂的新员工为目标群体》,《社会学研究》2011年第6期。

朱叶萍:《现代英国劳动立法研究及其比较》,硕士学位论文,复旦大学,2000。

庄娜芬:《工人恶意跳槽,"新东家"被"老东家"告状》,《晋江经济报》2010年5月26日。

J. M. Abowd, F. Kramarz, D. N. Margolis, "Minimum Wages and employment in France and the US," *National Bureau of Economical Research*, Working Paper 6996, 1999.

Mary. C. Brinton, *Women and the Economic Miracle: Gender and Work in Postwar Japan*, California: University of California Press, 1993.

Simon Clarke and Tim Pringle, *Labour Activism and the Reform of Trade Unions in Russia, China and Vietnam*, NGPA Labour Workshop, 2007.

David Newark and William L. Wascher, "Minimum Wages and Employment," *Foundations and Trends in Microeconomics* V01. 3. No. 1 - 2 (2007).

Emily Honing, *Sisters and Strangers: Women in the Shanghai Cotton Mills, 1919 - 1949*, Stanford: Stanford University Press, 1986.

Elizabeth J. Perry, *Shanghai on Strike: The Politics of Chinese Labor*, Stanford: Stanford University Press, 1993.

Mark Granovetter, *Getting a Job: A Study of Contacts and Careers*, 2nd Edition (with a new Preface and a new chapter updating research and theory since the 1974 edition), University of Chicago Press, 1995.

Marks Gary, *Unions in Politics: Britain, Germany, and the United States in the Nineteenth and Early Twentieth Genturies.* Princeton, New Jersey: Princeton University Press, 1989.

Sidney Pollard, *The Genesis of Modern Management*, London: Penguin Books, 1965.

H. Hazama, *The History of Labour Management in Japan*, London: Macmillan Press, 1997.

Patricia Tsurumi, *Women in the Thread Mills of Meiji Japan*, New Jersey: Princeton University Press, 1990.

后　记

　　岁月荏苒，本书作为国家社会科学基金项目结题成果在申请结题时，距 2011 年 7 月的立项时间已有 6 年多了。本想按期结题，但手头总有些教学、科研、管理以及社会服务事务，故拖延至今日。有些事务也与本课题研究相关，如 2012 年 5 月至 2015 年 5 月，本人申请在泉州南安市成功科技园区博士后科研工作站从事博士后研究，主要事务是在福建省闽发铝业股份有限公司做企业人力资源管理顾问工作；2015 年 7~12 月，本人以福州市榕树社会工作服务中心名义申请到福建省财政资助社会组织参与社会服务项目，在福州市金山工业区、青口投资区开展民营企业特殊困难职工援助服务。这两个项目耗时较多，但对于促进本课题研究具有重要作用。

　　感谢福建省闽发铝业股份有限公司与南安市成功科技园区博士后科研工作站提供两次博士后研究的机会。劳工问题与农民工群体研究是我研究的重点。2008~2011 年，在朋友的推荐下，我有幸进入南安市成功科技园区博士后科研工作站，作为一名博士后研究人员在福建省闽发铝业有限公司从事人力资源管理实践与工作，得以近距离研究企业农民工群体。2011 年 5 月出站后，我申报的"保障农民工工资收入正常增长的社会政策研究"课题获得国家社会科学基金资助，这时我还想去闽南企业挂职，以便开展农民工工资收入问题研究。南安市成功科技园区博士后科研工作站与福建省闽发铝业有限公司都欢迎我做第二站。在此再次感谢闽发铝业董事长黄天火先生、总经理黄长远先生、副总经理傅孙明先生，同时还要感谢南安市人事局陈光明副局长，以及博士后管理办公室的傅博主任。

　　在泉州与福州调查研究中，特别感谢福建天广消防科技股份有限公司总经理黄如良博士、福建八达服饰有限公司总经理陈其俊先生。八达制衣是我们了解泉州服装制造业的窗口，陈其俊总经理给我们提供了多种资源支持。感谢接受我们调查访问的泉州与福州地区众多企业以及无数不知名的农民工朋友。

感谢福建师范大学地理学院朱宇教授，作为博士后研究合作导师，朱宇老师认真宽厚的治学与待人态度，令我敬仰。也感谢福建师范大学人事处博士后管理办公室的诸位老师，为我申请减免企业博士后的"挂靠费"3万元。

在本课题研究过程中，我指导的研究生全程参与，正是在他们的协助下，我才完成本课题的研究。在南安做博士后期间，以及在福州金山工业区、青口投资区开展企业社会工作服务项目期间，我所指导的福州大学社会学系社会学专业、社会工作专业研究生，以及福建师范大学社会工作专业研究生也都参加了企业调研考察或社工实习，并以工人研究、企业人力资源管理以及企业社会工作为主题完成了他们的硕士学位论文，这些论文后来也成为本研究的重要参考资料。在此，特别感谢我的研究生助手，他们是2009级的赵越，2010级的邓子敏、余旋、杨姗姗，2013级的曾远力、段翼泽，2014级的赵丹、吴杏兰等。在报告结集过程中，2016级研究生董思维、王亮等参与了报告校对工作。结题报告的部分章节已公开发表，分别是绪论，第二、四、五、六、七、九章。第八章改自本人博士后出站报告。

报告在结题评审时，得到匿名专家关于拙作学术规范的修改建议，本书在出版时进行了改正，在此深表感谢。

由于时间与精力有限，本书的资料与观点方面肯定还存在许多不足之处，敬请批评指正，若有错失的地方，也敬请谅解。

甘满堂

2018年1月18日

图书在版编目（CIP）数据

低成本劳动力时代的终结 / 甘满堂著 . -- 北京：
社会科学文献出版社，2018.9
（福州大学群学论丛）
ISBN 978 - 7 - 5201 - 2947 - 3

Ⅰ.①低… Ⅱ.①甘… Ⅲ.①民工 - 工资 - 研究 - 中国 Ⅳ.①F249.24

中国版本图书馆 CIP 数据核字（2018）第 134090 号

福州大学群学论丛
低成本劳动力时代的终结

著　　者 / 甘满堂

出 版 人 / 谢寿光
项目统筹 / 谢蕊芬
责任编辑 / 佟英磊　赵　娜　孙连芹

出　　版 / 社会科学文献出版社·社会学出版中心（010）59367159
　　　　　 地址：北京市北三环中路甲29号院华龙大厦　邮编：100029
　　　　　 网址：www.ssap.com.cn

发　　行 / 市场营销中心（010）59367081　59367018
印　　装 / 三河市尚艺印装有限公司

规　　格 / 开本：787mm × 1092mm　1/16
　　　　　 印张：15　字数：255千字
版　　次 / 2018年9月第1版　2018年9月第1次印刷
书　　号 / ISBN 978 - 7 - 5201 - 2947 - 3
定　　价 / 79.00元

本书如有印装质量问题，请与读者服务中心（010 - 59367028）联系

版权所有　翻印必究